Karin Pfolz

AutorInnen »Farbspiel«

Die Personen und Handlungen in dieser Geschichte sind frei erfunden. Ähnlichkeiten mit lebenden oder verstorbenen Personen wären rein zufällig und nicht beabsichtigt.

Impressum:

www.karinaverlag.at
Texte © :
Karin Pfolz, AutorInnengruppe »Farbspiel«
Lektorat: Werner Diefenthal, Laura Liedermann
Layout, Textüberarbeitung © Karin Pfolz
Covergestaltung © Karin Pfolz, Nicole Bleck

ISBN: 978-3-903056-90-9

Teil 2 der 10-teiligen Reihe »Farbspiel«

BECKER Renate, BELJA Artur, BERTRAM Sally, BLECK Nicole, DELANEY Stella, DIEFENTHAL Werner, DUTZ Veronika M, EMS T.B., ERDIC Christine, FINGER Dagmar, FOLTIN Sandra Karin, FRÖHLICH Leopold, GÖRLITZER Sebastian, GROSS Angelika, GRÜNEWEG Verena, HANELT Marlies, HERTTING Maria, INNOCENTI Alexandra, JOVIC Marena, KAISER Michaela, KAUFMANN Bernadette Maria, KIDD Beate, KNISATSCHEK Florian, KOHLER Markus, KÖTZ-TINTELNOT Ursula, KÜHNE Evelyn, LANG Waltraut, LUKAS CF, MARQUARDT Peter, MOSER Roland, NIKOLAI Sabrina, PEIN Luzie Irene, PENNA Ilona, PETZ Andreas, PFOLZ Karin, PULAND Sara, PULLETZ Sandra, ROTH Gerhard, RÖTHLISBERGER Erich, SADEGHI Ansgar, SCHAEFER Marianne, SCHÖNBERG Michael, SCHREIER Michaela, STEHLE Elfride, TEAR Asmodina, THIEKE Werner, TREIBER Rudi, ULENSPEEL Tilli, WEISE Petra, WIEGAND Tamara, ZAWREL Renate.

Inhalt:

wie Anfang und Ende

Drei gelbe Rosen
Beate Kidd

Linda zog die Jalousien hoch und wusste nicht, ob sie sich über den strahlenden Sonnenschein und den wolkenlosen Himmel freuen sollte. Für sie als Bedienung bedeutete das tolle Wetter die Abfertigung vieler Touristengruppen und schmerzende Beine durch das Arbeiten im Biergarten. Zumindest hatte sie in den letzten Wochen immer Phillip, einen Auszubildenden, zur Unterstützung zugeteilt bekommen.
Bei dem Gedanken an Phillip musste Linda lächeln. Sie hatten sich trotz der fünfzehn Jahre Altersunterschied angefreundet und Linda mochte ihn sehr. Sie hatten einfach dieselbe Wellenlänge und lange Arbeitstage ließen sich mit ihm zusammen eindeutig besser bewältigen.
Er begrüßte sie immer mit Sprüchen, wie »Guten Morgen! Jetzt geht die Sonne für mich auf« oder »Hallo, mein Herzblatt«. An manchen Tagen wartete Phillip vor Dienstbeginn schon mit einem frischen Croissant auf Linda und sie frühstückten noch kurz zusammen. Während der Arbeit pflückte er hin und wieder einzelne Geranien- oder Rosenblüten und steckte sie Linda im Vorbeigehen zu. Inmitten des größten Gästeansturms, wenn Linda nicht wusste, wo ihr der Kopf stand, schaffte Phillip es, sie aufmunternd anzusehen und ihr kurz die Hand zu drücken. Linda bedauerte es immer wieder, dass der Altersunterschied zwischen ihnen so groß war. Sie passten so gut zueinander und hätten ein tolles Paar abgegeben. Allerdings waren für Linda, im Vergleich zu Phillip, Partys und Discothekenbesuche nicht mehr wichtig. Sie wünschte sich einen etwas älteren Lebenspartner, obwohl es nicht zu leugnen war, dass zwischen ihr und Phillip eine ganz besondere Beziehung entstanden war. Eine Verbindung, die weit über eine Freundschaft hinausging und doch für eine feste Partnerschaft nicht ausreichte. Es ergab sich wie von selbst,

dass jeder immer wusste, was der andere in diesem Moment machte oder wo er sich befand. Per Handy sagten sie sich täglich gute Nacht und wenn Phillip nach der Arbeit noch das Partyleben genoss, schrieb er Linda immer eine Nachricht, wenn er wieder zuhause war. So wusste sie morgens beim Aufwachen, dass es ihm gut ging.
Sofern sie gemeinsame Freizeit hatten, verbrachten sie diese auch oft zusammen: Sie gingen shoppen, ins Kino oder aßen zusammen. Er kannte den genauen Heimweg von Linda und passte sie nach Möglichkeit immer wieder mal an unterschiedlichen Stellen ab, um sie mit drei gelben Rosen zu überraschen, oder sie noch auf einen schnellen Kaffee zu überreden. Linda liebte ihn dafür. Sie schätzte seine Aufmerksamkeiten sehr und war ihm für seine Zuneigung und Freundschaft unendlich dankbar. In Lindas Augen war Phillip der großartigste Mensch überhaupt und sie konnte seine ständigen Selbstzweifel nicht nachvollziehen.
Er kaufte sich nur Markenkleidung, um sich von der breiten Masse abzuheben. Je Ausgefallener, desto besser. Er schaffte es immer gekonnt, sich durch Erzählungen und Erlebnisse in den Mittelpunkt zu rücken. Phillip wollte immer etwas darstellen, besser sein als andere und verlor sich dabei in seiner selbstgebastelten Welt. Der regelmäßige Aufschlag in der Realität ließ ihn immer tiefer fallen und das erneute Aufrappeln fiel ihm zunehmend schwerer.
Es reichte ihm nicht aus, wenn Linda ihm seine liebenswerten und vielen positiven Eigenschaften aufzählte. Wenn sie ihm sagte, wie wichtig er für sie war. Phillip wusste jedoch auch nicht, wer genau er sein wollte. Er war nach außen der Typ, der das Leben liebte und in vollen Zügen genoss und im Inneren war er so sehr zerrissen, weil er nichts mit sich und seinem Leben anzufangen wusste.
Eines Tages verkündete Phillip, er wolle nach der Ausbildung in eine andere Stadt ziehen, um noch einmal irgendwie neu anzufangen. Die Frage, was er denn anders machen würde,

konnte er jedoch nicht beantworten. Er sprach immer wieder davon und Linda zerriss es fast das Herz. Sie wollte nicht ohne ihn sein. Sie wollte nicht auf seine Aufmerksamkeiten, seine gelben Rosen und ihre gemeinsamen Stunden verzichten. Aber sie sagte nichts. Phillip wusste auch ohne Worte, was in ihr vorging. Aber er musste seinen eigenen Weg gehen. Vielleicht glaubte er, woanders das zu finden, wovon er nicht wusste, was es war. Er wollte keinen großen Abschied, wenn es so weit war. Keine Party. Was durchaus sehr untypisch für ihn war. Es sollte ein Auseinandergehen wie nach einem Arbeitstag sein. Man umarmte sich kurz und jeder ging seines Weges. Es war Linda ein Rätsel, wie sie das so hinbekommen sollte.

Als Phillip Linda an seinem freien Tag wieder abpasste und ihr dabei, wie so oft, drei gelbe Rosen schenkte, sah er ihr die ganze Zeit direkt in die Augen. Er konnte die Freude und Zuneigung in ihren Augen sehen und es war fast, als würde er dies vollständig in sich aufsaugen. Seine Blicke waren sehr intensiv und Linda war einfach nur froh, dass es ihn gab. Er umarmte sie, als sie sich auf den Weg zur Bushaltestelle machte. Er hielt sie länger und fester im Arm als sonst.

Da Phillip die nächsten Tage frei und Linda Dienst hatte, war es nicht ungewöhnlich, dass sie sich nicht sahen. Ungewöhnlich, und vor allen Dingen beunruhigend war, dass Linda ihn nicht erreichen konnte. Auch er meldete sich nicht von selbst. Linda hinterließ so viele Nachrichten, dass Phillips Mailbox bald voll war. Linda schlief schlecht und war von einer Unruhe erfüllt, die sie so nicht kannte.

Nach zwei endlos langen Tagen sprang Linda eine Zeitungsmeldung ins Auge. Phillip war noch am Abend ihrer letzten Verabschiedung von einer Brücke gesprungen. Vor seinem Sprung hatte er ein vorbeigehendes Pärchen noch um Feuer gebeten. Als das Paar außer Sichtweite war, war er rauchend auf die Brüstung geklettert und in die Tiefe gesprungen. Andere Spaziergänger hatten das beobachtet, aber es ging alles

so schnell, dass sie ihn nicht hatten aufhalten können. Ihnen blieb nur noch, die Polizei zu alarmieren.
Als dann eine mehrstündige Suchaktion erfolglos abgebrochen werden musste, rief die Polizei die Bevölkerung zu Hinweisen auf und es erschien die Meldung in der Tageszeitung. Anhand der Angaben war Linda sich sicher, dass es sich um Phillip handelte. Heiße Tränen schossen ihr in die Augen und unterdrückte Schreie verursachten ihr körperliche Schmerzen. Viele Worte von ihm, die sie als Geplapper abgetan hatte, ergaben jetzt einen Sinn. Auch seine Verabschiedung hatte er so durchgeführt, wie er es angekündigt hatte. Man könnte fast sagen, dass er hinsichtlich seines Abschieds sogar noch Rücksicht auf Linda genommen hatte. Aber es war wohl doch eher Egoismus und Feigheit gewesen.
Ein paar Tage später erhielt Linda durch die Polizei einen Abschiedsbrief von Phillip. Es war die einzige Nachricht, die er überhaupt für jemanden hinterlassen hatte. Er schrieb, wie wichtig Linda für ihn war, aber dass er einfach nicht mit seinem Leben klar kam. Er wusste nicht, was er damit anfangen, was er daraus machen sollte. Allein diese Gedanken waren so mächtig für ihn, dass er sich das Leben nahm. Zwei Wochen nach seinem Sprung wurde Phillip ein weites Stück flussabwärts ans Ufer geschwemmt und von Arbeitern gefunden. Bei seiner Beerdigung legte Linda drei gelbe Rosen auf den Sarg, bevor sie daneben zusammenbrach.

An der Kasse
Michaela Kaiser

Das erste, was ich sah, war ihr gelbes Kleid. Es war von einem hellen Zitronengelb, darauf dunkle Sonnenblumen. Komisch, daran erinnere ich mich besonders intensiv. Am Oberkörper lag es eng an, hatte einen hellen, breiten Gürtel um die Taille und reichte ihr bis zu den Knien. Der untere Teil war leicht ausgestellt, so wie die Kleider mit Petticoats aus den 50er Jahren. Sie drängte sich durch die Menschen und schrie dabei unverständliche Worte.
Als Nächstes bemerkte ich, wie schön sie war. Ihr kaffeebrauner Teint hob sich apart von dem hellen Kleid ab und die dunklen Haare reichten ihr bis auf die Schultern. Ich stand an der Kasse und wollte gerade meine Geldbörse zücken, da wandten sich alle Gesichter der Frau zu. Nun verstand ich auch, was sie schrie:
»Mein Baby, mein Baby!«
In den Armen hielt sie ein Kind, vielleicht drei oder vier Jahre alt. Kurze Hosen, T-Shirt, ein Wust dunkler Locken. Die nackten Arme und Beine schlenkerten im Takt ihrer eiligen Schritte leblos hin und her.
»Helft mir doch, bitte, helft mir doch, mein Baby, mein Baby!«
Eine Gasse bildete sich und die Frau kam näher. Ihr Gesicht war tränenüberströmt, die Augen schreckweit aufgerissen.
»Sie atmet nicht mehr, sie atmet nicht mehr, bitte, Hilfe …!«
Ihre Schreie wurden heiser, erstickt. Die meisten Leute standen erstarrt, ich muss zugeben, ich auch. Die Situation war seltsam surreal, fast wie in einem Film. Ich weiß noch, dass ich dachte, vielleicht träume ich. Vor mir stand ein Mann mittleren Alters und hatte gerade seine Einkäufe in eine große Papiertüte gestapelt. Er reagierte am schnellsten. Mit einer

Bewegung schob er alles, was auf dem Tresen lag, beiseite. Dann nahm er das Kind und legte es auf den Tisch.
»Was ist passiert?«
Seine Stimme war ruhig. Gleichzeitig untersuchte er das Kind und rief dem Nächststehenden zu, er solle einen Krankenwagen anrufen. Einige zückten ihre Mobiltelefone und es dauerte etliche Sekunden, bis man sich einig war, wer denn nun anrufen sollte. Ein dunkelhäutiger Mann kam hereingerannt und als er das leblose Kind sah, bekam er einen Schreikrampf.
»Aaarrgghhhhh! Es ist meine Schuld, es ist meine Schuld!«
Zwei Männer liefen zu ihm, legten die Arme um ihn und hielten ihn fest. Die Frau mit dem gelben Kleid stammelte:
»Ein Bonbon, mein Mann hat ihr ein Bonbon gegeben, sie hat es verschluckt und dann bekam sie keine Luft mehr, jetzt atmet sie nicht mehr, oh Gott, oh Gott, sie wird sterben!«
Der Mann drehte das Kind auf den Bauch und versuchte, ihm auf den Rücken zu klopfen. Das erwies sich als schwierig, weil das Kind völlig leblos dalag. Ich hielt es an den Beinen fest, während zwei andere, ich glaube, es waren zwei Frauen, den Oberkörper über den Rand des Tresens schoben, sodass der Kopf nach unten hing.
Eine weitere Frau kam dazu und schob die Helfer beiseite.
»So geht das nicht! Helfen Sie mir, ich bin Krankenschwester, wir müssen die Blockade lösen, richten Sie sie auf, ja, gut, genauso … Moment, ich packe sie und dann …!«
Mit geübtem Griff packte sie das Mädchen von hinten und rammte ihr die Fäuste unter die Rippen. Einmal, zweimal, dreimal in rascher Folge. Der Kopf des Kindes schwankte gefährlich bei jedem Ruck, doch es tat sich nichts. Die Krankenschwester bekam einen roten Kopf, als sie noch einmal mit aller Kraft die geballten Fäuste in den Bauch des Mädchens trieb.
Ich hörte ein Plopp!, so, als ob ein Korken aus einer Flasche knallt, nur leiser. Ein hellrotes Etwas spritzte aus dem Mund des Kindes und schlitterte über den glatten Boden. Aus dem

Kreis der Umstehenden kam ein kollektives Aufatmen. Die Mutter des Kindes schrie auf und der Vater riss die Arme in die Luft, wie zu einem Siegesgruß. Doch dann trat wieder Stille ein, denn die Blockade war zwar entfernt, aber das Mädchen atmete nicht. Die junge Frau sank mit dem Kind zu Boden. Auch die Mutter kniete jetzt neben dem Kind und ihr sonnengelbes Kleid breitete sich wie ein Fächer aus. Den dunklen Kopf des Kindes hatte sie auf ihre Oberschenkel gebettet, die Locken des Mädchens, wild und ungekämmt, bildeten einen wundervollen Kontrast dazu. Das kleine Gesicht schien eingefallen in seiner Leblosigkeit, der Mund und die Augen standen ein wenig offen. Die Mutter beugte sich über das Kind, streichelte immer wieder die Wangen, und eine einzelne Träne fiel auf die Stirn des Kindes. Ich dachte noch, wie schade, dass ich das nicht fotografieren kann, ein wunderschönes Bild, und fast vergaß ich die Umstände.

Die Krankenschwester beugte sich über das Mädchen und begann mit Mund – zu – Mund Beatmung. Abwechselnd blies sie ihren Atem in den Mund des Kindes und massierte mit kräftigen Fingern die Herzgegend. Dabei hörte ich sie leise zählen. Die totale Stille um uns herum, diese absolute und atemlose Stille, unterstrich diesen Akt der Menschlichkeit, verlieh ihm eine sakrale Bedeutung. Ich war mir sicher, dass alle um uns herum den Atem anhielten und stumme Gebete an wen auch immer schickten. Der untersetzte Mann kniete auf der anderen Seite und redete mit ruhiger Stimme auf die Mutter ein.

»Wie heißt ihre Tochter?«

»Sarah Marie!«

»Wie alt ist sie?«

»Letzte Woche vier Jahre. Wir waren im Freizeitpark. Ach, sie hatte so einen Spaß!«

So ging es weiter. Ich weiß noch, dass ich dachte, wie bekloppt ist der denn? Redet so einen Stuss, wenn das Kind neben der Mutter stirbt. Aber dann begriff ich den Sinn.

Dadurch, dass er die Frau ablenkte, war sie in der Lage, ihre Tochter beim Zurückfinden ins Leben zu unterstützen. Sie wischte sich die Tränen fort und legte die nasse Hand auf die Stirn des Mädchens. Dann fing sie an zu reden.

»Sarah, komm, du schaffst das, Sarah komm zurück, wir lieben dich, komm zurück …!«

Ich weiß nicht mehr, wie oft die tapfere Krankenschwester vom Gesicht des Kindes zum Brustkorb und zurück gewechselt war. Mir schien es Stunden zu dauern, aber es konnte sich nur um Minuten gehandelt haben. Schweiß tropfte von ihrer Stirn auf das T-Shirt und ihre kurzen, dunklen Haare klebten feucht an den Schläfen. Wie alle anderen starrte auch ich gebannt auf die Szenerie. Plötzlich öffnete das Kind die Augen und atmete mit einem rasselnden Geräusch ein. Gleich darauf fing das Mädchen an zu weinen und wollte sich panisch aus den Händen der Krankenschwester winden. Die Mutter schrie auf. Der Mann neben ihr richtete den kleinen Körper auf und legte ihn der Mutter an die Brust. Die Krankenschwester lehnte sich erschöpft zurück und alle Umstehenden brachen in Jubelrufe aus. Applaus brandete auf und der Vater riss sich die Mütze vom Kopf und warf sie in die Luft.

Sarah hatte ihren Kopf auf die Schulter der Mutter gelegt und weinte hemmungslos. Speichel und Blut vermischten sich und rannen ihren Rücken hinunter, bildeten hellrote Bäche auf dem gelben Untergrund des Kleides. Es sah aus, als ob die Sonnenblumen rote Tränen weinten. Der Vater kniete jetzt neben den Beiden und weinte auch.

»Danke, danke …«, stammelte er wieder und wieder. Er streichelte abwechselnd seine Frau und seine Tochter. Er streckte einen Arm zu der Lebensretterin aus, die immer noch erschöpft, aber strahlend auf dem Boden saß. In diesem Moment hörte ich das Martinshorn und gleich darauf die Bremsen des Krankenwagens, der vor dem Eingang des Supermarktes hielt. Kunden rannten zur Tür und wiesen den Sanitätern den Weg.

Wo vorher noch atemlose Stille geherrscht hatte, brach urplötzlich Hektik aus. Alle redeten erleichtert durcheinander, lachten und jubelten. Zwei Sanitäter kamen mit einer Trage angerannt. Ihnen auf den Fersen ein ziemlich übernächtigt aussehender Arzt mit einer schweren Tasche. Die Krankenschwester raffte sich auf und erklärte die Umstände, während einer der Sanitäter das Kind sanft aus den Armen der Mutter befreite und auf die Trage bettete. Doch sie hielten sich weiter fest an den Händen, die Mutter und das Mädchen. So, als wollten sie das Leben festhalten, das ihnen beinahe abhandengekommen war. Der dunkelhäutige Vater schrie plötzlich auf.

»Sie blutet, sie ist voller Blut, da, schauen Sie doch, alles voller Blut!«

Auch die Brust des Kindes war blutgetränkt und ein dünner Blutfaden rann ihr aus Nase und Mund.

Der zweite Sanitäter beruhigte ihn.

»Das Kind hat sich beim Wiederbelebungsversuch wahrscheinlich auf die Zunge gebissen, ist nicht tragisch, wir kümmern uns darum!«

Dann fuhren sie die viel zu große Trage mit der viel zu kleinen Gestalt darauf fort. Rechts und links hielten die Eltern das Kind an den Händen, rannten, um Schritt halten zu können. Ich folgte ihnen, wie ein Großteil der Zuschauer, beobachtete, wie sie in den Krankenwagen einstiegen. Die Mutter weinte immer noch. Sie blickte sich rasch um, bevor sie den Fuß auf die unterste Stufe setzte, sie hob die Hand zu einem Gruß. Dann warf sie mit beiden Händen einen Kuss in unsere Richtung. Ich konnte sie nicht hören, aber ihre Lippen formten ein endlos erleichtertes »Danke«. Dann schloss sich die Tür hinter ihr. Das Letzte, das ich von ihr sehen konnte, war ein gelber, sonnengleicher Schimmer im rückwärtigen Fenster des Ambulanzfahrzeugs.

Die gelbe Karte

Waltraut Lang

Hört Ihr ihn nicht, Ihr lieben Leut',
Der Schrei ist besonders laut heut'!
Der Schrei unserer Mutter Erde:
'Haltet Einhalt oder ich werde

Euch mal zeigen, wer am längeren Hebel sitzt.
Ihr seid im Irrtum, wenn Ihr meint, dass Ihr besitzt,
Was ich selbst Euch nur gegeben als Leihgabe
In der Erwartung, dass ich Euch zu Recht gewählt habe.

Es ist doch klar, dass die Abrechnung noch folgt,
Und dass Ihr die einfachsten Regeln nicht befolgt!
Beschmutze nie das eigene Nest,
Selbst die Tiere bestehen diesen Test!

Also haltet ein, kommt zur Besinnung und bessert Euch
Bevor ich Euch noch von meiner Oberfläche scheuch!'
Nun hat uns die Mutter Erde also die gelbe Karte gezeigt,
Denn sie ist der Meinung, dass es nun endlich reicht.

Und seid mal ehrlich, hat unsere Mutter Erde nicht Recht?
Wir haben uns wirklich nur gesorgt mehr recht als schlecht
Um unseren Heimatplaneten, wollten lieber zu den Sternen,
Aber nun müssen wir langsam unsere Lektion lernen.

Unsere Mutter Erde hat so lange für uns gesorgt,
Und wir haben nie darüber nachgedacht, dass alles ist geborgt.
Jede Leihgabe müssen wir zurückgeben unversehrt,
Denn sonst müssen wir teuer bezahlen, und das ist verkehrt!

Warum also konnten wir unseren Planeten nicht besser schützen?
Wir haben so viel Technologie, die uns kann unterstützen.
Ich hoffe, es ist noch nicht zu spät,
behandelt die Erde selbst wie eine Entität!

Der gelbe Bauwagen

T.B. Ems

Ich war gerne in dem Wäldchen, das gleich hinter unserem Grundstück begann. Oft lief ich stundenlang zwischen den Bäumen umher. Legte mich auf das weiche Moos und atmete den Duft der Erde ein. Ich liebte mein Wäldchen. Meine Mutter lachte, wenn ich ihr mit Inbrunst in der Stimme erklärte, dass ich niemals von hier wegziehen würde. Ich setzte mich auf einen alten abgesägten Baumstamm, nahm das Butterbrot aus dem Rucksack und stellte die Flasche Wasser neben mich. Die Butter war bereits verlaufen und schmeckte ranzig. Das Brot war trocken und ich musste es mit dem Wasser herunterspülen. Ich hörte den Vögeln zu, deren fröhliches Gezwitscher an meine Ohren drang, während ich aß und trank. Es war Sommer und obwohl es noch immer Vormittag war, strahlte die Sonne bereits heiß vom wolkenlosen Himmel herunter. Die Strahlen drangen durch die dichten Baumkronen, bis auf den feuchten moosbedeckten Boden und trockneten ihn.

Ich hörte ihre lauten, grölenden Stimmen, noch bevor ich sie sah. Zuerst riet mir mein Verstand, ich sollte davonlaufen oder mich verstecken. Doch mein verdammter Stolz war stärker. Also blieb ich sitzen, wo ich war und sah zwischen den Bäumen hindurch und wartete ab. Es waren vier Jungs, die zwei Klassen über mir waren. Ich kannte sie vom Sehen und wusste, dass sie immer auf Streit aus waren. Rudi ihr Anführer, sah mich zuerst. Sofort änderte er die Richtung in die er lief und zeigte seinen Freunden, mit ausgestreckten Arm, wo ich saß. Jetzt verfluchte ich meinen Stolz. Was habe ich mir nur dabei gedacht? Dass ich mit erhobenen Haupt auf dem Baumstamm sitzen würde und die Typen ignorierte, wenn sie auf mich zukommen? Wie bekloppt und bescheuert muss man sein, um zu glauben, die Vier würden mich nur ansehen und weiter gehen. Noch bevor sie mich erreicht hatten, sprang ich auf und lief los. Sofort setzten sie mir nach. Sie riefen: „Bleib doch stehen, wir wollen doch nur ein bisschen Spaß mit dir haben. Wir kriegen dich sowieso.“ Eiskalt lief es mir den Rücken herunter und meine Nackenhaare stellten sich auf. Ich rannte weiter, so schnell ich konnte. Ihr Lachen wurde immer gehässiger und ihre Worte machten mir Angst. Sie holten auf und kamen näher. Hannes und Lothar waren wütend, weil Rudi ihnen befahl, mich einzufangen. Sie waren beide etwas zu dick und ihre Kondition nicht gerade die beste. Michael und Rudi waren fast hinter mir. Ich hörte ihren keuchenden Atem. Plötzlich war der Wald zu Ende und ich stolperte auf ein Feld, auf dem Kartoffeln angepflanzt wurden. „Warum müssen es ausgerechnet Kartoffeln sein“, stöhnte ich im Gedanken. „Warum war es kein Maisfeld, in dem ich mich verstecken könnte.“ Ich bekam kaum noch Luft und Seitenstechen machte sich bemerkbar. Hastig und voller Panik blickte ich mich hektisch um. Ich spürte Rudis heißen Atem in meinem Nacken und seine Hände hätten mich beinahe gegriffen. Ein Schreckensszenarium nach dem anderen spielte sich in meinem Kopf ab. Die Flüche und was sie mit mir anstellen würden, wenn sie mich geschnappt hätten, ließ mich schneller rennen.

*

Dann sah ich ihn. Ungefähr dreißig Meter von mir entfernt, mitten auf dem Feld, stand ein alter gelber Bauwagen. Ich rannte und stolperte mit letzter Kraft, über den Acker. Tränen liefen mir die Wangen hinunter und hinterließen helle Streifen in meinem Gesicht. Die Tür stand offen und er war leer. Ich sprang hinein, sah die kleine Eisenstange in der Ecke angelehnt stehen und die beiden Holzstücke, die seitlich ein Loch hatten und an den Innenseiten der Tür und an der Wand angebracht waren. Ich griff die Stange, zog die Türen zu und schob die Stange durch die Löcher. Keine Sekunde zu spät. Rudi und Michael standen vor dem alten Bauwagen, bei dem die gelbe Farbe abgeblätterte und schlugen gegen die Holzwände. Sie rüttelten an der Tür, die Gott sei Dank zu blieb. Erschöpft, ausgelaugt und völlig fertig setzte ich mich auf den verdreckten Boden und atmete tief ein und aus. Die Jungs hämmerten mit schweren Steinen gegen das Holz und den Brettern, doch es gab nicht nach. Obwohl der Bauwagen ausrangiert, alt und verrottet aussah, war er immer noch stabil und hielt den Schlägen stand. Rudi beschimpfte mich mit furchtbar schlimmen Worten und stieß eine Drohung nach der anderen aus. Er wurde immer wütender und schrie, was er mit mir machen würde, wenn er mich erst mal hätte.

Ich konnte kaum etwas erkennen. Im Dach waren ein paar kleine Löcher, die nicht größer als eine Eineuromünze waren. Die Sonne schien hindurch und ich sah auf dem Boden und an den Wänden die dünnen Strahlen, in denen Staub herumwirbelte. Ich hielt mir die Ohren zu und schloss müde die Augen.

*

Ich weiß nicht wie lange ich geschlafen habe. Ich wachte auf und hatte Durst. In dem Bauwagen war es stickig, heiß und ich schwitzte. Mein Shirt und mein ganzer Körper waren feucht und die Zunge klebte mir am Gaumen. Benommen setzte ich mich auf und wusste im ersten Moment nicht, wo ich war. Langsam kam die Erinnerung wieder und ich horchte nach Draußen. Nichts. Ich hörte gar nichts. Weder Rudi und seine Kumpane, noch irgendjemanden sonst. „Wie lange habe ich geschlafen?“ Ich sah zu den Löchern im Dach hinauf. Die Sonne schien noch immer, aber nicht mehr so hell wie zuvor. Mühsam erhob ich mich und streckte meinen Körper. Mein Kopf tat mir weh und ich setzte mich wieder, weil mir schwindelig wurde. Angestrengt hörte ich wieder hinaus. „War Rudi und die Anderen noch da? Saßen sie vor dem Bauwagen und warteten darauf, dass ich heraus kam? Wollten sie mich in Sicherheit wiegen?“ Ich wurde immer unruhiger, doch hinaus wagte ich mich auch nicht. Meine Blase drückte und ich kniff die Schenkel zusammen. Meine Mutter würde mich bestimmt schon suchen, weil ich nicht zum Mittagessen nach Hause kam. Sie war bestimmt wütend auf mich. Ich durfte, nach langem betteln und vielen Versprechungen, die ich bestimmt halten wollte, in das Wäldchen gehen. „Gehe nicht zu weit hinein“, mahnte mich Mama. „Ich will nicht dass du dich verirrst.“ Sie bestand auch darauf, dass ich den Rucksack mitnahm und das Brot und die Flasche Wasser hinein packte. „Mein Rucksack.“ Ich blickte mich suchend in der Dunkelheit um. Kroch auf allen Vieren über den dreckigen Boden. Meine Hände tasteten ihn ab. Der Schmerz kam völlig unerwartet und ich schrie erschrocken auf. Sofort hielt ich meine Hand an den Mund und lauschte nach Draußen. War da eben ein Geräusch zu hören? Ich hielt den Atem an und saß still auf dem Boden. Nach einer Ewigkeit, die mir unendlich lang erschien, war ich überzeugt, doch nichts gehört zu haben. Ich krabbelte zu einem der Sonnenstrahlen und hielt meine Hand ins Licht. Blut lief mir den Arm hinunter und ich sah eine Glasscherbe, die tief in meinem linken Handballen steckte. Entsetzt sah ich sie an. Ich war eine echte Mimose, wenn es um Schmerzen oder Verletzungen ging. Mir wurde sofort totschlecht und ich begann zu würgen. Tränen schossen mir in die Augen und ich konnte sie nicht aufhalten, als sie mir die Wangen hinunter liefen. Je länger ich wie gebannt die Glasscherbe anstarrte, umso schlimmer wurde der Schmerz. Ich wusste, dass ich sie herausziehen musste, doch ich konnte es nicht. Zitternd kroch ich an die Wand, lehnte mich an ihr und hielt meine verletzte Hand in die Höhe. Jetzt fiel mir auch wieder ein, dass ich den Rucksack beim Baumstamm liegen ließ, als ich vor Rudi und seinen Freunden davonlief.

„Rudi?“ Nichts. „Michael?“ Wieder keine Antwort. „Könnt ihr mich hören?“ Die Stille war erdrückend und ich wusste nicht, ob sie mir einfach keine Antwort gaben, oder bereits

weg waren. „Seid ihr noch da?“ Meine Stimme klang schwach und zittrig. Ich erkannte sie selbst nicht, so dünn und hoch hörte sie sich an. „Ich habe mich verletzt und blute. Ich muss zu einem Arzt oder in ein Krankenhaus. Hört ihr? Und außerdem muss ich dringend auf die Toilette.“ Nachdem wieder keine Antwort kam und ich noch eine Weile lauschte, doch nichts hörte, entschloss ich mich, die kleine Eisenstange aus den Löchern zu ziehen. Langsam stand ich auf und blieb erst einmal stehen, um tief durchzuatmen. Mir wurde wieder schlecht und vor meinen Augen tanzten schwarze Punkte. Ich schlug mit der Stange gegen die geschlossene Tür. Sie ging nicht auf. Ich drückte mich mit meinem ganzen Gewicht dagegen, doch die Tür blieb verschlossen. Panik überkam mich und ich schrie laut um Hilfe. Ich ballte meine gesunde Hand zur Faust und schlug gegen das Holz. Ich schrie immer lauter. Tränen der Wut und der Verzweiflung liefen mir an den Wangen herab. Irgendwann war ich erschöpft und vollkommen außer Atem. Ich rutschte mit dem Rücken an der Tür herunter und wimmerte nur noch leise vor mich hin. Der Durst wurde unerträglich, die Glasscherbe steckte noch immer in meiner Hand und ich musste noch immer dringend pinkeln.
Ich muss wieder eingeschlafen sein. Es war stockdunkel und kalt. Mit angezogenen Beinen lag ich auf dem Holzboden. Ich zitterte vor Kälte und meine Hand klopfte wie verrückt. Langsam fuhr ich mit meinen Fingern an der Glasscherbe entlang, die noch immer in meiner Hand steckte. Ich wusste, dass ich sie herausziehen musste, damit der Schmerz nachließ. „Sei kein Weichei“, sagte ich zu mir selbst. „Du schaffst das schon. Los zieh sie raus.“ Ich umfasst die Scherbe, biss die Zähne zusammen und zog sie mit einem Ruck heraus. Ich schrie. Ich schrie so lange und so laut ich konnte. Das Blut lief mir am Arm entlang und tropfte auf den Boden. Die Hand pochte immer mehr „Verbinden! Ich muss die Wunde verbinden. Schnell!“ Ich zog das bunte Shirt und das weiße

Top darunter, aus. Wickelte das dünne Top fest um meine Hand und weinte nach meiner Mama. Endlich ließ das Pochen nach und ich zog das Shirt wieder an. Ich hatte Heimweh, mir war wieder kalt, der Durst raubte mir fast den Verstand und mein Magen begann zu knurren und ich wollte zu meiner Mutter. Langsam und mit all meiner Kraft, die ich noch hatte, krabbelte ich in die hintere Ecke, zog die Hose herunter und pinkelte. Ich hoffte, dass es durch die Ritzen auf das Feld lief und nicht zu sehr stinken würde. Erleichtert krabbelte ich wieder zur Tür und rief wieder um Hilfe. Vergebens. Es war niemand da, der mich hörte. Die Kälte kroch mir über die Haut, bis hinunter zu meinen Knochen. Schlotternd saß ich in der Dunkelheit. „Mama", weinte ich wieder. „Bitte finde mich."

Es muss mitten in der Nacht gewesen sein, als ich aufwachte. Hohe Schreie drangen in den alten Bauwagen und ich bekam Angst. Ich drückte mich in die Ecke und machte mich so klein wie möglich. Die Augen weit aufgerissen, starrte ich in die Dunkelheit und zuckte jedes Mal zusammen, wenn das schrille Schreien wieder begann. „Ich halte das nicht mehr aus. Holt mich hier raus. Ich will nach Hause zu meiner Mutter", schrie ich verzweifelt. Meine Stimme versagte und es kam nur noch ein leises Krächzen heraus. Ich versuchte mich zu beruhigen und atmete tief ein und aus. „Es muss ein Vogel sein. Vielleicht ein Uhu oder so was ähnliches, was da in dem kleinen Wäldchen schrie. Reiß dich zusammen du Angsthase", machte ich mir selbst Mut. Plötzlich lachte ich. Ich lachte und lachte. „Ich bin verrückt geworden", kicherte ich und lachte wieder.

Meine Zunge fühlte sich dick und geschwollen an und meine Stirn war kochend heiß. Die Angst schnürte mir die Kehle zu und ich hatte noch immer Durst. „Wenn es wenigstens Regnen würde", dachte ich traurig und zitternd, „dann könnte ich meine Hände unter die Löcher im Dach halten und das Wasser auffangen." Doch der von mir ersehnte Regen kam nicht.

Seit Tagen schien die Sonne heiß und erbarmungslos auf und hinunter. Keine Wolken waren am Himmel und die Bauern in der Umgebung fürchteten um ihre Ernte. Mama sagte, ich sollte viel trinken, damit ich genügend Flüssigkeit in mir hätte. In meinem Kopf drehte sich alles. Die Müdigkeit ließ meine Augen zufallen und ich schlief halb Ohnmächtig vor Durst ein.

*

Im Morgengrauen wurde ich wieder wach. Verwundert und desorientiert schlug ich die Augen auf und sah mich blinzelnd um. „Wo bin ich? Mama? Mama?" Ich konnte mich kaum aufsetzen, so schwach und erschöpft war ich. Durch die Löcher im Dach, sah ich, dass es hell wurde. Schlagartig erinnerte ich mich wieder. „Wie lange bin ich schon in diesem alten Bauwagen? Warum hat man mich noch nicht gefunden? Sucht Mama mich denn nicht? Hat sie nicht das ganze Dorf zusammengeschrien, dass sie alle nach ihrer kleinen Tochter suchen sollten? Wieso sagten Rudi und seine Freunde nicht, wo ich war. Sie wussten es doch. Sie haben mich hier eingesperrt." Trocken schluchzte ich auf. Tränen hatte ich keine mehr und meine Augen brannten wie Feuer. Meine Lippen waren aufgesprungen und die Zunge klebte am Gaumen. Mein Magen krampfte und ich stöhnte vor Schmerz auf.

Ich dämmerte vor mich hin. Wilde Fantasien schossen durch meinen Kopf. Ich sah in den dunklen Ecken, Augen, die mich anstarrten. Dann saß meine Oma, die letztes Jahr gestorben ist, plötzlich neben mir und sagte, ich soll noch ein bisschen durchhalten, man würde nach mir suchen. Als ich mich an sie kuscheln wollte, war sie verschwunden. Dann schlief ich wieder ein oder wurde Ohnmächtig. Wenn ich wach war, plagte mich der Durst. Ich krallte meine Fingernägel in meine Arme und ritzte sie auf. Gierig saugte ich das Blut heraus. Sofort wurde mir wieder schlecht und ich musste würgen. Mein Magen zog sich zu einem Stein zusammen und ich wimmerte vor Schmerz. Die Sonne stand hell am Himmel und brannte auf das Dach des Bauwagens. Es war höllisch heiß. Ich schwitzte nicht mehr und trotz der Hitze und der stickigen Luft fror ich erbärmlich. Dann schlich sich eine Idee in meinem Kopf. Ich musste mehrmals den Ansatz wieder finden, bis ich erkannte, was mir mein Kopf sagen wollte. „Die Eisenstange! Wo hatte ich sie hingelegt?“ Meine Augen waren zugeschwollen und ich versuchte den Boden um mich herum abzusuchen. Ich lag auf dem Boden und konnte mich kaum bewegen. Mein ganzer Körper tat mir weh. Jede Bewegung, machte es noch schlimmer. Ich wollte nicht aufgeben. Ich wollte hier nicht liegen und sterben. Auch wenn ich kaum klar denken konnte, wusste ich, dass ich austrockne. Die Hitze in dem Bauwagen, kein Wasser. „Durst!“ Da war er wieder und ließ mich nicht mehr los. „Ich muss hier raus. Raus! Raus!“

Langsam bewegten sich meine Finger über dem Boden. Ich tastete ihn vor mir ab. Plötzlich berührte ich die Stange. Das hysterische Lachen kam zurück und kroch mir die Kehle hoch. Die Laute, die aus meinem Mund kamen, hörten sich an, wie die eines verletzten Tieres. Langsam zog ich die Eisenstange an mich heran. Mit beiden Armen hob ich sie hoch. Ich war zu schwach, um aufzustehen. Die Tür konnte ich nicht erreichen, deshalb schlug ich gegen die Holzwand. Wieder und wieder schlug ich dagegen, bis mir die Stange aus den Händen fiel und ich erschöpft zusammensackte.

*

Luft! Luft und Licht. Starke Arme hoben mich auf und trugen mich auf das Feld. Ich hörte meine Mutter weinen. Wasser! Es rann in meinen ausgetrockneten Mund. Ich wollte es gierig hinunterschlucken, doch ich hustete und würgte. „Langsam, Kleines“, hörte ich eine tiefe Männerstimme, die mich an meinen Opa erinnerte. „Versuche es nochmal, aber langsam.“ Das Wasser lief mir wieder in den Mund und ich versuchte langsamer zu schlucken. Noch nie habe ich etwas Köstlicheres getrunken. Ich versuchte die Augen zu öffnen

und blinzelte heftig. „Mama?“ Die Dunkelheit hüllte mich ein.
Im Krankenhaus kam ich zu mir. Ich lag in einem großen Bett und eine Nadel steckte in meinem Arm. Der Schlauch daran ging zu einem Ständer, an dem ein Beutel mit Flüssigkeit hing. Eine zarte Berührung an meiner Wange ließ mich den Kopf drehen. „Mama“, krächzte ich überglücklich.
Später erfuhr ich, wie man mich gefunden hat. Meine Mutter suchte mich zuerst alleine. Als sie mich nicht fand, alarmierte sie das ganze Dorf. Sofort bildeten sie einen Suchtrupp und suchten unser Grundstück und später das kleine Wäldchen ab. Rudi und Michael waren ebenfalls dabei. Sie taten so, als wenn sie nicht wüssten wo ich bin. Bis spät in die Nacht suchte der Trupp nach mir. Als es stockdunkel war, brachen sie die Suche ab, um im Morgengrauen wieder nach mir zu suchen. Michael hatte mittlerweile ein schlechtes Gewissen. Als er hörte, was die Männer sich leise zuflüsterten und aufzählten was mir alles passiert sein kann, bekam er Angst.
Neben der Tür des Bauwagens war ein gebogener, großer und dicker Nagel hineingehämmert worden. Michael hatte wie Rudi die Schnürsenkel aus seinen Turnschuhen gezogen. Sie wickelten die Schnüre drum und verknoteten sie straff an der rostigen Klinke. „Die muss da drin bleiben, bis wir sie raus lassen. Das hat sie jetzt davon“, sagte Rudi boshaft. Die Jungen lachten, als ich gegen das Holz schlug und um Hilfe schrie und rannten davon. Als der Suchtrupp aufgestellt wurde, drohte Rudi seinen Freunden, dass er sie zusammenschlagen würde, sollten sie verraten, wo ich sei.
Michael lenkte den Trupp auf das Feld, hinter dem Wäldchen. Ein Bauer sagte, dass der Wagen schon den ganzen Sommer dort stehen würde. Seine Kinder wollten ihn im Garten haben und als Haus zum Spielen benutzen. Bis jetzt kam er noch nicht dazu, ihn mit dem Traktor zu holen. Als die Männer näher hin gingen, sahen sie die Schnüre, die die Tür zuhielten. Einer von ihnen zog ein Messer aus der Ta-

sche und schnitt sie durch. Sie fanden mich ohnmächtig am Boden liegend und völlig dehydriert. Michael fing an zu weinen.

Nach drei Tagen wurde ich aus dem Krankenhaus entlassen. Ich schlief lange nicht mehr im Dunkeln ein und meine Mutter musste immer ein kleines Licht in meinem Zimmer an lassen. Oft wachte ich nachts schreiend auf. Ich träumte, ich sei in dem Bauwagen, an dem die gelbe Farbe abblätterte und riesige Hände würden nach mir greifen und mich in die Dunkelheit ziehen.

wie das Leben

Kassandra

Illona Penna

Kassandra´s Augenlicht rückte erblich bedingt immer mehr in ihr Inneres.
Ja, sie wusste, dass all die Schönheit der Natur ihr nicht mehr lange im Glanz des Lichtes und der Farben zur Verfügung stand. Doch hatte sie in all den Jahren die Zeit, sich die Schönheit ihres Lebens einzuprägen. Nein, Kassandra war nicht traurig darüber. Sie war dankbar, nicht blind geboren zu sein. Dankbar, dass sie das herrliche Gelb der Sonne, der Blumen und der Felder sehen durfte, bevor ihr Augenlicht sich dem Gefühlten ergab. Kassandra liebte diese Farbe. Gelb war auch ihre Ausstrahlung, wie die Sonne und das herrliche Rapsfeld gleich neben ihrem Haus.
Als die Dunkelheit Einzug hielt, weinte sie eine letzte Träne und gab sich ihren Träumen und dem Fühlen hin. Jeden Tag saß Kassandra am Fenster und ließ ihr Herz hoch hinaus ins blaue Himmelszelt fliegen. Von dort aus betrachtete sie die Welt. Man sah ein sanftes Lächeln auf ihrem Gesicht, wenn sie so dasaß und ihre Träume lebte. Jeden einzelnen Traum behütete sie wie ein Wächter des Heiligen Grals. Sie beschrieb sich die schönsten Dinge, die sie auf ihren Reisen durch die Wolken wahrnahm. Einmal flog sie über ein Adlerhorst, in dem sich die Jungen, mit aufgerissenen gelben Schnäbeln, ihr entgegen reckten. Verzückt hielt sie inne und erzählte den hungrigen Jungen die Geschichte ihres Lebens. Still und aufmerksam hörte die Brut ihr zu.
Ein anderes Mal flog sie über eine Sommerwiese, die in voller Blüte stand. In glühenden Gelbtönen, wie sie Kassandra noch niemals gesehen hatte. Düfte, die sie noch niemals zuvor wahrgenommen hatte, streichelten ihre Seele. Glücklich und zufrieden ging sie auf ihren Reisen an Bächen und Meeren entlang. Sie hörte Blumen wachsen und Vögel singen, als

würde ein Chor den Weg zum Himmel bereiten.
Immer, wenn sie von ihren Reisen zurückkehrte, dankte Kassandra ihrer Mutter und Gott dafür, dass sie auserwählt war, die wahre Schönheit des Lebens zu sehen.
Eines Nachts wurde sie von einem Schluchzen geweckt. Kassandra stand auf und setzte sich ans Fenster. Sie ließ ihr Herz auf Reisen gehen und folgte dem Weinen. Es führte sie durch dunkle Straßen mit Häusern, deren Fenster Trauer trugen. Nur bei einigen konnte man den warmen, gelben Schein des Lichtes im Inneren wahrnehmen. Langsamen Schrittes ging Kassandra auf ein großes Tor zu. Sie öffnete es und ging hinein. Da war wieder dieses verzweifelte Schluchzen. Plötzlich stand sie vor einem Grab. Auf dem Grabstein stand in seltsamer, gelber Schrift: »Ich suche noch immer«. Aus der Tiefe hörte sie eine Stimme, die ihr zurief: »Hilf mir, denn du bist sehender als all Jene, die mit den Augen sehen. Du bist hörender als all Jene, die mit den Ohren hören. Du bist dankbarer als Jene, die das Glück gepachtet haben.«
»Auch ich gehöre zu denen, die alles besaßen, was man besitzen kann. Nur den goldgelben Schlüssel zum ewigen Leben, den hatte ich nicht.«
»Lass mich sehen, was dich trotz Blindheit so reich segnet. Ich kann nicht akzeptieren, dass ich hier liegen muss und den Weg zu Besserem nicht finde.«
Kassandra reichte jenem, der in diesem Grab lag, die Hand und nahm ihn mit auf ihre Reise. Sie zeigte ihm all das, was für ihn im Leben nicht wichtig gewesen war. Sie zeigte ihm das Lachen eines Kindes, das Wachsen und Blühen der Pflanzen. Die Farbenpracht der Natur. Ihr gelbes Rapsfeld, die gelben Sonnenblumen, die hungrigen, gelben Schnäbelchen der Vögel in den Nestern. Sie ließ ihn teilhaben an ihrer Gabe, zu sehen, was noch niemals ein Auge zuvor gesehen hatte. Sie hörte ein Seufzen und dann war sie allein.
Egal, wer Kassandra heute fragt, ob sie mit ihrem Schicksal der Blindheit hadert, bekommt immer dieselbe Antwort.

»Noch nie war ich so sehend und hörend, ich bin glücklich und dankbar.« Die Bilder, die Kassandra trotz ihrer körperlichen Blindheit malt, sind Bilder, die die das weiche, gelbe Sonnenlicht widerspiegelt.

Er ist gelb – wer ist er?

Erich Röthlisberger

Es gibt ihn auf der ganzen Welt. In der hintersten Ecke eines noch so kleinen Dorfes ist er vorhanden.
Wir kennen ihn alle. Gut, nicht in jedem Land ist er gelb. In einem blau, in einem anderen wiederum rot. Vielleicht irgendwo sogar holzigbraun. Er hat viele Farben. Gerade so, wie es verschiedenfarbige Menschen gibt.
Er begleitet uns von jeher. Vom ersten Lebtag bis zum letzten Atemzug ist er da. Er ist eher ruhig und unauffällig. Außer er explodiert. Dann ist es für ihn nicht mehr lustig. Denn da hat ihm jemand einen bösen Streich gespielt.

Nein - obwohl er mehrmals täglich gefüttert wird und mindestens zweimal pro Tag entleert werden muss, wächst er nicht und nimmt auch nicht an Gewicht zu.

Ohne ihm groß Aufmerksamkeit zu schenken, gehen wir Tag für Tag an ihm vorbei. Ab und zu beachten wir ihn trotzdem. Schenken ihm ein paar nette Worte, lassen ihn aber auch unseren Kummer oder Ärger wissen. Liebe und böse Worte frisst er sozusagen in sich hinein ohne nur einmal zu murren oder zu jammern.

Ja ja, auch heute ist er noch ein begehrtes Objekt. Zwar nicht mehr so wie früher. Da gab es auch noch mehr von ihnen. In der heutigen Zeit wo alles schneller gehen muss und gerade die lieben, netten und auch bösen Worte den Bestimmungsort schnellen erreichen sollen, werden immer weniger Briefe geschrieben.
Trotzdem gibt es ihn noch: den typischen, gelben Schweizer Postbriefkasten.

Gelbe Mondrosen

Gerhard Roth

Gehen wir nächtens lang in unserm Garten? Wie
Einsam zu zweit? Sind wir an jene Plätz gestellt
Lautlos? Wachsen wir in dem Erwarten wie
Büsche, deren Früchte für Vögel vergällt

Einmal kostend tödlich sind? Ach, mein gelber
Mond – werde weiß du hell und jene gelber Sonnen
Ordnung rufend! Ich weiß, in der Nascht bin ich mir selber
Nächtens näher, als hätt ich vorher meinen Tag begonnen

Durch dich. Und könnte endlich wieder blühen
Rein in dir. Wie der roten Rosen Metamorphose
Offen für aller Farben gelles Glühen

So ist. Ich bin tagsüber eine Herbstzeitlose:
Ein wenig lila, gelb – unscheinbar wie diese,
Nicht sichtbar nächtens auf der Vollmondwiese.

Das Spinnennetz

Sandra Paul

»Verflixt und zugenäht«, murmelte Zafira vor sich hin, »wo ist denn das Nähgarn?«

Sie hatte ihre Tochter im Verdacht, damit gespielt zu haben. Die Kleine nahm sich ständig ihre Arbeitsmaterialien und dann waren sie verschwunden. Leider war das Geld knapp und so musste sie sich auf die Suche begeben, wollte sie den Auftrag fertigstellen. Ihr Kunde war sehr pedantisch, was die rechtzeitige Fertigstellung der Kleidung seiner Tochter betraf. Andere Näher bekamen keine Aufträge mehr von ihm. Das Kleidungsstück, das Zafira zugeschnitten auf ihrem Arbeitstisch liegen hatte, war gelb. Gelb wie ein Löwenzahn. Ein teurer Seidenstoff. Das farblich passende Garn dazu war sehr aufwendig zu finden gewesen und hatte ein kleines Vermögen gekostet. Sobald der Kunde die Ware zufrieden erhalten hätte, wären die Schulden getilgt, aber vorher …

»Mia, mein Schatz«, rief Zafira, »wo hast du die Rolle mit dem gelben Faden hingetan?«

Keine Antwort.

Zafira erhob sich und begann, Mia zu suchen. Nirgendwo im Haus war sie zu finden und groß war es nicht. Der Atem stockte, als ihr ein bekannter Geruch in die Nase stieg. ‚Oh nein', dachte Zafira. ‚Bitte nicht hier und heute.'

Herr Neulingmeier stand in der kleinen Nähstube. Wie immer verbreitete seine Pfeife den Vanillegeruch des Tabaks, den er für gewöhnlich benutzte. Der Rauch von diesem Mann zog in die Stoffe und ohne waschen blieb er darin haften. So manch ein anderer Kunde hatte sich daher schon beschwert. Aber gleichzeitig war dieser Mann auch ein Kunde, ein sehr guter sogar. Seine Gaststube mit Übernachtungszimmern lief gut und die Mundtücher für den Schankbereich sowie die Wäsche für das Bett ließ er bei Zafira anfertigen.

Ohne diese Bestellungen hätte Zafira mit Mia längst ins Armenhaus gehen müssen. Seit dem Tod ihres Mannes gab es sonst niemanden mehr, der für sie sorgen konnte.
»Weißnäherin, ich brauche neue Mundtücher. Fünfzig an der Zahl. Der Herzog hat ein Fest angekündigt. Da wird mein Haus voll sein. Siehe zu, dass die Tücher in zehn Tagen fertig sind.«
Und schon war dieser furchtbare Mensch verschwunden. Der Tabakrauch hing weiterhin in der Luft. Schnell nahm Zafira den Seidenstoff und lief mit diesem in den kleinen Garten. Waschen konnte sie diesen nicht, denn er würde nicht mehr die Qualität aufweisen, die sie zum Nähen benötigte. Erst nach Vollendung des Kleidungsstückes wäre eine Wässerung möglich.
Zehn Tage waren ein sehr kurzer Zeitraum für diese Anzahl an Mundtüchern. Vorher müsste noch das Kleid beendet werden. Das gelbe, leuchtende Kleid. Das Kleid für die Tochter des Herzogs. Gelb, eigentlich die Farbe der Dirnen. Aber in diesem Gelb eine Besonderheit. Und für den unehrbaren Berufsstand nicht erschwinglich.
Mia stand vor der Wand des Schuppens und machte dort etwas.
»Mia, mein Schatz, wo warst du denn? Ich habe dich gerufen.«
»Mama«, sagte das Mädchen und drehte sich lächelnd zu Zafira um. Sie hatte die gleichen schwarzen Haare und die gebräunte Haut wie sie selbst. Nur die blauen Augen waren die ihres Vaters.
»Hast du mein gelbes Garn gesehen? Ich suche es überall.«
»Nein, Mama. Ich habe die Spinne beobachtet.«
Zafira seufzte. Wo konnte es nur hingekommen sein?
Vorsichtig drapierte sie den gelben Stoff über eine glatte Stange und ging erneut in die Stube. Dort öffnete sie das Fenster ganz weit, damit der noch vorhandene Rauch abziehen konnte und gleichzeitig mehr Licht den kleinen Raum

erhellte. Das Garn war durch seine Farbe auffällig; es war schlichtweg unmöglich, die Rolle nicht zu finden.
Zafira suchte erneut. Sie schaute in jeden Schubkasten, öffnete den Schrank mit den Stoffen, rückte diese sogar beiseite und schüttelte die bereits fertigen Gewänder aus, die auf den Stühlen lagen. So verging einige Zeit, in der sie lediglich auf das Auffinden der vermissten Spule mit gelbem Garn fixiert war.
Plötzlich hörte sie Mia draußen fröhlich lachen. Sie hatte doch nicht etwa den Stoff genommen. Die Schneiderin rannte raus in den winzigen Garten und atmete erleichtert auf. Die Seide lag unverändert an ihrem Platz, lediglich der Wind spielte ein wenig mit der Leichtigkeit des Stoffes. Niemand weiter war zu sehen, warum stand Mia weiterhin vor der Wand und starrte diese an?
Mit drei Schritten war Zafira bei ihrer Tochter. Was sie sah, ließ ihr Herz einen Moment stillstehen. Ihre Tochter berührte eine Spinne, die in einem gelben Spinnennetz saß. Das Gelb sah aus wie das der Garnrolle.
»Mia, mein Schatz, pass auf«, ermahnte sie ihre Tochter, »die Spinne könnte giftig sein.«
Die Perfektion des Netzes war ein Meisterwerk. Aber eine Spinne, die goldene Spinnweben hervorbrachte, konnte nur gefährlich sein.
»Mama«, lachte Mia da wieder. »Die Spinne ist nicht gefährlich. Weißt du, ich habe aus Versehen ihr Netz kaputt gemacht. Und ich wollte nicht, dass sie traurig ist. So habe ich das feinste Garn genommen, das du in deiner Näherei hast und ihr ein neues gefertigt.«
Die Mutter schluckte. Das teure gelbe Garn für das Seidengewand. Aber gleichzeitig bewunderte sie das Werk ihrer Tochter Hände. Geschickte kleine Hände. Nie zuvor hatte Zafira etwa derart Filigranes gesehen. Das Netz sah so echt aus, nur dass es gelb statt silbern war. Und die Spinne hatte sich auch in die Mitte platziert, so als wäre es ihr Werk gewe-

sen.
»Aber du hast doch eben gesagt, dass du das gelbe Garn nicht hast«, sagte die Mutter verwirrt.
»Mama, das Garn ist aber doch nicht gelb, es ist golden«, erwiderte Mia. »Und das Beste daran, es geht nicht mehr kaputt. Da kann die Spinne lange sitzen und ihre Fliegen fangen.«
Verzweiflung herrschte in Zafira. Sie benötigte dieses Garn so dringend. Aber die Handarbeit ihrer Tochter konnte und wollte sie nicht zerstören.
»Mia, hast du noch etwas davon übrig?«
»Ja, Mama«, erwiderte Mia. »So groß ist das Netz doch nicht.«
Das Kind bückte sich, fasste zwischen ihre Füße und hob etwas hoch, das mit dem Dreck des Bodens verschmutzt war. Zafira kamen die Tränen.
»Nicht weinen, Mama. Ich mache das wieder sauber.«
»Lass mal, Mia. Ich werde es selbst machen.«
Sie nahm dem Mädchen die verschmutzte Rolle aus der kleinen Hand. Damit musste sie jetzt bis zum Brunnen laufen, denn lediglich fließendes Wasser würde helfen können. Da Vesperzeit war, hatte sie den Brunnen für sich alleine. Niemand, der Fragen nach dem besonderen leuchtenden Garn stellen würde. Mit der Kraft des Wassers löste sich die Erde. Zafira atmete tief ein und aus, als sie plötzlich einen Schrei aus ihrem Haus hörte. Sofort lief sie zurück. Der Anblick ihrer Tochter brachte sie zum Lachen. Mia wedelte mit ihren kurzen Armen, um einen Raben zu verscheuchen, der immer wieder dorthin flog, wo das Spinnennetz war.
»Geh weg, du blöder Vogel, verschwinde.«
Als Zafira zu Mia kam, entfernte sich der Vogel. Die Mutter legte der kleinen Tochter eine Hand auf den Kopf und streichelte ihn.
»Was ist denn los? Du hast so laut geschrien, dass ich dachte, dir wäre etwas geschehen.«
»Mama«, schluchzte das Mädchen, »dieser böse Vogel hat ein-

fach meine Spinne gefressen.«
»Mia, Schätzchen, es wird eine neue Spinne kommen. Der Vogel hatte Hunger. Du weißt doch, wie sich das anfühlt.«
»Aber meine Spinne«, wimmerte das Kind. »Ich hatte ihr doch gerade ein so schönes Netz gemacht.«
Zafira betrachtete das kleine Kunstwerk. Noch immer konnte sie nicht glauben, dass ihre Tochter eine solche Fingerfertigkeit besaß. Damit würde sie später vielleicht an den Hof kommen und dort ihrer Arbeit nachgehen können. Solche Personen wurden immer gesucht.
Als Mia endlich, noch immer mit Tränen in den Augen, eingeschlafen war, setzte sich Zafira an ihren Tisch und begann, das gelbe Gewand für die Tochter des Herzogs zu nähen. Immer wieder kam ihr dabei das Werk ihrer Tochter in den Sinn. Sie arbeitete die gesamte Nacht durch, um anschließend müde und zufrieden ins Bett zu fallen.
»Mama, Mama, schnell, wach auf.«
Mia rüttelte an ihrer Mutter, die nur langsam aus dem erholsamen Schlaf fand.
»Was ist denn los?«
»Mama, die Tochter des Herzogs ist da. Sie will ihr Kleid abholen.«
Schlaftrunken erhob sich Zafira und wischte sich schnell mit dem Zipfel ihres Kleides über die Augen. Sodann stieg sie schnell die Leiter hinab und betrat die Nähstube.
Die junge Frau, die dort stand, hielt bereits das für sie genähte Kleid in der Hand und musterte es.
»Ah, Zafira«, begrüßte sie Isabella, die Tochter des Herzogs. »Du hast eine wahre Meisterleistung vollbracht. Ich möchte das Kleid anprobieren.«
»Ja, Herrin. Wartet, ich helfe Euch.«
Die Näherin knickste, bevor die der jungen Frau half, in das Kleid zu steigen.
Das Gelb des Stoffes harmonierte mit den langen braunen Haaren der Fürstentochter. Wie im Wettstreit glänzten die

beiden Farben miteinander. Angetan von der neuen Robe drehte sich die junge Frau im Kreis.
»Es ist perfekt. Selbst das Muster, das du darauf gestickt hast, ein kleines Meisterwerk. Unsichtbar und doch wunderschön.«
Zafira musste schlucken. Sie hatte nichts dergleichen gefertigt.
»Danke, Herrin«, murmelte Zafira dennoch und verbeugte sich. »Wenn Ihr erlaubt, es ist das Werk meiner Tochter, Herrin. Ich hoffe, Ihr verzeiht ihr ihre Eigenmächtigkeit.«
»Eine schöne Eigenmächtigkeit, die zugleich das Symboltier meiner Familie darstellt. Eine bessere Arbeit hätte ich nirgendwo finden können.«
Als die Isabella das kleine Haus verlassen hatte, seufzte Zafira. Was hatte Mia da nur wieder im Sinn gehabt.
»Mama«, flüsterte Mia vorsichtig. »Bist du jetzt böse auf mich?«
»Nein, mein Schatz. Aber mach so etwas bitte nie wieder. Es hätte mich meinen besten Kunden neben Herrn Neulingmeier kosten können. Aber sag, wieso hast du das gemacht?«
»Ich dachte, weil doch meine Spinne nicht mehr lebt, benötigt sie auch ihr Spinnennetz nicht mehr. Und du hattest so wegen des teueren Garnes geweint. Also habe ich das Spinnennetz vorsichtig von der Wand abgelöst und auf das Kleid gestickt. Aber es war so leer. Da habe ich gesehen, dass Garn übrig war und habe daraus die kleine Spinne geschaffen.«
Zafira strich Mia über den Kopf und gab ihr einen Kuss.
»Du hattest eine gute Intuition. Der Tochter des Herzogs hat es gefallen. Du bist sehr gut in solchen Feinheiten. Und jetzt geh draußen spielen.«
Mia rannte freudestrahlend in den kleinen Garten und Zafira seufzte erleichtert auf. Jetzt konnte sie unbesorgt an die Mundtücher von Herrn Neulingmeier gehen.

Das gelbe Küken

Peter Marquardt

Die Henne Berta wollte Mutter werden,
so lange sie noch weilt auf Erden.
Da sie der Meinung war,
wenn ein Küken sie gebar,
hätte endlich sie vollbracht,
wozu die Natur sie hat gemacht.
Und so schlüpfte eins, zwei, drei,
ein gelbes Küken aus ´nem Ei,
das sie versteckte sich im Gras,
bevor es wer zum Frühstück aß.

Nun liebt der Bauer zwar sein Vieh,
doch ein Küken wollt er nie.
Hühner hielt er sich nur wegen
dem permanenten Eierlegen.
So kam das gelbe Kleine,
flugs in den Futtertrog der Schweine.

Hier mühte sich die Muttersau,
also eine Schweinefrau,
ihre Ferkel groß zu kriegen.
Sie sah das gelbe Ding hilflos im Troge liegen.
Ein Mutterherz, wenns recht im Lot,
hasst jedes Kindes tot.
So hat das Küken ganz beflissen,
sie einfach wieder rausgeschmissen.

Das gelbe Knäuel, es tippelt traurig weiter,
und gelangt so an die Hühnerleiter.
Mühsam läuft es dort empor,
und kommt sich schrecklich einsam vor.

Als es dann oben war, oh Schreck,
waren fast alle Hühner weg.
Ein Fuchs, der Hunger hat gehabt,
hat wohl an ihnen sich gelabt.

Das gelbe Küken voller Schrecken,
wollte grade sich verstecken,
als auch der Bauer sah,
was in seinem Stall geschah.
So sprach er zu dem kleinen Matz:
»Hör zu, du bist jetzt der Ersatz.
Ein paar Wochen werde ich dich pflegen,
dann musst du hier Eier legen.«
Es ist wohl öfter schon geschehen.
Und so mancher hat es selbst gesehen,
dass ein Schicksal sich zu Guten wendet,
wo ein andres schmachvoll endet.
Und die Moral von dem Gedicht:
Verschmähe gelbe Küken nicht,
Was heute noch eine Pein,
kann dir morgen schon von Nutzen sein.

Flüssiges Gold

Rudi Treiber

Es ist das Meer, die Sonne und die Menschen – das alles hat mich vor vielen Jahren dazu bewegt, dass ich mein Leben umstelle. Meinen Körper so gesund und natürlich wie nur möglich ernähre und trotz aller negativen Umwelteinflüsse einen Platz zu finden, an dem ich die Natur einfangen kann um sie in meine Heimat zu bringen. Dieser Weg hat mich dazu gebracht einen Olivenhain in Griechenland zu erwerben und hervorragendes und reines Olivenöl, ohne Gifte oder Eingriffes des Menschen, zu produzieren.

Der Versuch hat sich gelohnt. Mein Olivenöl hat sich im Laufe der Jahre einen ausgezeichneten Ruf erarbeitet. Dieser ist nicht zufällig entstanden, denn er besteht aus der Summe der positiven Erfahrungen all meiner Kunden. Und weil für mich die Gesundheit das Wertvollste überhaupt ist, erzähle ich ich Euch die Geschichte über mein flüssiges Gold – das Olivenöl.

Ich verkaufe nicht nur Olivenöl, wie andere Immobilien oder Autos, sondern ich verkaufe auch gleichzeitig damit meine Philosophie, meine Einstellung zur Natur und zur Gesundheit der Menschen. Vom Baum bis in die Flasche - alles in einer, nämlich meiner Hand. Und dass dieses Öl biologisch ist, ist für mich selbstverständlich.

In meinem 7000 m² großen Garten stehen über hundert Olivenbäume, dazwischen viele andere Obstbäume wie Äpfel, Birnen, Quitten, Feigen, Zitronen, Orangen, Mandel und Nüsse. Auch einen kleinen Weingarten gibt es. Der Boden wird mühevoll und arbeitsintensiv gemäht und nicht mit Chemikalien besprüht. Alle diese Arbeiten sind sehr zeit- und kostenaufwendig aber es ist es uns wert etwas Besonderes zu schaffen und wir sind stolz darauf nicht auf Quantität sondern auf Qualität achten zu können und auch zu wollen.

Geerntet wird mit der Hand, ohne Maschine. Unter den Bäumen werden große Planen aufgelegt und die Oliven von den Ästen geschlagen. Anschließend werden diese in Säcke gefüllt. Abends bringen wir die Oliven in die Mühle, wo sie gemahlen werden.
Olivenöl ist das Öl aus dem Fruchtfleisch und dem Kern der Oliven. Die gesammelten Früchte werden vorerst gewaschen und zwischen Mahlsteinen zu einem ölhaltigen Brei zerquetscht. In ländlichen Betrieben wird dieser Brei auf runden Platten zu einem Turm aufgeschichtet. Durch diese Pressung fließt dann langsam das Öl heraus. Die Herstellung wird aber zunehmend automatisiert, dabei kommen hydraulische Pressen zum Einsatz. Der ausgepresste Saft der Olive enthält neben dem Öl auch noch einen großen Anteil Fruchtwasser. Durch Stehenlassen schwimmt das leichtere Öl obenauf und kann anschließend abgeschöpft werden.
Danach wird das Öl in speziellen Kanistern zur Lagerung gebracht. Dort rastet es einen Monat lang und bildet einen Satz. Anschließend wird es in kleinere Kanister umgefüllt und beginnt dann seine Reise nach Österreich. Hier werden sie in unsere Flaschen, mit den entsprechenden Etiketten versehen, abgefüllt.
Olivenbäume bringen den vollen Ertrag nur alle zwei Jahre. Die Qualität ist oft sehr unterschiedlich, auch der Geschmack. Das hängt von verschiedenen Faktoren, wie Regen, Sonne oder Trockenheit, ab. Auch können wir den Geschmack des Öls nicht beeinflussen, sehr wohl aber die Qualität und die Reinheit des flüssigen Goldes.
Für kein anderes Öl gelten so strenge Qualitätsvorschriften wie für Olivenöl, trotzdem stößt man bei Qualitätsüberprüfungen immer wieder auf Täuschungsmanöver. Der Kauf von Olivenöl ist eine absolute Vertrauenssache, insbesondere bei

teuren Qualitätsölen. Ein hochwertiges Olivenöl hat eben seinen Preis. Deshalb einfach Finger weg von billigen Ölen aus dem Supermarkt. Es gibt einen Grund dafür. Wo Olivenöl drauf steht muss nicht immer Olivenöl drinnen sein, zumindest nicht zu 100%.
Für Euch – liebe Leserinnen und Leser – ist dies keine normale Kurzgeschichte, aber vielleicht eine, die eine gesündere Lebenseinstellung bringt.

Eine Frage der Richtigkeit

Karin Pfolz

Jeden Morgen, wenn es langsam hell wird und die dunkle Nacht sich auf die andere Seite unseres Erdballes schiebt, dann erwacht auch das Leben. So ist wohl Gelb die Farbe, die uns wertvoll sein sollte. Ist sie auch, jedem Einzelnen, aber leider nicht so, wie es sein sollte.

Wir Menschen erfreuen uns gerne an den gelben Blüten von Butterblumen und ihren Gefährten, am Summen der Bienen, die goldgelben Honig erzeugen und unsere Natur erhalten. Aber wir haben keine Scheu davor, dass wir genau diese Dinge zertrampeln, wenn sie uns den Weg zu etwas anderem versperren, oder blockieren.

Gelb ist nicht nur die hellste Farbe der Natur, es ist auch die Farbe von Gold.

Wohl als Geschenk ein Zeichen von besonderer Wertschätzung und Treue – doch meist wird das edle Stück in Verbindung mit Reichtum gebracht. So verblasst die leuchtende Farbe Gelb in ein schmutziges abgegriffenes Papier, das die Menschheit leitet. Jeder denkt nur noch an seinen eigenen Profit, an seine Gewinne, seinen Besitz. Völlig egal, ob andere leiden, ob man beim Heranschaffen der Werte auch Menschen verletzt und kränkt, die einen lieben. Kann es nicht einmal genug sein? Reicht nicht das, was wir zum Überleben brauchen? Ist es nicht vollkommen egal, ob man einen alten Wagen fährt, oder einen neuen? Was hat der Mensch von all dem Geld und Gold, wenn er alleine ist? Wenn all die Liebenden weggehen, weil keine Zeit mehr für sie bleibt.

Ich selbst stelle mir die Frage der Richtigkeit nicht. Denn ich brauche nicht mehr, als ich habe, mein Reichtum ist Zeit, die ich lieber mit Menschen verbringe, die ich liebe, und in der ich die Bienen betrachte, wie sie im golden strahlenden Sonnenschein um gelbe Blüten schwirren.

Gelbe Woche

Elfride Stehle

Heute ist die Zeit wie festgewachsen, denkt Eva beim Blick auf ihre Armbanduhr, denn bis zu ihrem wohlverdienten Feierabend dauert es noch. Erst um dreizehn Uhr, also in genau fünfzig Minuten, beginnt für sie das Wochenende. Aber wenn nicht bald etwas geschieht, wird sie bis dahin vor Langeweile sterben. Jeder, wirklich jeder, der in den Laden kommt, schaut nur, zuckt mit den Schultern und ist gleich wieder weg. Nicht einen einzigen Blumenstrauß hat sie heute verkaufen können. So geht das nun schon seit zwei Wochen.
Eva war gleich gegen dieses merkwürdige Verkaufskonzept ihrer Chefin gewesen. Unter dem Motto »Farbwechselwochen« will Sonja Geel mehr Kunden anlocken. Die Farbe der Blumen wechselt also jede Woche, und am heutigen Samstag beginnt die »Gelbe Woche« – mit Ringelblumen, Sonnenblumen, Tulpen, Narzissen, Nelken, Orchideen und Gerbera. Das gesamte Schaufenster ist voll davon. Die Kundschaft wird regelrecht geblendet. Dann noch die Aprilsonne dazu, die mit ihrem Licht diese gelbe Blumenpracht überflutet …
»Immer noch kein Feierabend«, stöhnt Eva und macht gleich noch die Bestellung für die darauffolgende Woche fertig. Sie starrt durch ihre Brille auf den Laptop und ihr Blick verschwimmt. Wieder schweifen ihre Gedanken ab und völlig geistesabwesend betrachtet Eva vom Verkaufstresen aus ihre Umgebung. Plötzlich nimmt sie die Brille ab, macht einen Schritt vor den Tresen und murmelt: »Jetzt wird mir einiges klar. Warum ist mir das noch nicht aufgefallen?«

Eva sieht erneut auf die Uhr. Zwei Minuten noch … jetzt kommt keiner mehr … also Zeit zum Umziehen. Sie schließt den Laden ab und verschwindet sogleich hinter dem gelben Vorhang.

Zehn Minuten später sitzt Eva in der Eisdiele am Markt, die vor einer Woche neu eröffnet hat. Hier gibt es noch echtes italienisches Eis. Sie genießt einen großen Becher mit drei Vanilleeiskugeln und einem Klecks Eierlikör obendrauf. »Hmmm, lecker«, murmelt sie und schließt die Augen. Als sie sie wieder öffnet, schaut sie in das lachende Gesicht von Markus.

»Ich wollte dich eigentlich vom Geschäft abholen, musste aber noch etwas besorgen«, meint er augenzwinkernd und setzt sich zu Eva an den Tisch. »Mir war sofort klar, wo ich dich finden kann. Hab mir das Gleiche bestellt.« In dem Moment bringt die blonde Kellnerin seinen Eisbecher.

»Deiner ist viel größer«, sagt Eva mit einem neidischen Blick auf die drei leckeren Eiskugeln mit Bananenscheiben.

»Muss er ja auch«, grinst Markus und zeigt auf ihren fast leeren Becher.

Während Markus sein Vanilleeis löffelt, ist Eva schon wieder in Gedanken bei ihren Blumen. Sie braucht unbedingt eine geniale Strategie, um »Sonjas Blumenparadies« wieder attraktiver zu machen. So wie bisher kann es jedenfalls nicht weitergehen!

Erstaunt blickt Eva hoch, als Markus plötzlich aufspringt und sie aus ihren Grübeleien holt.

»Wo willst du hin? Fahren wir nicht gemeinsam heim? Mein Auto steht dort drüben.«

Markus schüttelt den Kopf: »Nein, ich habe etwas Wichtiges vergessen, und außerdem steige ich bestimmt nicht in deinen gelben Hüpfer.«

»Mein Auto ist kein Hüpfer«, mault Eva empört, »und gelb ist in dieser Woche angesagt, eine Idee deiner Schwester. Beschwer dich also bei ihr.«

Markus winkt ab. »Das ist zwecklos, wie du weißt. Also bis später.« Dann rennt er mit langen Schritten über den Platz und verschwindet hinter der Kirche.

Nachdenklich sieht ihm Eva hinterher. Doch dann verlässt auch sie das Eiscafé, um noch einige Besorgungen zu machen.

Punkt achtzehn Uhr stellt Eva ihren Citroën vor dem Haus ab, in dem sie sich seit zwei Jahren mit Markus eine Wohnung teilt. Da er noch nicht da ist, kann sie in Ruhe über ein besseres Verkaufskonzept nachdenken. Aber ihr will partout nichts einfallen. Auch das Glas Apfelwein hilft ihr nicht auf die Sprünge.

Um zwanzig Uhr fallen Eva die Augen zu und sie legt sich schlafen. Unruhig wälzt sie sich im Bett hin und her …

Eva schaut zum Himmel, von dem Papierblätter herabfallen – eins davon flattert vor ihrem Gesicht auf und ab – sie erkennt eine Zeichnung mit einem wunderschönen Brautkleid – dann hat sie dieses Kleid an und neben ihr ein Mann in Jeans, doch ohne Gesicht – ihr Mund öffnet sich … nein, ich will nicht … nein, nein, nein …

Schweißgebadet schreckt Eva hoch. Ängstlich sieht sie sich um. Dann schielt sie zum Wecker, der gerade mal sieben Uhr anzeigt. Erschöpft sinkt Eva aufs Kissen zurück. Als es plötzlich an der Tür klopft, bleibt sie regungslos liegen.

Wer kann das sein, fragt sie sich, als sie eine Stimme hört.

»Eva, was ist los, warum schreist du so?«

Eva beißt sich auf die Lippen. Und wieder hört die es rufen, nun etwas lauter: »Eva, Eva!«

Sie sagt noch immer nichts, sondern starrt wie gebannt auf die Zimmertür, die sich langsam öffnet. Doch dann lugt Markus Wuschelkopf durch den Türspalt und sie atmet erleichtert auf.

»Du hast so laut geschrien. Ich dachte, es wäre sonst was passiert.«

Eva winkt ab und erwidert: »Danke Markus, aber es ist nichts. Ich hatte nur einen schrecklichen Albtraum.«

»Und das nennst du nichts?« Nun kommt er ganz herein, läuft zum Fenster und zieht die gelben Gardinen zurück.

»Schau nur, wie schön es draußen ist. Die Sonne scheint und du liegst noch im Bett.«
Eva kneift die Augen zusammen, zeigt mit ausgestrecktem Arm zur Tür und zischt grimmig: »Heute ist Sonntag, also mach, dass du rauskommst.«
Wortlos verschwindet Markus wieder. Zwei Minuten später sitzt Eva erneut kerzengerade im Bett. »Dieser Himmelhund, muss der immer das Radio so laut drehen?«, murmelt sie vor sich hin und reißt schon im nächsten Moment die Tür vom Nachbarzimmer auf. Wütend sieht sie in das grinsende Gesicht von Markus, der lang ausgestreckt auf seinem Bett liegt. Ihr Blick ändert sich von wütend auf fragend.
»Statt mich rauszuwerfen, solltest du mir lieber deinen Traum erzählen, mir, dem besten Traumdeuter der Welt«, beantwortet Markus ihre stumme Frage.
»Du bist nicht nur laut, unverschämt und neugierig, du bist auch noch eingebildet«, sagt Eva und dreht sich einfach um. Bevor sie aber ihr Zimmer erreicht, ruft sie noch: »Und mach den Krach aus! Ich brauche meinen Schönheitsschlaf.«
Er kennt seine Mitbewohnerin inzwischen und weiß, wenn sie von Schönheitsschlaf spricht, ist ihr größter Ärger bereits verraucht. Aber noch mehr reizen sollte er sie nicht, deshalb gehorcht er brav. Zumindest leiser macht er die Musik.
Kaffeeduft steigt Eva in die Nase. Ein Blick auf den Wecker lässt sie aufspringen. Himmelherrgott, schon zehn! Ist sie tatsächlich nochmal fest eingeschlafen. Eva zieht sich ihren quittegelben Morgenmantel über und schlurft in die Küche.
Sie erstarrt. »Bin ich im verkehrten Film, oder hat jemand Geburtstag?«
»Happy birthday to you!«, trällert Markus und trifft nicht einen Ton. Singen war noch nie seine Stärke gewesen. Er umarmt Eva überschwänglich und flüstert ihr ins Ohr: »Ich wünsche dir, meine Lieblingsmitbewohnerin, alles Gute zum Geburtstag, und alles, was du dir selber …«

»Ja, ja«, unterbricht ihn Eva, »du immer mit deinen Übertreibungen – Lieblingsmitbewohnerin, pah, siehst du hier etwa noch eine außer mir? Aber danke, mein Lieber«, und sie kneift ihn liebevoll in die Wange.
Dann betrachtet Eva den fertig gedeckten Tisch mit dem gelben Geschirr, dem Kaffee, den frischen Brötchen, der Quittenmarmelade, dem Honig, dem Bananensaft und einem großen Strauß gelber Narzissen. Das Beste aber ist eine Eierlikörtorte mit brennenden Kerzen. Eva holt tief Luft und pustet alle siebenundzwanzig auf einmal aus. Dann setzt sich an den Tisch.
»Und, hast du dir was gewünscht?«, fragt Markus, während er den Kaffee eingießt.
Eva nickt abwesend, denn ihr Blick fällt auf ein gelbes Päckchen.
»Ist das für mich?«, fragt sie und springt auf.
Aber Markus hält Evas Hand fest. »Später, liebe Eva, später!«
Enttäuscht setzt sich Eva wieder hin. Sie kaut auf ihrem Brötchen rum und wirft immer wieder einen verstohlenen Blick auf das gelbe Päckchen.
Um das Geburtstagskind abzulenken, reicht ihr Markus einen Umschlag.
Neugierig schaut Eva hinein. »Kinokarten? Sterne über Öland? Du bist ein Schatz – wann gehen wir?«
»Heute Abend, dachte ich.«

Zwei Stunden vor Arbeitsbeginn am Montagmorgen wuselt Eva in dem kleinen Blumenladen hin und her. Ihre Idee ist einfach genial. Zwar hatte ihre Chefin daran gedacht, das Schaufenster mit den verschiedensten gelben Blumen zu dekorieren, aber den Verkaufsraum hatte sie völlig vergessen. Dadurch wirkte der Laden kahl und leer.
Inzwischen zeigt die Uhr kurz vor neun. Sie sieht sich noch einmal um. Zufrieden mit ihrem Werk schließt Eva pünktlich die Ladentür für den ersten Kunden auf. Ein junger Mann

kommt hereingestürmt. Er betrachtet nur kurz die herrlichen Blumensträuße in den großen und kleinen Glasvasen auf dem Fußboden. Dann sieht er zu Eva und zeigt auf einen Strauß aus Sonnenblumen und verschiedenartigen Gräsern. »Diesen Freundschaftsstrauß möchte ich haben.«

»Gerne«, sagt Eva freundlich und denkt, da war es eine gute Idee, die Blumen mit Schildchen zu bestücken für die unterschiedlichsten Anlässe.

So verkauft sie an diesem Montag nicht nur Blumen für Freundschaft, sondern auch für Geburtstage, für den Urlaub, zur bestandenen Fahrschulprüfung, und, und, und. Den letzten Blumenstrauß an diesem Tag kauft eine ältere Dame um die achtzig. »Es ist ein Hochzeitsstrauß für meine Urenkelin«, sagt sie schmunzelnd. »Und gelb ist ihre Lieblingsfarbe.«

»Oh, da habe ich etwas für Sie«, meint Eva augenzwinkernd zu der netten Dame.

Bevor diese dann das Geschäft mit einer wunderschönen Orchidee verlässt, dreht sie sich noch einmal zu Eva um und fragt: »Und, Kindchen, wann binden Sie ihren eigenen Brautstrauß?«

Eva erschrickt, denn ihr fällt wieder der schreckliche Alptraum ein …

Abhandlung in Gelb

Sally Bertram, Florian Knisatschek

So. Die Wolken am Himmel färben sich zusehends gelb. Ich weiß, was das bedeutet. Es erfreut mich zwar nicht, aber: Es wird Hagel geben! UNABWENDBAR!
Nun, das zu erkennen ist einfach! Genauso einfach wie es zu wissen wäre, dass man gelblich gewordenen Schinken besser nicht mehr isst. Ja, heute ist dies einfach. Wesentlich einfacher als damals, als der allererste Mensch den allerersten Schinken kostete und noch nicht wusste, dass die grobgelbliche Marmorierung Anzeichen einer in Kürze auftretenden Rebellion innerer Organe verheißt und er daraufhin schmerzvoll verenden wird, vor allem, weil ja auch Notfalldialyse, Kochsalzlösung und andere hochspezialisierte Organrettungsunterfangen noch lange nicht erfunden wurden.
Also war er sehr schnell wieder tot, alles auf Anfang, und die Evolution musste sich viele Millionen Jahre wieder vorbereiten … etc…
Versuch »Mensch«, die 2.:

Der zweite erste Mensch war auch nicht viel gescheiter. Er starb an Gelbsucht. Aber das ist eine andere Geschichte.
Fakt ist, die Farbe Gelb warnt zur Vorsicht. Sowohl bei der Ampel als auch in vielen anderen Bereichen. Wenn man eine gelbe Banane isst, ist dies allerdings allgemein als unschädlich bekannt. Also auch hier bestätigen Ausnahmen die Regel. Ansonsten sollte das erwähnte Schinkenbeispiel als Mahnung genug gelten.
Die Sonne ist gelb. Das ist für viele Unbedarfte ein Gegenargument, dass Gelb auch positiv sein kann. Aber was war mit Ikarus, der zu nahe an die Sonne kam? Also, VORSICHT!

Obwohl man bei der Mineralsäurebestimmung der Banane auch nicht vergessen darf, dass es sich hierbei um eine Expertenexpertise handelt, die Gesundheit beteuert und verspricht, Experten reden Schwachsinnigkeiten, beteuern ihre jeweilige, unterlegen sie mit nicht empirischen Grundlagen, und flugs, ist schon wieder eine Menschheit hin.
Na gut, es gäbe Schlimmeres!
Nun gut, die Sonne nun! Auch ihre Farbe ist letztendlich nicht bestätigt. Die wenigen, die sie wirklich schauten, erzählen davon recht wenig, und dies alles erzählt uns auch nicht wirklich etwas über Ikarus´ tödliches Unglück, nur ein Tor würde behaupten, dass jenes Unglück nicht geschehen wäre, leuchtete die Sonne in hellstem Türkis!
Auf sehr wenig ist Verlass im Leben. Auf sehr, sehr wenig, dachte sich der 3. zufällige Wiederanfang einer Menschheit, ist Verlass! Und starb aus, weil Gott grad gelb vor Neid war, weil nämlich sein Sitznachbar Selbiges beim Test … (alles Nähere hierzu ist nicht empirisch erforscht, und somit nicht wert, hier erwähnt zu werden.)
Wie eine noch nicht erfundene Pest, Dings eben, Sachen, und flugs, wieder Millionen Jahre später, steht der 4. Mensch, (diesmal hatte er laut Experten auch nur zwei Arme), Sinn,- und -bildfremd starrt dieser ins Leere und denkt: Gelbe Schwimmente!
KUNST war geboren!

Der Knisatschek glaubt wohl auch, er hätte die Weisheit mit Löffeln gefressen. Gelb ist eine Warnfarbe! Um mehr ging es nicht. Die gelbe Schwimmente ist eine Figur, ein Charakter, die der Farbe Gelb nicht würdig ist. Auch sie mag nicht immer so harmlos sein, wie sie scheint. Ich meine, bei einer GELBEN Ente sollten wirklich die Alarmglocken läuten. Aber wir schweifen vom Thema ab.
Ist Weißwein wirklich weiß oder nicht auch eher gelblich? Soll hier das Gelb eine Warnung vor Alkoholkonsum sein?

Gelbliche Wolken bedeuten Hagel, also nichts Gutes. Und die gelbliche Färbung entsteht durch Schwefel, weil … jetzt kommt es … Schwefel GELB ist. Unheimlich, oder?!
Das Gelbe vom Ei ist wohl immer das, was wir erwarten, aber nie erreichen. Auch hier sei vermerkt, dass Gelb die Vorsicht hervorruft. Zugegeben, ein heikles Thema. Der Graubereich der Farbe Gelb, wenn man so will.
Da fällt mir ein, dass Zitronen gelb sind. Sie sind sauer, aber sauer macht lustig. Also ist es positiv oder nicht? Ich kenne mich nicht mehr aus.
Zumindest kenne ich keinen gelben Schimmel. Bestimmt weiß es der Knisatschek wieder besser, aber mir ist nichts bekannt.
Eierschwammerl sind Pilze! Pilze sind Schimmel! Gelber Schimmel!
Nur um hier mal wieder die Klarheit der Präzision wirken zu lassen.

Postgelb ist eine von der Post patentierte Pigmentmischung aus vorwiegend gelben Pigmenten.
Der Zettel, den mein Postbote ausfüllen muss und mir in den Briefkasten legt, wenn er mir einen eingeschriebenen Brief zustellen will, ich aber nicht anzutreffen bin, der ist auch gelb. Postgelb eben.
So irrt der arme Mann seit langen Minuten durch meinen Garten, in der Hand hochgehoben einen Brief.
»Herr Knisatschek, Herr Knisatschek«, ruft er mich unermüdlich durch das Unterholz.
Ich sehe ihm vom Klofenster aus dabei zu.
Was soll ich sagen, es war gerade eher ungünstig.
Aber ich schweife ab. Das ganze Leben ist eine Aneinanderkettung von Abschweifungen.
Urin ist gelb. Und gibt dem Uringelb seinen Namen, wie auch die Dotter ihrem farblichen Pendant, und auch eben die Post. Gelb ist also niemals gleich Gelb!

Wie auch das Erbrochene nach mehrtägigem viralen Brechdurchfall, jenes aber zusehends immer mehr Richtung grünlich tendiert.
Man muss schon sehr genau hinsehen, liebe Frau Bertram, und ich hoffe, ich konnte ihnen bei ihrer Rezension über GELB weiterhelfen,
mit freundlichen Grüßen,
Prof. Dr. Knisatschek

Sehr geehrter Herr Prof. Dr. Knisatschek, ich weiß nicht, wo Sie Ihren Titel gewonnen haben, das ist mir auch wurscht.
Aber Ihre Ausführungen zum Thema Gelb sind mir nicht neu. Eigelb ist ein allgemein bekanntes Wunder der Evolution oder vielmehr eine Laune der Natur. Sie denken nicht allen Ernstes, dass Ihr Geschwafel hier weiterhilft?
Ihre Erfahrungen mit dem Postler, und ich muss der Post die Farbe Gelb zugestehen, sind, freundlich gesagt, maximal eine Anekdote, hinzu eine Uninteressante.
Ich denke, ich halte es zum Thema Gelb mit den Worten Sokrates: Ich weiß, dass ich nichts weiß. (Zu Sokrates Zeiten wurde ›dass‹ noch als ›daß‹ geschrieben …)
Ich denke, wir tun uns beide einen Gefallen, wenn wir dieses Thema zu den Akten legen, Sie haben offensichtlich nichts hierzu beizutragen.
Wenn Ihnen zum Thema Blau mehr einfällt, lassen Sie es mich wissen. Sie gestatten mir eine gesunde Skepsis an dieser Stelle.

Sehr geehrte Frau Bertram!
In voller Anbetracht all ihrer Titel, Auszeichnungen, und Ehrungen im Bereiche der Wahrnehmenden Philosophie, (nicht zuletzt die GELBE Ehrenmedaille der Universität von Massachusetts 2013) muss ich ihren letzten Eintrag doch eher als Sepsis, denn als Skepsis anberaumen.

Ansonsten kann ich ihnen leider nur sagen, dass viele ihrer GELB - Hypothesen völlig haltlos sind, ja fast schon unempirisch erhoben wurden!
Gilt es hier doch, einen zumindest universitären Standard zu halten!

Als Ökonomierätin kann ich meine Hypothesen durchaus belegen. Wie Sie Ihre Thesen annähernd halten wollen, ist mir allerdings unbegreiflich.
Ich sehe, dass eine fruchtbare und akademische Diskussion über Gelb mit Ihnen nicht möglich ist. Ihre Arroganz in dieser Angelegenheit lässt mich gelb, ich meine blass werden. In diesem Sinne möchte ich es hier beenden. Guten Tag!

Laras Geburtstag
Leopold Fröhlich

Lara war heute schon sehr früh aufgestanden. Nicht nur weil sie heute ihren siebenten Geburtstag hatte, sondern auch weil sie ihrer Mutter unbedingt von ihren Traum erzählen musste. Lara setzte sich in ihrem Bett auf, strich sich mit der Hand durch ihr strohblondes Haar, zu dem ihr hellgelber Schlafanzug besonders gut passte. Rasch schlüpfte sie in ihre flauschigen, gelben Hausschuhe und huschte zu den Eltern in deren Schlafzimmer.

Gelb war ihre Lieblingsfarbe. Eigentlich mochte sie auch .... nein, nur gelb.

„Mama, heute hatte ich einen wunderschönen Traum", mit diesen Worten holte Lara ihre Mutter aus dem Schlaf und kletterte zu ihr ins Bett.

Ungläubig sah Laras Mutter verschlafen auf den Wecker und drehte sich zur Seite, um nochmals einzuschlafen. Laras Vater, der von dem fröhlichen Herumgehopse seiner Tochter ebenfalls geweckt worden war, sah mit strengem Blick auf Lara und murmelte: „Kind, heute ist Sonntag, wir wollen noch ein wenig schlafen."

Unbeeindruckt von Vaters Worten, stupste sie ihre Mutter in die Seite und begann lautstark von ihrem Traum zu erzählen. An ein Weiterschlafen war nun für die Eltern nicht mehr zu denken.

„Im Traum sah ich einen gelben Regenbogen in allen Nuancen, darunter stand im gelben Gras ein gelbes Pferd, welches gelbe Rüben fraß."

Die Mutter stoppte Laras Redeschwall, indem sie das Kind an sich drückte, ein wenig kuschelte um nochmals einzunicken. Vergeblich ...

„Wie könnt ihr nur schlafen wollen, wenn draußen schon die Sonne in ihrem schönsten Gelb strahlt?" Jetzt war es endgül-

tig mit der Nachtruhe der Eltern zu Ende. Beide standen auf und gingen ins Badezimmer, um sich frisch zu machen.
Lara fragte in einem fort, wann sie denn endlich ihren Geburtstag feierten.
„Schätzchen, mittags, wenn deine Großeltern kommen, werden wir alle zusammen mit dir feiern“, erklärte Mutter mit sanfter Stimme.
Lara liebte ihre Großeltern, die ihr letztes Jahr den Kuschelteddy schenkten.
Nach dem Frühstück machte sich die Mutter daran, das Mittagessen vorzubereiten. Lara vertrieb sich bis dahin die Zeit, mit ihrer gelben Puppenküche zu spielen. Dabei imitierte sie oft ihre Mutter, indem sie in der kleinen Küche herumhantierte. Dabei vergaß sie auch nicht, ihren Puppenkindern zu erklären, wie mühsam die Hausarbeit doch sei.
Bald war die Mutter mit dem Kochen fertig und Lara half ihr beim Decken des Tisches.
Ungeduldig stand das Mädchen dann beim Fenster mit den gelben Vorhängen, um nach seinen Großeltern Ausschau zu halten. Doch die befanden sich schon im Stiegenhaus. Als es dann an der Tür läutete war Lara diejenige, die öffnete. Mit großen runden Augen und offenem Mund sah sie zu, wie ihr Großvater ein sonnengelbes Kinderfahrrad in die Wohnung schob.
Das Geburtstagskind tanzte voll Freude um das gelbe Fahrrad und bedankte sich mit einem strahlenden Gesicht bei Oma und Opa. „Meine Schulfreunde werden sicher ganz gelb vor Neid, wenn ich mit dem tollen Rad ankomme“ lachte das Mädchen.
Zum Mittagessen gab es heute Laras Lieblingsspeise, goldgelb gebackene Schnitzel und ebensolche Pommes. Auch der Erdäpfelsalat passte farblich hervorragend dazu. Am besten schmeckte es Lara aus ihrem gelben Kinderservice.
Mutter brachte nach dem Essen die Geburtstagstorte, die mit gelben Marzipan überzogen war und auf der sieben gelbe

Kerzen brannten. Die Erwachsenen sangen dem Kind ein Geburtstagslied. Jetzt sollte Lara die Kerzen ausblasen. „Du darfst dir auch etwas Schönes wünschen“ , erklärte die Mutter.
Lara holte tief Luft, blies kräftig und die Flämmchen erloschen. Dabei dachte sie an das gelbe Pferd aus dem Traum. Nach dem alle von der Torte gegessen hatten, durfte das Kind mit seinem Fahrrad ins Freie, um es dort gleich auszuprobieren. Dass der Freizeitanzug und die Sportschuhe in Laras Lieblingsfarbe leuchteten, versteht sich von selbst.
Sie drehte im Hof die ersten Runden mit ihrem neuen Fahrrad. Vorsichtig stellte Lara es nachher auf den Ständer, um noch in der Wiese herumzulaufen. Sie pflückte ein wenig Löwenzahn und mit flinken Fingern flocht sie daraus einen Kranz für ihre Haare.. So geschmückt, tollte sie noch einige Zeit herum.
Der Großvater meinte mit einem verschmitzten Lächeln: „Euer Kind sieht aus wie ein großer, gelber Wollknäuel, wie es in der Wiese herumläuft.“
Gelb wird sicher noch lange die Lieblingsfarbe von Lara sein.

Der gelbe Schirm

Roland Moser

Schon von klein an hatte Fredy Bodmer den Wunsch, einmal Fliegen zu können. Jeden Tag schaute er in den azurblauen Himmel und sah diesen glänzenden Vögel zu, wie sie einen weißen Kondensstreifen nach sich zogen. Einmal wollte er auch in so einem Vogel sitzen und auf die ganze Welt herabschauen können. Fredy informierte sich überall, um herauszufinden, was man braucht, um Flight Attendant zu werden. Bescheiden, wie er war, klopfte er sich immer auf die Schulter, denn Fredy Bodmer wollte nicht Pilot werden. Nein, Flight Attendant war sein Traumberuf. Bald schon büffelte er Englisch und Französisch. Er besuchte Sprachkurse in beiden Sprachen gleichzeitig. Was heißt jetzt schon wieder Flugzeug auf Französisch? Und wie nennt man Pfeffermühle auf Englisch? Tausende Wörter lernte er auswendig. Fredy kaufte sich auch einen blauen Blazer, um zu sehen, wie ihm so eine Uniform stehen würde. Wie man eine Krawatte richtig bindet, hatte er bald heraus. Aber egal, wie viele Dokumentationen er im Fernsehen über dieses Berufsbild sah, er kam seinem Ziel einfach nicht näher. Dabei konnte er doch fliegen wie ein Adler. Das hatte er schon als kleiner Montgolfiere getestet. Hinter dem Haus, wo er seine Kindheit verbrachte, war ein grosser Hügel. Eines Tages kam ihm die Idee, mit dem alten, gelben Regenschirm seines Opas einen ersten Flugversuch zu starten. Selbstverständlich hatte er für alles vorgesorgt. Die Knie- und Ellenbogenschoner besorgte er sich von seinem älteren Bruder. Der war ja Eishockey-Torhüter und hatte solches Zeugs in seiner Sporttasche. Als Schutzhelm nahm er das alte Löcher-Sieb aus der Küche seiner Mutter. Dann klebte er dort noch etwas Schaumstoff hinein, welchen er von der Sitzecke seiner Eltern aus einem alten Sofa-Kissen herausschnitt. Im Grunde hätte Fredy an diesem Nachmittag eigent-

lich in der Schule sein sollen, um zu lernen. Die Schule aber musste bei ihm immer etwas warten. Denn es gab für ihn oft viel Wichtigeres, welchem er den Vorzug schenken musste. Sein Briefing war beendet und das Löcher-Sieb auf seinem Kopf, die Knie- und Ellenbogenschoner montiert. So ausgerüstet begab er sich mit dem alten, gelben Regenschirm vom Opa auf besagten Hügel. Oben angekommen begutachtete er die Situation. Der Wind stand gut. Das Wetter war mild. Mit Zeigefinger und Daumen drückte er seine Nasenflügel zusammen und gab das Kommando:
»Ready for Take off«!
In Gedanken hörte er den Tower, der ihm bestätigte:
»Thank you. Runway Seven«.
Verdammt, was heißt jetzt schon wieder »Alles in Butter« auf Englisch? Egal. Die wissen ja, dass er bereit ist.
Er spannte den Regenschirm auf. Ein Nachbar beobachte ihn und muss wohl gedacht haben, dass dieser Fredy Bodmer einen ausgewachsenen Dachschaden zu haben schien. Wer spannt schon einen gelben Regenschirm auf, wenn draußen die Sonne scheint? Na wer wohl? Der Fredy natürlich!
Dann sprang er. Und tatsächlich flog er mit Hilfe der Erdanziehungskraft dem Boden entgegen. Während seines Fluges klappte der Fallschirm in entgegengesetzte Richtung seine Tragflächen zusammen und widersetzte sich der Physik nicht. Sein Berechnungsfehler bescherte ihm die letzten fünf Meter seines Fluges in einem freien Fall. Die Landung war entsprechend. Unten angekommen bohrte sich das Löcher-Sieb durch seine Kopfhaut und seine Beinchen knickten weg wie Spaghetti, die man ungekocht verbiegen wollte. Unter »Happy Landing« hatte er sich etwas ganz anderes vorgestellt.
Jahre später, nach diesem missglückten Flugversuch, bewarb er sich bei der ehemaligen Swissair als Flight Attendant. Englisch und Französisch hatte er ja im Gepäck. Gesund war er auch. Und seine Spaghetti-Beine hatten seine Bruchlandung von damals ja ohne größeren Schaden überstanden. Tage spä-

ter bekam er den ersehnten Brief der Swissair. Jetzt trennten ihn nur noch wenige Schritte bis zur Aufnahmeprüfung zum Flight Attendant. Aufgeregt riss er den Umschlag auf. Mit zittrigen Fingern las er die Zeilen:
»Sehr geehrter Herr Bodmer, wir danken Ihnen, dass Sie sich bei unserer Fluggesellschaft als Bewerber zum Flight Attendant angemeldet haben. Leider müssen wir Ihnen mitteilen, dass wir Sie nicht zur Aufnahmeprüfung einladen können«. Fredy, der Idiot, hatte sich vor dem Öffnen des Antwortschreibens extra noch die Krawatte umgebunden. Geholfen hat es nichts. Etwas Gutes hatte die Geschichte dennoch. Bis heute blieb Flight Attendant für Fredy Bodmer sein Traumberuf. Und nun weiss er auch, warum man »Traum-Berufe« so nennt.
Alles in allem aber sind und bleiben Wunschträume doch nie so ganz das Gelbe vom Ei. Das weiß unser Fredy Bodmer heute nun auch.

Das gelbe Baby

Petra Weise

»Manfred, ich glaube, es geht los.« Susi rüttelte an Manfreds Schulter.

»Was?« Schlaftrunken richtete sich Manfred im Bett auf und schaute auf die Uhr. Drei Uhr mitten in der Nacht.

»Das Baby. Ich glaube, das Baby kommt.«

»Gut. Du ziehst dich in Ruhe an und ich laufe schnell rüber zu meiner Mutter.« Manfreds Mutter war Hebamme und sollte bei der Geburt helfen.

»In einer halben Stunde bin ich zurück und bringe dich in die Klinik.«

Die nächste Telefonzelle, von der aus man einen Krankenwagen rufen konnte, war weiter entfernt als die Klinik selbst. Also gingen sie zu Fuß und stapften durch den tiefen Pulverschnee, der leicht wie Luft war. Susi krallte sich in Manfreds Arm, um nicht zu fallen.

»Heute ist der 29. Februar. Ist das nicht lustig? Diesen Tag gibt es nur aller vier Jahre. Außerdem ist heute Sonntag. Unser Kind wird ein Sonntagskind, ein glückliches Kind, ein fröhliches Kind, das uns nur Freude macht«, plapperte Susi ohne Pause und versuchte, ihre Angst wegzureden.

Noch vor Sonnenaufgang war die kleine Anett geboren. Anett bedeutet ›Die Anmutige‹, ein wunderschöner Name. Susi war glücklich und schlief erschöpft ein.

»Wach auf!« Manfreds Mutter rüttelte an Susis Schulter. »Du musst mir jetzt gut zuhören.«

Susi öffnete lächelnd die Augen und schaute in das ernste Gesicht ihrer Schwiegermutter.

»Ist etwas nicht in Ordnung?«, fragte sie besorgt.

»Wir haben dein Baby in die Kinderklinik geschickt. Das Blut soll ausgetauscht werden«, erklärte Manfreds Mutter.

Susi fuhr hoch. »Warum?«

»Es ist ganz gelb.«
»Mein Kind ist gelb? Was bedeutet das?«
Die Schwiegermutter zuckte unsicher mit der Schulter. Susi geriet in Panik. Plötzlich fiel ihr etwas ein. »Dein Mann und deine Tochter haben auch eine gelbe Haut. Hast du das dem Arzt nicht gesagt?«
Der Vater und die Schwester von Manfred hatten eine auffallend dunkle Hautfarbe, die leicht gelb schimmerte. Für Manfreds Vater war das im Krieg ein großes Glück gewesen, denn die Ärzte hatten an eine Gelbsucht geglaubt und ihn viele Monate in ein Lazarett gesteckt. Manfreds Schwester wurde bei jedem Arztbesuch auf ihre gelbe Haut angesprochen und gründlich untersucht. Aber keine dieser Untersuchungen ergaben eine Gelbsucht oder eine andere Leberkrankheit.
»Mein Kind ist nicht krank. Es hat die gelbe Hautfarbe nur geerbt!«
Susi weinte. Sie glaubte nicht daran, dass den Ärzten der Blutaustausch ausreichte. Sie würden weiter nach einer Ursache suchen, die es vielleicht gar nicht gab. Vor ihrem inneren Auge sah sie ihr kleines Baby zwischen großen medizinischen Geräten und fühlte, wie es vor Schmerzen schrie.
Da Sonntag und somit Besuchstag war, durfte Manfred fast eine Stunde lang Susi im Arm halten und trösten.
»Alles wird gut», versprach er, aber seine Stimme hörte sich dünn an.
Die anderen sieben Frauen im Zimmer lachten viel, die Schwestern trugen lustig bunte Papierhütchen, denn es war Fasching.
Daheim schoss die Muttermilch in Susis Brüste, die extrem angeschwollen waren und entsetzlich schmerzten. Susi band die riesigen Brüste mit zwei Windeln nach oben und knotete die Enden hinter dem Hals zusammen. Alles schien ihr auf einmal unerträglich.

Die kleine Anett lag inzwischen in der Kinderklinik hinter einer Glaswand, die keine Bakterien hindurch ließ. Die kleinste Infektion würde den Tod des Kindes bedeuten. Susi und Manfred standen hilflos im Gang und versuchten, wenigstens aus der Entfernung, irgendwie ihr Kind zu spüren. Sehen konnten sie es nicht, denn es lag im dritten Bett weiter hinten im Raum.

»Sie kommen am Donnerstag um sechs Uhr hierher!« Der Arzt schaute Manfred an. »Sie begleiten Ihr Kind beim Transport nach Leipzig.« Der Arzt drehte sich um und ging weg, ohne dass Susi etwas fragen konnte.

Donnerstag. Manfred stand pünktlich um sechs Uhr vor dem Arztzimmer. Eine Stunde später drückte man ihm ein kleines Bündel in den Arm. »Gehen Sie in Haus A ins Wartezimmer, Sie werden aufgerufen!«

Manfred rührte sich nicht. Er war starr vor Schreck. Dieses Bündel war seine schwerkranke Tochter, für die jede Bakterie ihren Tod bedeutete. Manfred trug keinen Mundschutz, keine Handschuhe, nicht einmal einen weißen Kittel über seinem Winteranorak, der voller Trabi-Abgase war.

Manfred hätte gern gewusst, ob es einen geschützten Gang zu Haus A gab oder ob er einfach so mit dem kranken Kind auf dem Arm hinaus in die kalte Winterluft gehen und das Haus A suchen sollte. Vorsichtig hielt er die Kleine im Arm und drückte mit dem Ellenbogen die Türklinke herunter, um ins Treppenhaus zu gelangen.

Auf dem Hof traf Manfred einen freundlichen Mann, der ihm den Weg zu Haus A beschrieb. Manfred öffnete seinen Anorak und schob das Bündel zwischen das Futter und seinen Pullover.

Der Warteraum war kein abgeschlossener Raum, sondern ein zugiger Gang. Hier saßen und standen gut zwanzig Personen. Es war ein ständiges Kommen und Gehen von Patienten, die von einer Klinik in eine andere transportiert wurden. Bei jedem Öffnen der Tür wehte ein Schwall eiskalter Luft in den nach Medikamenten und Schweiß stinkenden Gang. Nach gut zwei Stunden rief endlich eine tiefe Stimme: »Leipzig. Schnell!«

Manfred stand auf und ging zur Tür. Im Krankenwagen saß bereits eine sehr füllige alte Dame und auf der Liege in der Mitte lag ein Mann, der leise stöhnte. Außer Manfred stiegen ein weiterer Mann und eine junge Frau zu, die ein ebensolches Bündel wie Manfred im Arm hielt. Manfred entdeckte, dass mehrere dünne Schläuche aus Mund und Nase des fremden Säuglings heraushingen, die mit Pflastern im Gesicht festgeklebt waren.

»Mein Kind hat eine Magensonde», erklärte die junge Frau, die Manfreds Blicke bemerkte, »und muss jede halbe Stunde Nahrung bekommen. Inzwischen sind vier Stunden vergangen und ich habe große Angst um mein Kind.«

Die Frau zitterte am ganzen Körper, obwohl es im Krankenwagen heiß und stickig war. Auch sie sollte ihr krankes Kind nach Leipzig begleiten, wo sie fast zwei Stunden später eintrafen. Manfred war froh, dass sie zuerst zur Kinderklinik fuhren und somit noch vor all den anderen Kranken aussteigen konnten. Er atmete tief durch an der frischen Luft und beugte sich schützend über sein kleines Mädchen. Es hatte die ganze Zeit über keinen Ton von sich gegeben. Offensichtlich fühlte es sich geborgen in Manfreds Armen.

Nachdem Manfred eine weitere Stunde in einem dunklen Gang warten musste, nahm ihm eine Schwester sein Kind ab.

»Sie können gehen.«

»Wohin?«

Erstaunt drehte sich die Schwester um und schaute Manfred fragend an.

»Wie geht es weiter? Soll ich warten?«

»Nein. Ich sagte doch, dass Sie gehen können.«

»Kann ich anrufen?«

Die Schwester zuckte mit der Schulter. »Wir geben keine telefonischen Auskünfte. Besuchszeiten sind Mittwoch und Sonntag von drei bis vier.«

Gleich am Sonntag fuhren Susi und Manfred nach Leipzig. Vor der Klinik warteten unzählig viele Menschen darauf, ins Gebäude zu dürfen. Einige schubsten und drängelten nach vorn, andere standen abseits und schauten wie abwesend vor sich hin. Schlag fünfzehn Uhr öffnete der Pförtner das Tor und die Menschen rannten hindurch.

Susi und Manfred fanden die Kinderklinik schnell, mussten aber lange nach der Station suchen, auf der ihre kleine Tochter liegen sollte. Eine Auskunftsstelle gab es nicht. Die Tür im Erdgeschoss war verschlossen, die im ersten Stock ebenfalls. Im zweiten Stock hörten sie leises Stimmengemurmel und trafen auf eine Menschentraube, die sich vor einer geöffneten Tür drängte und versuchte, in das dahinter liegende Zimmer zu schauen.

»Da hinten in dem Raum sitzen Kinder«, berichtete Manfred, der so groß war, dass er über die meisten Köpfe hinweg sehen konnte.

»Darf ich mal durch?«, bat Susi.

»Wir wollen alle nach vorn und unsere Kinder sehen«, erklärte ein Mann. »Aber in der Tür haben nur vier Leute Platz.«

»Ich verstehe nicht«, stammelte Susi.

»Ganz einfach: Hinter der Tür ist der Schlafsaal, in dem die Kinder liegen. Fünf Meter von der Tür entfernt stehen kleine Stühlchen, auf denen einige Kinder sitzen. Die Kinder, denen es schlechter geht, liegen hinten in ihren Bettchen. Die kann man nicht sehen.«

»Das ist ja furchtbar.«

Plötzlich hörte Susi einen durchdringenden Schrei. Ein kleiner Junge hatte versucht, zur Tür zu laufen, wo seine Mutter stand, und wurde von einer Schwester grob zurück und in den hinteren Raum gezerrt.

Eine Frau trat zurück. Sie schlug die Hände vor ihr Gesicht und klagte: »Ich ertrage es nicht. Ich ertrage es nicht.«
»Gibt es hier keinen Arzt, mit dem man sprechen kann?«, wollte Susi wissen.
»Nein. Heute ist Sonntag. Vielleicht haben Sie am Mittwoch Glück.«
»Komm, Susi, wir gehen. Hier zu warten bringt nichts. Wir kommen am Mittwoch wieder.«

»Was ist mit unserem Kind?«
»Die Blutwerte sind nicht normal.«
»Aber das ist doch nicht schlimm. Ich meine, ich könnte es im Arm halten, damit es seine Mutter spürt. Das ist doch wichtig.«
»Was wichtig ist, bestimme ich«, fauchte ein Mann im weißen Kittel, der offensichtlich ein Arzt war. Neben ihm standen zwei weitere Männer in weißen Kitteln und eine Frau. Die Frau hielt die Arme vor der Brust verschränkt und verdrehte ihre Augen. Manfred legte seinen Arm beruhigend um Susis Schultern.
»Hören Sie! Wir warten jetzt seit einer Stunde auf ein Arztgespräch. Und unser Kind haben wir nicht einmal gesehen. So geht das nicht.« Susi zitterte.
»Gehen Sie! Ich habe es nicht nötig, mich mit einer derart aufgebrachten Frau abzugeben.«
»Ich gehe nicht eher bis ich weiß, warum unser Kind hierbleiben muss und was Sie mit ihm machen.«
Die letzten Worte hatte der Arzt nicht mehr gehört, denn Susi wurde von den zwei Männern grob aus dem Zimmer geschoben.
»Lassen Sie meine Frau los!« Manfred war derart fassungslos, dass er erst eine Weile brauchte, um seine Sprache wiederzufinden.

Sonntag fuhren Susi und Manfred nicht nach Leipzig, da sie ihr Kind ohnehin nicht sehen durften. Sie standen am Mittwoch weit vorn in der Warteschlange vor dem Arztzimmer. Die Tür öffnete sich, aber Susi und Manfred wurden nicht hereingebeten, statt dessen die junge Frau hinter ihnen.
»Jetzt sind wir dran!«, beschwerte sich Susi.
»Sie kommen hier gar nicht mehr dran.«
Mit offenem Mund und ausgebreiteten Armen starrte Susi auf die anderen Besucher. Aber die schauten zur Seite und schienen alles in Ordnung zu finden. Susi riss die Tür auf.
»Familie Herzog?«, hörte sie neben sich eine ruhige, freundliche Stimme. Ein älterer Herr wies mit dem Arm auf eine offene Tür im Gang. ›Professor‹ stand am Schild auf dem Tisch.
»Bitte nehmen Sie Platz!« Der Professor wies mit der Hand auf die beiden Stühle, die vor seinem großen Schreibtisch standen. »Ihr Kind hat eine sehr seltene Anämie mit zu vielen roten Blutkörperchen.«
»Und was bedeutet das?«
»Das wissen wir nicht. Es gibt praktisch keinen Vergleichsfall.«
»Können wir Anett mit nach Hause nehmen?«
»Nein, aber Sie dürfen ihr Kind während der Besuchszeiten hier im Gelände ausfahren. Die frische Luft und der Kontakt zu Ihnen wird ihm guttun.«
Der Professor erklärte, dass sie regelmäßig das Blut untersuchten, um bei einer Verschlechterung der Werte sofort das Blut auszutauschen.
»Außerdem entnehmen wir Gewebeproben aus der Leber.«
Susi zuckte zusammen.
»Keine Sorge, Frau Herzog. Wir sind eine sehr moderne Universitätsklinik und haben auch in unseren Hörsälen die besten Bedingungen für diesen kleinen Eingriff.«
»Hörsäle? Wieso denn Hörsäle?« Susi sprang von ihrem Stuhl auf. Auch der Professor erhob sich.

»Sie können Ihr Kind jetzt ausfahren, die Stationsschwester ist informiert und hat alles vorbereitet. Wir sehen uns immer am ersten Mittwoch im Monat. Guten Tag.«
Manfred zog Susi aus dem Zimmer. Im Gang wartete eine Krankenschwester, die ein Baby im Arm hielt. Sie schaute Susi freundlich an und reichte ihr das Kind. »Der Kinderwagen steht unten im Treppenhaus. Ich warte pünktlich sechzehn Uhr im Hauseingang auf Sie.«
Susi drückte die kleine Anett fest an sich und stieg mit ihr im Arm vorsichtig die Treppen hinunter. Dort legte sie ihr Baby in die Kinderkutsche, Manfred öffnete die Tür und sie fuhren hinaus in den Park. An einer Bank hielten sie an und bestaunten ihre Tochter, als wäre sie ein großes Wunder. Das kleine Gesicht wirkte wie das einer Puppe, sehr helle Haut, helle runde Augen und helle Haare. Susi schob erstaunt die Mütze zurück.
»Das verstehe ich nicht. Wir sind beide dunkel.«
»Sie ist eben ein blonder Engel», versuchte Manfred zu scherzen.
»Sag so etwas nicht!«, bat Susi erschrocken.

»Was ist denn los?« Manfred fuhr mitten in der Nacht hoch. Susi hatte mehrmals laut geschrien. Nun saß sie zitternd im Bett und umschlang ihre Knie mit den Armen. Manfred zog sie zu sich heran und drückte sie gegen seine Schulter. Da fing Susi an zu weinen. Sie schluchzte so sehr, dass ihr ganzer Körper bebte.
»Was hast du denn Schlimmes geträumt?«
»Ich sah Anett nackt auf einem Tisch liegen, eine Frau im weißen Kittel umfasste ihre Beine, eine andere hielt eine Hand auf das Gesicht und drückte mit der anderen die kleinen Ärmchen an den Körper. Es war in einem riesengroßen Hörsaal und hunderte Studenten schauten zu, wie ein Arzt eine Nadel in den Bauch von unserem Baby stach.«
Und wieder schüttelte Susi ein Weinkrampf.

»Das ist nur ein böser Traum.«
Aber Susi rannte zur Toilette und musste sich übergeben.

»Sie können Ihr Kind mit nach Hause nehmen.«
»Ist Anett gesund?«
Der Arzt schüttelte den Kopf und hob wie entschuldigend die Arme. Zehn Monate lang war das kleine Mädchen mit der blassgelben Haut in der Klinik diversen Untersuchungen ausgesetzt gewesen.
Susi hatte keinen Kinderwagen dabei und auch keine Babykleidung. Man gab ihr das Kind in eine Decke gewickelt in den Arm. Mit diesem erschreckend leichten Bündel von etwas über fünf Kilogramm fuhr Susi mit der Straßenbahn zum Bahnhof, weiter mit dem Zug und schließlich zu Fuß nach Hause.
Daheim zuckte Anett jedes Mal zusammen, wenn sich ihr jemand näherte. Sie machte sich steif, sobald Susi sie wickeln, auf den Arm nehmen oder gar füttern wollte. Susi stellte den Teller mit dem Babybrei auf den warmen Ofen, damit das Essen nicht kalt wurde. Susi hielt ihr Kind auf dem Schoß und führte den Löffel voller Brei an den Mund. Aber Anett drehte den Kopf zur Seite und presste die Lippen fest zusammen. Susi berührte leicht die Lippen der Kleinen, aber sie öffneten sich nicht. Manchmal verlor Susi die Geduld und drückte mit ihren Fingern den Mund derb auseinander, um den Löffel hineinzuquetschen. Dann schrie Anett und verschluckte sich am Brei. Der Arzt hatte gesagt, das Kind dürfe kein einziges Gramm abnehmen. Aber er hatte nicht gesagt, wie man das machte.

Susi dachte an ihre eigene Kindheit und daran, dass sie selbst nie gern gegessen hatte. Sie war immer zu klein und zu zierlich und untergewichtig gewesen. Dieser Gedanke tröstete Susi ein wenig und sie hoffte, dass auch Anett wachsen würde.

Benidorm

Tamara Wiegand

Anne hatte zwei Schwestern, Gisela und Barbara. Man schrieb das Jahr 1983, und zu dieser Zeit war Benidorm an der Costa Blanca ein beliebter Urlaubsort. Anne war verheiratet, und ihr Ehemann wollte oder konnte nicht mitfahren. Daran hatte sie sich schon gewöhnt. Es waren immer berufliche Gründe, die er als Entschuldigung angab. Sie waren nun zehn Jahre verheiratet. In diesen Jahren waren sie nur zweimal gemeinsam in den Urlaub gefahren. Einmal nach Sousse in Tunesien und einmal nach Benidorm. Zum Glück hatte sie ihre Schwestern, die gerne mit ihr in den Urlaub fuhren. Anne war die Jüngste und quasi ein Nachkömmling. Diesmal wollte Barbara ebenfalls Urlaub machen, und so buchten sie einen Pauschalurlaub. Barbara war schuldlos geschieden. Ihr Exmann war ein notorischer Fremdgänger und hatte sie und ihre zwei Söhne verlassen. In dieser Zeit war ihr Anwalt eine große Stütze für sie, und es entwickelte sich daraus eine Liebesbeziehung. Er war fünfzehn Jahre älter, und sie konnte durch ihn ihr Leben wieder in den Griff bekommen. Auch die Kinder mochten ihn. Sie lebte von der Sozialhilfe, da bei ihrem Exmann nichts zu holen war. Ihr Freund gab ihr jedoch monatlich ausreichend Geld, so konnte sie ihre Ausbildung und den Führerschein machen. Zum Sozialamt musste sie nun nicht mehr. Bernd, so hieß ihr Freund, war verheiratet und kinderlos. Eine Scheidung wollte er nicht, denn er kam aus einer bekannten, solventen Familie und hatte einen Ruf zu verlieren. Barbara hatte nun wieder eine Zukunft, sie arbeitete als Altenpflegerin im mobilen Dienst; ihre Söhne waren fast erwachsen und hatten auch schon feste Freundinnen.

Anne wohnte im Ruhrgebiet und ihre Schwestern im Rheinland. Einen Tag vor dem Abflug musste Barbara noch arbeiten. Anne blieb bei Gisela und wollte ihre Schwester um acht Uhr am nächsten Morgen abholen. Sie fuhr einen Audi Coupé und kannte den Weg nach Köln recht gut. Der Flug nach Alicante ging um elf Uhr, so hatten sie noch genügend Zeit, den Wagen in Köln zu parken und um neun Uhr am Abflugschalter zu sein. Gisela freute sich auch, dass Anne noch ein wenig bei ihr war. Sie hatten sich doch einiges zu erzählen. Besonders Anne konnte ihr Herz etwas erleichtern, denn sie war nicht glücklich in ihrer Ehe. Ein Allheilmittel wusste ihre Schwester natürlich auch nicht.

Anne rief morgens um sieben Uhr bei Barbara an, doch die reagierte nicht. Die Schwestern wohnten eine gute halbe Stunde voneinander entfernt. Anne ahnte nichts Gutes. Sie beeilte sich, fuhr los und klingelte, wie verabredet, um acht an Barbaras Tür. Es dauerte zehn Minuten, dann öffnete Barbara. Tatsächlich, sie hatte verschlafen. In diesen Jahren fuhr man noch mit sehr guter, eleganter Kleidung in den Urlaub. Dementsprechend waren die Koffer und Reisetaschen sehr schwer. Barbara beeilte sich, und Anne schleppte schon mal das Reisegepäck zum Auto. Dann kam Barbara nach und entschuldigte sich. Anne sagte nur: „Hoffentlich haben wir eine einigermaßen freie Autobahn!“

Natürlich gab es zwei erhebliche Staus unterwegs. Sie parkten den Wagen, schleppten im Eilschritt ihr Gepäck und waren kurz nach neun Uhr am Abflugschalter. Dieser war allerdings bereits geschlossen. Anne ahnte Schlimmes und meinte: „Wir müssen an den Schalter von Neckermann gehen!“ Die Angestellte dort konnte aber nur bestätigen, dass sie zu spät wären. Anne sagte ärgerlich, dass sie den Flieger sowie die Urlaubsgebühren vergessen könnten. Es war ja ihre eigene Schuld. Die Dame am Schalter rief ihren Chef, und der sagte, dass es nur noch eine Möglichkeit gäbe: Das Flugzeug würde in Frankfurt zwischenlanden, und sie müssten in eineinhalb

Stunden dort einchecken. Sie könnten jedoch nur noch mit dem Taxi rechtzeitig ankommen. Er half ihnen dabei, eines zu bestellen, und sie fuhren dann mitten im schlimmsten Berufsverkehr los. Trotzdem hatten sie Glück und kamen rechtzeitig an. Allerdings war die Urlaubskasse ihrer Schwester durch diese Fahrt aufgebraucht.

Glücklich waren sie in Alicante gelandet, und gegen sechzehn Uhr hielt der Bus an ihrem Urlaubsziel. Anne hatte ein Appartement gebucht. Es nannte sich Haus Fleming. Sie wollte frei sein!

Sie konnten frühstücken und essen, wann sie wollten, anders als in einem Hotel. Barbara fand das auch besser, denn sie brauchte, genau wie Anne, morgens ihre Tasse Kaffee und eine Zigarette.
Anne hatte die spanische Sprache gelernt, und mit ihrem Englisch kam sie auch überall gut zurecht. Sie wollten jetzt erst einmal sehen, wo sie telefonieren konnten. Es war noch früh genug. Sie gingen in die Stadt und fanden ein Postamt. Barbara telefonierte mit ihrem Partner und erzählte ihm von ihrem Pech. Er versprach ihr, Geld über Western Union zu schicken. Sie sollten ihn am nächsten Morgen um neun Uhr anrufen, um den Code zu bekommen.
Erleichtert gingen sie zum Meer. Die beiden Strände von Benidorm sind sehr lang, mit feinen goldgelben Sand, und das Wasser ist transparent. Sie setzten sich an eine Strandbar und tranken Café con Leche. Die Sonne schien noch bis nach zwanzig Uhr, und es war angenehm warm. In der Stadt hatten sie sich noch etwas umgesehen und in einer Bar etwas gegessen. Es waren kleine Appetithäppchen; die Tapas. Diese konnte man überall in den Straßencafés bekommen. Danach gingen sie in ihr Appartment und waren eigentlich sehr zufrieden. Sie hofften auf einen schönen Urlaub.

Am nächsten Morgen gingen sie, schick angezogen, erst einmal in die Stadt zum Postamt. Es war kurz vor neun Uhr, die Post hatte bereits geöffnet. Barbara rief ihren Freund an, der gab ihr den Code, und so konnte sie ihr Urlaubsgeld von einem hübschen Postbeamten in Empfang nehmen. Danach gingen sie zurück in ihr Appartment. Das Geld deponierte Barbara im Safe. Sie nahmen ihre Strandkleidung und wollten am Strand frühstücken. Auf dem Weg begleiteten sie bewundernde Rufe und Blicke von spanischen Arbeitern: „Bella Chicas". Das freute sie. Bewundernde Blicke kamen auch von männlichen Urlaubern. Die Schwestern wussten, dass sie gut aussahen. Sie setzten sich an eine Strandbar und bestellten sich ein Frühstück. Es bestand aus Speck mit Spiegelei und Weißbrot, dazu Café con Leche. Das ist in Spanien das übliche Urlauberfrühstück, ein englisches Frühstück.

Sie mieteten sich jeder einen Liegestuhl, und ein netter Bursche brachte diese zum Strand. Er bekam ein gutes Trinkgeld. Alles war perfekt; die Sonne schien, das Meer war ruhig, das Wasser glitzerte, und Anne ging erst einmal schwimmen. Derweil blieb Barbara auf dem Liegestuhl. Ihr Appartement lag am Playa de Poniente, einem eigentlich ruhigen Ort. Der zweite Strand, Playa de Levante, war die richtige Adresse für Urlauber, die etwas erleben und das Nachtleben genießen wollten. Die Schwestern wechselten sich mit dem Schwimmen ab. Eine musste eben auf die Strandsachen und das Geld aufpassen. Sie blieben bis fünfzehn Uhr, nahmen dann ihre Strandtaschen und liefen am Meer entlang zum Playa de Levante. Zwischen diesen zwei Stränden lag die Altstadt. Das Laufen in dem feinen goldgelben Sand machte Spaß und tat den Füßen gut. Sie hörten wieder viele bewundernde Rufe. Zu Hause hatten sie schon Bräune getankt, und das Wandern am Meer bräunte sie auch. Sie trugen ihre langen, schwarzen Haare hochgebunden, damit sie noch richtig Farbe bekommen konnten.

Die Strände waren voll von sonnenhungrigen Urlaubern. Man hörte viel Englisch, Deutsch und auch Spanisch. In ihren schicken Bikinis liefen sie etwa eine Stunde am Meer umher und gingen dann in eine Strandbar, die sehr einladend aussah. Der Inhaber war ein Deutscher. Es war wie zu Hause: Filterkaffee und Apfelkuchen mit Sahne. Viele deutsche Männer standen dort und tranken Bier. Das war wieder einmal typisch Deutsch. Sie wurden natürlich nett angesprochen und hatten viel Spaß. Nach etwa einer Stunde gingen sie zurück zum Strand, schwammen noch etwas und machten sich wieder auf den Weg zum Playa Poniente. Dort lagen sie noch etwas in der Sonne und gingen dann zurück in ihr Appartement.

Am Abend wollten sie in der Stadt essen gehen. Anne ging als erste unter die Dusche und setzte sich dann mit einem Kaffee und Zigaretten auf den Balkon, um die Abendsonne zu genießen. Barbara machte sich schon zurecht. Sie sah sehr gut in ihrem gelben Hosenanzug aus. Anne hatte ein mohnrotes, kurzes Kleid ausgesucht. Sie zeigte gerne ihre langen, schlanken Beine. Ihre Haare trugen sie beide nun offen. Im Schminken waren sie geübt und mit ihrem Aussehen zufrieden. Sie hatten hochhackige Sandaletten an.
Die Rezeption rief ihnen ein Taxi. Der Fahrer war ein hübscher Spanier. Anne sprach mit ihm, und es freute ihn sehr, dass sie sich unterhalten konnten. Anne fragte ihn nach einem Tanzlokal, er empfahl ihnen den Club Ronda und zeigte ihnen sogar den Weg dorthin. Nun schlenderten sie durch die Stadt, die natürlich sehr belebt war. In einem ansprechenden Lokal bestellten sie sich einen Salat und eine Karaffe Weißwein, saßen draußen auf der Terasse und beobachteten die flanierenden Menschen. Sie fühlten sich sehr wohl, und das sah man ihnen auch an. Gegen zweiundzwanzig Uhr wollten sie dann in den Club gehen.

Der Club war sehr gepflegt, und ein Discjockey spielte die angesagteste Musik. Die Tanzfläche war voll, doch die Schwestern bekamen noch einen guten Platz an der Bar und bestellten sich Cocktails. Damals konnte man noch überall rauchen. Es war eine ganz andere Atmosphäre, heute geht man in Sportklamotten in den Urlaub. Zu jener Zeit war alles eleganter und vornehmer. Die Schwestern saßen nicht lange alleine. Anne wurde von einem gutaussehenden Herrn zum Tanz aufgefordert. Barbara ermutigte sie, da sie wusste, dass ihre Schwester besonders gern tanzte. Von der Tanzfläche aus sah Anne, dass Barbara sich mit einem großen, blonden Mann angeregt unterhielt. Annes Tanzpartner sprach Englisch mit ihr. Er fragte sie, ob sie schon länger in Benidorm wäre. Sie merkte, dass er sehr interessiert war und vermutete, dass er Engländer war. Als sie zurück zur Bar wollte, kam er mit und blieb bei ihnen. Barbara stellte Anne ihren Gesprächspartner vor. Der war ein Deutscher und hieß Gerhard Stolten. Vor etlichen Jahren waren seine Eltern aus Schwaben an die Costa Brava gezogen. Es stellte sich heraus, dass er in Altea eine Kakteenzucht betrieb. In ganz Benidorm war er durch seine stattliche Größe und seine hellblonden Haaren sehr bekannt. Man nannte ihn überall Gerado, und so hieß auch seine Firma. Er züchtete Minikakteen, und seine Ware verkaufte er in ganz Europa. Gerado musste aufgrund seiner Bekanntheit mehr als einmal laut „Hola“ rufen. Er verstand sich auf Anhieb mit Annes Tanzpartner, denn der sprach ebenfalls Spanisch, und es stellte sich heraus, dass er aus Jordanien kam und Arim Falis hieß. Er hatte in Amman eine Fabrik, die Vorhangstoffe produzierte und belieferte damit Hotels im ganzen Mittelmeeraum. Dadurch war er immer unterwegs und musste am nächsten Tag nach Mailand fliegen. Arim machte Anne den Hof. Sie führten eine lustige und manchmal radebrechende Unterhaltung. Barbara beherrschte keine Fremdsprache. Oft übersetzten Anne oder auch Gerado. Es war offensichtlich, dass Gerado Barbara mochte. Ge-

gen ein Uhr morgens verabschiedete sich Arim, und sie kamen überein, dass sie sich in drei Tagen wieder im Club Ronda treffen würden. Sie hatten auch ohne Alkohol viel Spaß gehabt. Barbara und Anna hatten nur zwei Coctails getrunken und danach immer wieder nur Cola und Säfte. Die beiden Herren hatten ebenfalls nur alkoholfreie Säfte zu sich genommen. Arim war gerade zehn Minuten weg, da stand plötzlich der Taxifahrer neben ihnen. Gerado kannte ihn. Er stellte ihn als seinen Freund vor. Sein Name war Manuel Gonzales, er kam aus Calpe und war ein selbstständiger Taxifahrer. Gerado scherzte und sagte zu ihm: „Manuel, kennst diese zwei netten Damen?"
„Ja mein Freund, ich habe ihnen den Club empfohlen!"
„Das hast du gut gemacht", erwiderte Gerado!

Anne sah Manuel jetzt erst richtig: Er war groß, hatte eine gute, sportliche Figur und feurige, tiefbraune Augen. Manuel zeigte offen sein Interesse für sie und bat sie zum Tanz. Es wurde nun langsame Musik gespielt und man sah verliebte Paare auf der Tanzfläche. Manuel flüsterte ihr zärtliche und liebevolle Worte ins Ohr. Dass gefiel ihr, und sie tanzten engumschlungen. Barbara und Gerado kamen nun auch auf die Tanzfläche und tanzten verliebt zu der schmeichelnden Musik.

Gegen zwei Uhr wollten die Schwestern zurück in ihr Appartement. Manuel wollte sie fahren. Das Angebot nahmen sie gerne an. Vor der Bar fragten Gerado und Manuel die Schwestern, ob sie sich am nächsten Abend sehen könnten. Barbara sah Anna an, und diese nickte. Danach fuhren sie mit Manuel zu ihrem Appartment. Er verabschiedete sich lächelnd von Barbara, nahm Anne fest in seine Arme und flüsterte ihr zu, dass er sie mochte.

In ihrem Appartment angekommen, sagte Barbara zu Anne: „Ich glaube, es hat uns erwischt. Aber was hast du mit Alim vor? Er ist ja in zwei Tagen wieder da."

„Das weiß ich jetzt nicht, sie gefallen mir beide! Ich denke, wir sollten einmal darüber schlafen und abwarten, wie alles wird. Ich mache mir jetzt noch einen Kaffee, du kannst ja schon ins Bad gehen."

„Ist in Ordnung", erwiderte Barbara und ließ Anne mit ihren Gedanken alleine.

Am nächsten Morgen wachten sie zeitig auf. Sie tranken ihren Kaffee und wollten schnell zum Strand; frühstücken konnten sie dort. Sie zogen sich schick an. Auf dem Weg kamen sie wieder an den spanischen Arbeitern vorbei, sie hörten mit Vergnügen die bewundernden Rufe und genossen die Blicke der männlichen Urlauber. Anne sagte zu Barbara: „Dieses Konzert werden wir wohl jetzt jeden Tag haben!" Lächelnd nickte Barbara. An der Strandbar bestellte sie sich ein Frühstück. Anne war nicht hungrig und trank nur einen Café con Leche.

Der Strand war schon voller Urlauber. Sie bekamen noch von dem netten Jungen Liegestühle. Das Trinkgeld war angemessen, und so konnte der Tag beginnen. Sie wechselten sich wieder beim Schwimmen ab, gingen mittags an die Bar und bestellten sich einen Salatteller. Barbara nahm dazu noch zwei Tapas.

Sie waren gerade auf ihren Liegestühlen, da stand Alim plötzlich vor ihnen. Anne war ziemlich erschrocken und fragte ihn, wo er denn herkäme. Er sagte ihr, dass er beschlossen hatte, einen Urlaubstag zu machen und dass er Anne wiedersehen wollte. Dann fragte er sie, ob sie den Nachmittag mit ihm verbringen könnte. Anne sah Barbara an, und die sagte: „Geh nur, ich kann auch alleine hier am Strand bleiben. Am Abend bist Du ja eh wieder im Appartement.“ Anne zog ihr Strandkleid an und ging mit Alim fort. Sie verbrachte mit ihm einen wundervollen Nachmittag. Sie fuhren nach Calpe und fanden dort eine einsame Bucht. Auch hier gab es feinen goldgelben Sand und tranprarntes Wasser. Alim zog sich eine Badehose an, er sah toll aus: groß, muskulös und dazu ein hübsches, feines Gesicht. Man konnte ihn wirklich für einen Engländer halten. Er sagte ihr, dass er sich in sie verliebt hätte und sie wiedersehen möchte. Er war sehr zärtlich, und Anne schmolz dahin. Sie liebten sich. Gegen Abend fuhr er sie zum Appartment. In zwei Tagen würde er wiederkommen.

Barbara war schon zu Hause. Sie bemerkte eine Veränderung an Anne, fragte aber nichts, sondern machte einen Kaffee. Anne ging auf den Balkon und träumte von Alim. Sie bereute nichts.

Gegen einundzwanzig Uhr machten sie sich für den Abend fertig. Sie hatten inzwischen schon eine sehr schön gebräunte Haut. Barbara wählte ein schwarzes, kurzes, Anne ein weißes Kleid. Sie trugen ihre Haare wieder offen.

Punkt zweiundzwanzig Uhr waren sie unten an der Rezeption. Doch Manuel und Gerado waren schon da. Sie bewunderten die zwei Schwestern, und Gerado fragte sie, ob sie Lust hätten, fangfrischen Fisch in einem Fischerdorf bei Calpe zu essen. Dort wäre ein vorzügliches Restaurant, das bei Kennern sehr beliebt sei. Die Schwestern nahmen die Einladung gerne an und der Fisch war tatsächlich ein Genuss. Sie blieben dort bis Mitternacht. Gerado war zudem auch ein guter Weinkenner, und der Wein schmeckte vorzüglich. Manuel trank keinen Alkohol, da er ja fahren musste. Anne war froh, als sie wieder zu Hause waren. Sie war noch nicht bereit, Zärtlichkeiten mit Manuel auszutauschen. Barbara und Gerado küssten sich zum Abschied, Anne drückte Manuel nur und dankte für den netten Abend.

In ihrem Appartment angekommen, fragte Barbara, was Anne nun vorhätte. Sie erwiderte, dass sie sich noch nicht entscheiden könne. Sie brauche noch ein paar Tage Zeit. Barbara sagte ihr, dass sie durchaus bereit wäre, den Urlaub mit Gerado zu verbringen. Anne hatte nichts dagegen. Sie solle jedoch abwarten, wie die Männer sich den Urlaub überhaupt vorstellen würden. Vielleicht wären sie nur eine von vielen. Aber das würde sich ja sicher schon bald zeigen und Auswahl an Flirts hätten sie ja genug. Doch es kam anders, als Anne glaubte.

Es war jetzt der dritte Urlaubstag, und die Freunde holten die Schwestern wieder ab. Gerado lud sie ein, sich seine Villa und die Kakteenzucht in Altea anzusehen. Barbara war begeistert, und Anne konnte nun auch nicht anders und willigte ein. Die Villa war toll und geschmackvoll eingerichtet. Gerado machte eine Flasche Champagner auf und sagte offen, dass er sich in Barbara verliebt hätte. Barbara war glücklich. Er zeigte seine Kakteenzucht und sagte, dass er damit weltberühmt wäre. Sie sahen sich Bücher an. Dort stand es schwarz auf weiß. Es stimmte, er hatte sogar eine eigene Fernsehsendung; sie sahen sich die Aufzeichnungen an. Manuel wusste das alles schon, doch Anne staunte nur. Sie saßen noch vor dem Fernseher und waren alleine. Gerado und Barbara waren verschwunden. Manuel nahm Anne zärtlich in die Arme und sagte ihr, dass er sich in sie verliebt habe. Er möchte, dass sie bei ihm bliebe. Er würde für sie arbeiten und ihr ein angenehmes Leben bieten. Er wolle auch nicht, dass sie arbeite. Er würde sie anbeten und hoffte, dass sie ihn ebenfalls lieben würde. Manuel nutzte die Gelegenheit nicht aus. Das fand Anne gut, denn sie mochte ihn ja sehr. Es war mittlerweile kurz nach ein Uhr. Da kamen Barbara und Gerado wieder ins Wohnzimmer. Anne sah, dass ihre Schwester glücklich war. Manuel brachte sie nun alleine nach Hause. Gerado blieb in Altea. Doch am nächsten Abend wollten sie wieder gemeinsam tanzen gehen.

An diesem Abend sprach Anne Barbara nicht an. Gemeinsam tranken sie noch einen Kaffee und gingen dann zu Bett. Am nächsten Morgen begann der Urlaubstag wie immer. Sie gingen zum Strand und genossen die Sonne und das Meer. Anne sagte nun zu Barbara, dass sie über die Berühmtheit von Gerado überrascht wäre. Barbara ging es genau so. Sie sagte, dass sie auch nach dem Urlaub mit Gerado in Kontakt bleiben würde. Das wollte er, und vielleicht würde daraus auch mehr. Anne erzählte von Manuel jedoch nichts. Sie behielt es für sich.

Am Abend wurden sie wieder von den Freunden abgeholt und gingen in den Club. Manuel achtete eifersüchtig auf Anne. Er liebte es nicht, dass sie mit anderen Männern flirtete. Plötzlich stand Alim an der Bar und schaute Anne an. Er sah sie mit Manuel, wandte sich ab und schlenderte weiter zur anderen Ecke der Bar. Anne ging auf ihn zu und sagte, dass das nur Freunde wären. Alim erwiderte. „Gib mir Deine Telefonnummer. Ich sehe Dich in Deutschland, ich werde kommen. Ich liebe Dich!“ Sie gab sie ihm, sie küssten sich und er ging.

Manuel war wie versteinert. Anne sagte ihm, dass das ein Freund von ihr wäre. Doch dieser müsste jetzt weg. Er wollte es gerne glauben und nahm Anne in den Arm. Gerado sagte nichts, denn er kannte das Leben. Anne und Barbara verbrachten noch einen sehr schönen Urlaub. Anne gab dem Drängen von Manuel nach, und sie liebten sich. Beim Abschied standen Manuel und Gerado am Flughafen.

Anne war nun wieder zu Hause und ihr Mann ahnte nichts. Sie bekam Briefe und Anrufe von Manuel und schrieb Briefe zurück. Alim war in Deutschland und rief sie an. Sie fuhr jedoch nicht zu ihm nach Köln. Er war in Jordanien verheiratet, und das hinderte sie daran. Sie dachte jedoch gerne an ihn.

Nach Benidorm ist sie nie mehr geflogen, denn sie wäre von Manuel in einen Käfig gesperrt aorden. Das war nichts für sie, sie musste frei sein.

Der zitronengelbe Schal

Veronika M. Dutz

Es war ein grauer Montag und Birte tat sich schwer mit dem Aufstehen. Die junge Frau hatte in der Agentur seit vier Wochen eine neue Chefin. Seitdem stand sie ungern auf und ging zur Arbeit. Diese Frau war das personifizierte oberflächlichste Wesen, das sie je kennengelernt hatte. Birte liebte ihren zitronengelben Schal, den sie jeden Tag trug. Ihre Vorgesetzte hingegen mochte das Teil nicht! Was diese Hexe Birte immerzu aufs Neue spüren ließ! Kleidung hatte man abgestimmt zu tragen! Allein das machte Birte extrem wütend. Birte kuschelte sich in ihre Decke, das Bett wollte sie heute nicht loslassen. Ihr Blick ging an die Decke, und ihre Gedanken begannen zu kreisen …

Wie ist es in unserem Alltag? Gestehen wir uns das mal ein? Wir denken an so viele Bedeutungslosigkeiten, dass wir das Wesentliche viel zu oft aus den Augen verlieren! Oh … wir lieben es, zu sehen, wie einige Menschen anderen helfen und bewundern dies. Dieses Handeln erscheint uns für uns selbst unerreichbar. Aber warum? Einen Berg besteige ich nicht auf einmal! Wie sollte ich da meinen Charakter oder Anerzogenes ändern? Es geht, man braucht Mut und Selbstvertrauen!

Dies hatte Birte eine unvergleichliche und bestimmte Person gelehrt! Wofür die junge Frau sehr dankbar war.

Es fängt alles mit den Kleinigkeiten im Leben an! Wir beschäftigen uns ständig mit Banalitäten, anstatt zu lernen, uns mit den wichtigen Dingen des Lebens auseinanderzusetzen. Es geht alles Peu á Peu! Nehmen wir das Beispiel, wie wir uns ständig darüber Gedanken machen, ob das Oberteil zur Hose passt und ob wir damit präsentabel aussehen.

In diesem Moment hatte Birte ihre Chefin vor dem inneren Auge, wie sie ihr das anhand ihres zitronengelben Schals zu verdeutlichen versuchte und dass dieses Teil unmöglich wäre. Was die junge Frau tierisch aufregte! Schließlich hatte der besagte Schal eine viel größere Bedeutung, deren sich die Dame nicht bewusst war. Birte würde ihn ihr auch nicht mitteilen, diese Person würde es nicht verstehen können. Ihre Gedanken kreisten weiter …

Würden einige Menschen einen kleinen Bruchteil dieser Zeit bzw. dieser Energie für etwas anders verwenden, wie jemanden die Tür aufzuhalten, oder auf der Straße einer wildfremden Person »Guten Tag« sagen. Okay, das könnte gewöhnungsbedürftig sein! Wie ist es in den Städten dieser Welt? Die Leute sollten es ausprobieren, der erste Moment wird Ernüchterung bringen. Die Menschen sind es nicht mehr gewohnt, einen anderen freundlich zu grüßen, aber warum? Weil jeder Einzelne sich mit zu vielen Banalitäten in seinem eigenen Leben aufhält, anstatt auf andere zuzugehen! Einige Wenige werden es schaffen, richtige Freunde oder Menschen finden, die ihnen etwas bedeuten, wenn sie ein Stück von sich geben und nicht zu egoistisch sind! Andere hingegen werden sich in den Oberflächlichkeiten verfangen und nie verstehen, wo sie sich überhaupt befinden. Der Weg ist das Ziel! Also besteige den Berg nicht auf einmal, jedoch tue den ersten Schritt dafür! Das Leben wird reicher und farbenfroher! Man erkennt, dass die Unwichtigkeiten, mit denen man sein Leben verbracht hat, nebensächlich werden. Ob ein zitronengelber Schal wirklich auf diese eine bestimmte Hose passt? Es braucht einen gewissen Mut, als Erstes jemanden die Hand zu reichen! Man wird danach tausendfach entlohnt! Vielleicht nicht in direkter Folge mit einer Antwort, das Leben und das Schicksal gehen ihre ganz eigenen Wege! Wer Gutes aussendet, der wird irgendwann die Früchte dafür ernten! Sei es in den unterschiedlichsten Formen, wie zum Beispiel, dass man die Tür aufgehalten bekommt oder freundlich gegrüßt wird. Diese Kleinigkeiten machen unser Leben reicher …

Birte raffte sich auf, sie durfte sich nicht länger hängen lassen. Es ging alles ein wenig langsamer als sonst. Beim Anziehen hörte sie bereits die unwichtigen Kommentare dieser Frau in ihren Ohren klingen. Es war ihr egal, sie zog ihren zitronengelben Loopschal über. Berührte sachte den Stoff und schwelgte für einen Moment in ihrer Erinnerung! Unterbewusst hörte sie diese Worte in sich widerhallen …

In unserem Universum gibt es ein Gleichgewicht! Erst wenn wir es geschafft haben, für uns selbst offen zu sein, dann werden wir anderen gegenüber tolerant sein! Es gibt unendlich viele Menschen und Kulturen auf dieser schönen, großen Welt, dass eine Stadt schnell zum Schmelztiegel wird! Genau diese Kontraste sind es, die gerade das Spannende in unserem Leben ausmachen! Die Welt wächst zusammen, durch diese Kleinigkeiten jedes Einzelnen werden wir gemeinsam stark!

Birtes Augen füllten sich mit Tränen. Diese Worte hatte einst ihr Vater zu ihr gesagt und die junge Frau hatte stets versucht, danach zu leben. Es war ein ständiger Kampf aufs Neue, in dieser Welt dort draußen zu bestehen. Sie erinnerte sich liebevoll an sein Gesicht, als er am Küchentisch ihr gegenüber saß und zu ihr gesagt hatte …

Also reiche deinem Gegenüber die Hand, öffne ihm die Tür, wünsche ihm einen schönen »Guten Morgen«! Das sind die Dinge im Leben, die uns groß werden lassen! Wir bilden dadurch eine Gemeinschaft. Gemeinsam sind wir eine Einheit, die kräftig und außergewöhnlich ist! Einer alleine versetzt keinen Baum, jedoch viele Hände haben ein rasches Ende! Also fasst euch ein Herz, wenn jeder einen Teil seiner Zeit, einen Cent seines Geldes, einen Bruchteil seiner Aufmerksamkeit zu opfern bereit ist, dann wird daraus etwas ganz Großes! Seid offen für Neues, wagt es, über den Tellerrand zu schauen, beweist Mut! In dieser Welt von Oberflächlichkeiten und Banalitäten erreicht man sein Ziel, wenn man den ersten Schritt wagt! Der kann so einfach sein! Stillstand bedeutet Starre! Bewegung ist Fortkommen! Natürlich wird es immer Welche geben, die alles in Frage stellen oder eher auch blind folgen! Wenn alle in den Fluss springen, dann solltest du, mein Kind, es noch lange nicht tun! Zu schnell lässt sich die Masse von diesen Oberflächlichkeiten leiten! Hinterfrage dich stets selbst und dein Tun! Lasst uns alle nicht schwarz und weiß sehen! Denn die Farben der Welt und des Lebens haben ein sehr großes Spektrum und Vielfalt! Lasst uns das alles zusammen genießen, anstatt unser Leben mit Belanglosigkeiten zu vergeuden! Es ist zu kostbar und kurz, um es zu verschwenden!

Birte nahm ihren zitronengelben Schal und vergrub ihr Gesicht darin. Er gab ihr die Stärke, die sie brauchte, um in dieser Welt zu bestehen. Dieses Gelb machte für sie die Farbe ihrer Welt aus, um bei dieser neuen Chefin nicht klein beizugeben, sondern sich zu behaupten. Dieser Loop war nicht einfach nur ein Accessoire, sondern er war für Birte alles! Sie hatte das gute Stück zu ihrem Geburtstag vor drei Jahren bekommen. Oh … es war wirklich schon so lange her. Die Zeit verging immer zu schnell. Diesen einzigartigen, für Birte wunderschönen, zitronengelben Loopschal hatte sie von ihrem Vater geschenkt bekommen. Er hatte ihn auf Geschäftsreise gesehen und für sie gekauft. Seine ganz besondere Geste, um ihr die Farben der Welt aufzuzeigen. Vier Wochen danach erlitt er einen Hirnschlag und war sofort tot. Die Ärzte konnten nichts mehr für ihn tun. Ihr Vater wurde 56 Jahre alt. Wie ungerecht das Leben sein kann, wieso müssen die Guten so früh gehen? Dieser tiefe Schmerz war allgegenwärtig. Wie sagte man, die Zeit heilt alle Wunden. Diese würde noch sehr viel davon in Anspruch nehmen …

Birte blickte fest ihr Spiegelbild an und sagte:
»Dieser zitronengelbe Schal gehört zu mir und egal, ob sie ihn ›Trés Chic‹ findet oder nicht, damit wird sie sich wohl abfinden müssen! Die Madam Oberflächlichkeit!«
Nach diesen Worten ging sie, innerlich gestärkt, zu ihrer Arbeit.

Die goldene Medizin

Sandra Pulletz

»Mir ist schlecht, Mama!«, wimmert Elias, mein siebenjähriger Sohn und sieht mich mit glasigen Augen an. Besorgt setze ich mich wieder neben ihn auf das Sofa und fühle mit der Hand an seine Stirn. Keine Veränderung! Noch immer glüht er, auch der restliche Körper meines kleinen Schatzes ist dem Fieber zum Opfer gefallen. Ich seufze laut auf.

»Bist du böse?«, fragt er mich.

Ich stutze. »Wieso sollte ich das sein?«

»Weil ich die Medesin vorhin wieder hochgewürgt habe …«, meint Elias und senkt seinen Blick.

»Quatsch! Deshalb bin ich doch nicht sauer! Ich finde es nur schade, dass du die Medizin nicht bei dir behalten konntest.«

»Gibt es nichts anderes?«, fragt Elias. »Was besser schmeckt?«

Ich muss tatsächlich erstmal überlegen. Hat meine Mama uns früher nicht mit allen möglichen Tees und selbstgemachten Hustensäften behandelt? Hausmittel hat sie immer dazu gesagt.

Kurzerhand beschließe ich, sie anzurufen und nachzufragen.

Elias drücke ich seinen Kuschelbären in die Hand und sage ihm, dass ich gleich wieder zu ihm kommen werde.

Mit dem Telefon in der Hand begebe ich mich in die Küche und klingele bei meiner Mutter durch. Zum Glück hebt sie ab.

»Ja, bitte?«

»Mama, ich bin es! Lara!«

»Servus mein Kind! Was gibt es?«

»Elias hat einen grippalen Infekt«, sage ich ohne Umschweife.

»Oje, der Arme! Hast du ihm etwas gegeben?«

»Einen Medizinsaft vom Arzt«, antworte ich. »Aber den hat er sofort hochgewürgt.«

»Kein Wunder, so grausig wie das Zeug schmeckt!«, brummt

meine Mutter. »Hat er auch Fieber und Halsschmerzen?«
»Ja. Außerdem einen ordentlichen Schnupfen. Mama, was hast du uns früher gegeben, wenn wir krank waren?«
»Bei solchen Infekten helfen die drei goldenen Hausmittel am besten!«, triumphiert sie.
»Drei goldene Hausmittel? Noch nie gehört … Was soll das sein?«
»Lindenblüten, Honig und Essig! Diese Dinge sind alle goldgelb und helfen wunderbar. Deshalb nenne ich sie die ›goldenen Hausmittel‹«, erklärt Mama.
»Essig und Honig habe ich sicher zuhause. Bei den Lindenblüten müsste ich nachsehen«, sage ich zu ihr und öffne gleichzeitig den Teeschrank.
»Prima, also den Honig kannst du ihm pur geben oder in den Tee. Hilft gegen die Halsschmerzen«, fährt meine Mutter fort. »Den Essig verdünnst du und machst damit Wadenwickel. Und nimm lauwarmes Wasser! Aber pass auf, dass du die Wickel nur machst, wenn er warme Hände und Füße hat!«
»Wieso?«, frage ich und lege nebenbei eine Packung Tee nach der anderen heraus.
»Wenn er kalt ist, ist das Fieber am Steigen. Da darf man nicht senken.«
»In Ordnung! Du, ich finde keinen Lindenblütentee …«
»Was hast du denn zuhause? Holunderblüten, Salbei, Kamille?«
»Helfen die denn auch? Und sind die alle golden?«, frage ich sie amüsiert.
»Zufällig ja!«, antwortet sie keck.
»Also Kamille habe ich. Den nehme ich manchmal, wenn mir übel ist.« Ich ziehe einen Beutel aus der Packung und koche schon mal Wasser auf.
»Sehr gut. Da kannst du ihm einen Tee bereiten und auch mit ihm inhalieren, das hilft bei entzündeten Atemwegen!«
Mama weiß eben alles! »Danke, du hast mir sehr geholfen. Von dir kann ich echt noch viel lernen!«, sage ich ehrlich.

»Immer doch, meine Liebe! Früher gab es halt nicht so viel Medizin wie heute. Wir wussten uns anders zu helfen! Toi, Toi, Toi, dass Elias bald wieder gesund wird. Halt mich auf dem Laufenden!«
Wir legen auf und ich bereite gleich den Tee zu. Während er zieht, mische ich in einer Schüssel Essig und Wasser und gehe damit wieder zu meinem Sohn.
»Was hast du da?«, will der sofort wissen.
»Ein Heilbad für dich!«, sage ich.
Er sieht mich skeptisch an. Ich wedle mit zwei Waschlappen vor seinem Gesicht. »Die tunken wir ein und legen einen auf deinen linken Arm und den anderen auf den rechten Fuß!«
Gesagt, getan. Liebevoll umwickle ich die feuchten Lappen mit Tüchern. Elias lässt es sich gefallen.
Während die Essigwickel wirken, hole ich den Kamillentee und süße ihn mit reichlich Honig.
»Wow, der sieht ja golden aus!«, staunt Elias.
»Ja, ein richtiges Zaubergetränk!«, sage ich und lasse meinen Sohn kosten.
»Schmeckt gut«, meint er zufrieden und schlürft den Tee.
Die warmgewordenen Wickel löse ich nach kurzer Zeit wieder ab und prüfe die Stirn meines Sohnes erneut. Deutlich kühler. Auch der Rest des kleinen Körpers wirkt nicht mehr so erhitzt.
»Wie fühlst du dich jetzt?«, will ich wissen.
»Nicht mehr so heiß! Ich glaube, deine Medesin hilft!« Elias schenkt mir ein kleines Lächeln.
»Ich habe bei Oma Rat geholt! Sie kennt viele Rezepte für Medizin aus der Natur«, erkläre ich. »Und wie geht es dem Hals?«
»Tut auch nicht mehr so viel weh!«
»Fein! Vielleicht kannst du nun ein wenig schlafen?«, versuche ich, meinen Sohn zu überreden. »Schlaf hat auch eine heilende Wirkung!«
»Bin müde …«, meint Elias und seufzt. Seine Lider schließen

sich und er döst ein.
Erleichtert sitze ich noch eine Weile neben ihm, dann gehe ich in die Küche und schmiere mir eine dicke Schicht Honig auf mein Butterbrot. In der Sonne schimmert das Brot golden. Herzhaft beiße ich hinein und genieße die Stärkung. Zum Schluss gönne ich mir noch ein winziges Löffelchen der goldenen Medizin. Nur als vorbeugende Maßnahme, damit der Virus nicht auch mich beschlagnahmt, denke ich grinsend.

Frau Hansen isst Zitronen

Ansgar Sadeghi

Auf dem Tisch im Wohnzimmer steht eine Schale mit Zitronen. Sie ist immer gefüllt. Geht der Vorrat zur Neige, läuft Frau Hansen in den Supermarkt und kauft neue. Knallgelbe Zitronen. Frau Hansen ist nett, sagen ihre Nachbarn und mancher klagt ihr auch seine Sorgen.
Wenn sie all das hört, dann findet sie in ihren dreiundneunzig Jahren Leben für jeden tröstende Worte. Das kann sie gut. Die Menschen sind nett zu ihr. Umut vom Kiosk spendiert ihr oft Kaffee. Und Katja Schneider von oben bringt ihr Kartoffeln, Salat, Fisch – selten Fleisch –, was sie eben so braucht. Viel ist es nicht. Frau Hansen kocht noch selbst, so oft es geht. Nur die Zitronen – da macht sie sich mit dem Rollator auf den Weg.

Frau Hansen sitzt gerne vor dem Haus, wo sie unten wohnt. An schönen Tagen freut sie sich über das leuchtende Gelb im blauen Himmel. Dann schaut sie der Sonne zu, wie sie Schäfchenwolken hütet, und genießt die Wärme auf der Haut. Manchmal beobachtet sie die Menschen auf der Straße. Hier ist immer was los. Schulkinder kommen vorbei. Manche winken ihr zu. Menschen führen ihre Hunde aus und Hunde manchmal ihre Menschen. Fröhliche Menschen kommen vorbei. Auch traurige und welche, die gehen, als trügen sie eine große Last. Nicht alles ist immer schön. Dann dringt Geschrei aus den geöffneten Balkontüren. Oder es gibt Streit auf der Straße. Da fliegen dann auch mal die Fäuste. Aber das kommt hier im Viertel nicht so häufig vor.

Frau Hansen denkt oft an ihre Kindheit in dem kleinen Dorf, an die heißen Sommer mit Magda am Teich. Magda, die Schauspielerin werden wollte und bei einem Unfall starb. Sie

erinnert sich an den Duft der Wacholderbüsche, sonntags am Pfarrhaus, wo sie artig einen Knicks gemacht hat, als der Pfarrer ihr die Hand gab. Das waren schöne Zeiten. Lange hat der Krieg diese Bilder verschüttet. Immer war er da, viele Jahre. Der Fliegeralarm, die Verwüstung, das Elend und die Erinnerung war wie eine Gerichtsverhandlung, wie eine Suche nach Schuld und Unschuld, ein Schatten, der lange über ihrer Erinnerung lag.
Heute kann sie durch den Schatten blicken, und sie sieht auf das heruntergekommene Hotel in Paris – lange nach dem Krieg, das Picknick mit Baguette, Käse und Wein auf dem Bett, die Champs-Élysées im Schneetreiben, die Lavendelblüten in der Provence, die Sagrada Família in Barcelona und den Fisch auf den Grillrosten der Fischer am Strand von Skiathos.

All das ist lange her. Und sie hat nicht mehr viel Zeit, um neue Erinnerungen zu sammeln. Das Leben vor dem Hochhaus ist wie ein Theaterstück, in dem sie nur noch eine kleine Rolle spielt, mehr und mehr zum Zuschauer wird. Und alle weben sie an den Geschichten, die andere werden, wenn einer aus dem Ensemble fehlte. Wenn Frau Hansen eines Tages stirbt, wird man es merken. Dann wird sie Erinnerung sein. Das ist ihr ein Trost.

Die Zitronen kauft Frau Hansen, weil sie so schön Gelb sind – wie kleine Sonnen liegen sie in der Schale – und für den Fisch und den Salat. Sie kauft sie aber auch für die Besuche ihrer Schwester. Die kommt einmal im Monat, immer an einem Montag, und schimpft. Sie schimpft auf die kinderreiche Familie in ihrer Nachbarschaft, die ihr das Leben zur Hölle macht, auf die Gerüche nach irgendeinem Fraß, die den Hausflur durchziehen, auf den vielen Regen und die viel zu heiße Sonne und darauf, dass sie sich fremd fühlt in der eigenen Stadt, umgeben von all den fremden Menschen. All ihren

Schutt lädt sie bei Frau Hansen ab, isst dabei ein Stück Kuchen, trinkt Kaffee mit Milch und ohne Zucker, schimpft und hört kaum zu.
Ihre Schwester war nicht immer so, da ist sich Frau Hansen sicher. Sie weiß nicht, warum ihr das Leben heute so bitter schmeckt, warum alles fremd und bedrohlich geworden ist. Früher hat Frau Hansen ihrer Schwester bisweilen widersprochen und versucht, etwas Farbe in ihre graue Welt zu tropfen, ein helles Gelb, ihre Lieblingsfarbe, ein intensives Grün wie von frischem Gras und das Blau des Meeres. Aber selbst die schönsten Farben waren ihrer Schwester längst ein Gräuel geworden.
Frau Hansen kann ihre Schwester nur noch schwer ertragen. Wenn sie zu Besuch kommt, nimmt Frau Hansen eine Zitrone aus der Schale im Wohnzimmer und schneidet sie in Spalten. Frau Hansen kommt gut zurecht, trotz ihrer dreiundneunzig Jahre. Sie kann kochen. Backen. Nähen. Und Zitronen in Spalten schneiden. Dann isst sie jede einzelne Zitronenspalte. Sehr sauer ist das. Es zieht ihr den Mund zusammen. Aber Frau Hansen hört nicht auf, bis sie die ganze Zitrone gegessen hat.
So sieht die freundliche Frau Hansen eine Weile lang ziemlich sauer aus. Ohne Zitrone würde das nicht funktionieren. Frau Hansen ist keine gute Schauspielerin. Zudem täte ihr die Schwester ohne die Zitrone vielleicht Leid und das würde das Zitronengesicht in eine süße Aprikose verwandeln. Das will Frau Hansen nicht.

Was ist sie doch für eine verhärmte Frau geworden, denkt die Schwester dann, wenn sie das saure Gesicht von Frau Hansen sieht, und sie verabschiedet sich früh, weil sie ihr eigenes Bild wohl nicht erträgt.

Frau Hansen liebt Zitronen. Sie sind so herrlich Gelb. Wie die Sonnenblumen, die am Dorfteich wuchsen. Zitronen sind so hell wie die Sonne, die auch einer alten Frau noch die Haut wärmt. Nur ihr Saft ist etwas sauer. Aber auch das ist ganz gut. Manchmal.

Des Sommers Gelb

Angelika Groß

Des Sommers Gelb erblüht strahlend auf weiten Feldern. Überall leuchten die Farben bis ins Firmament. Der Duft ihrer Blüten hängt schwer in der Luft und verzaubert Mensch und Tier. Für mich ist die Rapsblüte eine der schönsten Jahreszeiten. Nach dem Frühlingsversprechen von Krokus und Osterglocken beginnt diese üppige Jahreszeit. Wenn wir in die Ferien fahren, in Richtung Norden, begleiten die Farben uns schon am Wegesrand.

Ein Mädchen, geboren in der Unwägbarkeit nach dem Krieg, unerwünscht, doch vorhanden. Hineingestoßen in eine grausame Welt des Hungers und der Not. Die Eltern kamen als Flüchtlinge aus dem Osten; Pommern, Ostpreußen. Vertrieben durch den Krieg waren sie nicht gern gesehen in der neuen Heimat. Geduldet als billige Arbeitssklaven, beschimpft und nicht gut behandelt. Das kleine Mädchen hatte nur den Schutz ihrer Familie. Der Vater ging früh in den Westen, nach Nordrhein-Westfalen, um eine Arbeitsstelle zu finden. Es war sein Glück, dass er bei der Reichsbahn in Pommern schon als Jungwerker gearbeitet hatte, so konnte er sich dort wieder bewerben. Er wurde als Arbeiter eingestellt. Die Bahn sorgte für ihre Arbeiter und verschaffte ihnen Wohnungen, so bestand die Aussicht, die Familie nachzuholen.
Ulla, wie das kleine Mädchen genannt wurde, blieb bei ihrer Mutter in Schleswig-Holstein und den Großeltern. Ihre Eltern bewohnten ein kleines Zimmer in Grebenhagen, sehr bescheiden, trotz der Armut ein Platz zum Wohlfühlen.
Alle arbeiteten auf den Feldern oder in der Molkerei. Das Leben war sehr hart, Ulla war immer mit dabei. Der Großvater nahm sie mit aufs Feld, dort wurde eine Decke auf den Boden gelegt und sie konnte zuschauen, was die Menschen

dort machten. Bei der Kartoffelernte nahm er sie auf den Schoß und sie konnte die braune Erde anfassen. So lernte sie die Natur in ihrer ursprünglichsten Form kennen. Früher war das eben so, die elementaren Bedürfnisse wurden zwischendurch erledigt. Niemand machte sich genaue Gedanken, wie es den Kindern ging. Die Kinderarbeit war zu dieser Zeit ganz normal, man lebte von der Hand in den Mund. Es galt nur, zu überleben.
Dann kam der Tag, als Ulla bei ihren Großeltern zurückblieb. Die Bahn stellte den Arbeitern einen Waggon zur Verfügung, dort hinein wurden ihre wenigen Habseligkeiten verladen. Mehrere Säcke mit Kartoffeln, Gemüse und vor allem Holz zum Heizen wurde verstaut. Der Güterzug transportierte alles Mögliche in den Westen, da es dort noch weniger zu Essen gab wie auf den Dörfern. Die Mutter reiste schweren Herzens ab und musste ihre Tochter zurücklassen. Denn die neue Wohnung musste erst hergerichtet werden. Diese war auch nicht sehr groß, denn die Stadt musste schnell Wohnraum schaffen für die vielen Flüchtlinge, die aus dem Osten gekommen waren. Die Bahn vermietete sie dann an ihre Arbeiter und Angestellte, das war damals der reinste Luxus.
Ulla war ja noch sehr klein, so gewöhnte sie sich schnell daran, bei ihren Großeltern zu wohnen. Die Eltern kamen natürlich zu Besuch, dank der Freifahrscheine, die es für die Arbeiter gab. Nur so konnten sie die Fahrt antreten. Es dauerte Monate, bis die Wohnungen bezugsfertig waren. Ulla lebte ein freies Leben auf dem Land. Stets wurde sie mitgenommen, die Großeltern arbeiteten bei einem Bauern, so lernte sie Tiere kennen. Blumen liebte sie besonders, alles wurde angefasst, geschmeckt, zerrupft und in den Mund gestopft. Es war eine sehr friedliche, kleine Welt für sie.
Es kam der Tag, wo ihre Eltern sie abholten, sie wollte nicht weg. Inzwischen zwei Jahre alt, weinte sie und schrie … ihre kleine Welt brach auf einmal zusammen.
Wie kleine Kinder so sind, gewöhnte sie sich schnell wieder

an die neue Situation. Zumal es im neuen Zuhause viele Spielkameraden gab. Hinter dem Wohnblock befand sich ein großer Innenhof mit Rasen. Dort fühlte sie sich wohl, wenn dann im Frühjahr die ersten Blumen blühten, war sie glücklich.
Die Zeit verging und bald bekam sie zwei Schwestern, damit war das Dreimädelhaus komplett. Es dauerte ein Weilchen, bis sie zusammen spielen konnten, aber das machte nichts. Denn nun war sie nicht mehr allein. Die Wohnung wurde zu eng und ein erneuter Umzug stand an. Die Familie zog in einen kleinen Vorort der Stadt. Dort waren ganze Wohnblocks für die Bahnarbeiter gebaut worden. Diese Wohnung hatte sogar ein kleines Kinderzimmer und vor allem ein Bad. Beheizt wurde sie mit kleinen Kohleöfen, die im Winter für wohlige Wärme sorgten. Zuerst gab es nur große Lehmberge um die Häuserblocks. Eine große Rasenfläche wurde angelegt, es gab sogar einen Kinderspielplatz, der natürlich rege genutzt wurde. So nach und nach wurden die Wohnungen alle belegt und da nur Familien mit Kindern einziehen durften, war es bald ein reges Treiben in der kleinen Siedlung. Ulla und ihre Schwestern durften sogar in den Kindergarten gehen, was damals keine Selbstverständlichkeit war. Im Sommer besuchte die Familie die Großeltern und die restlichen Angehörigen, wie zahlreiche Onkel und Tanten mit ihren Kindern, die alle in Schleswig-Holstein geblieben waren. Es war immer eine Riesenaufregung, wenn man sich wiedersah. Besonders für Ulla, sie hing sehr an ihren Großeltern. Es war eben eine besondere Beziehung zwischen ihnen. Bei den jüngeren Geschwistern war das nicht so. Aber alle genossen die Sommer, die Felder mit dem reifen Weizen, oder, wenn sie abgeerntet waren, die Heuballen als einen riesigen Spielplatz. Überall konnte man sich verstecken oder nur so faul rumliegen. Es war ein freies Leben für die Kinder. Auch wenn sie mit anpacken mussten bei der Ernte. In späteren Jahren brachte der Vater die beiden großen Mädchen in den Sommerferien zu

einer Tante, deren drei Söhne immer tolle Spielkameraden waren. So vergingen die Jahre und die Kinder wurden erwachsen. Ulla zog mit 21 Jahren aus ihrem Elternhaus aus. Obwohl sie immer den Kontakt behielt, war sie dennoch viel in sich gekehrt. Sie arbeitete sehr hart und hatte kaum Freizeit, die Natur blieb ihr ein und alles. Ein kleiner Balkonkasten vor ihrem Küchenfenster leuchtete in hellem gelb mit den ersten Frühlingsblumen. Sie liebte diese Farbe, vielleicht auch als Erinnerung an ihre Kindheit auf dem Lande.

Mit dreißig Jahren verstarb sie an einer Lungenembolie. Sie war meine Schwester. Wenn ich heute die ersten Blumen pflanze, sind immer die gelben Stiefmütterchen die Ersten, die in den Balkonkasten kommen.
Ulla ist immer bei mir, wenn ich die Farbe gelb sehe.

©AG

»Für wann soll ich den Wecker stellen?«
»Wecker stellen?«, fragte Udo und wusste, dass er sicher wieder etwas vergessen hatte.
Ja, Udo hatte den Termin vergessen. Es ärgerte ihn, dass er mal wieder wie doof da stand.
»Wann meinst du denn, dass wir aufstehen müssen?«, überließ er Regina die weitere Planung, was ihr vorher schon klar gewesen war. Udo wusste nämlich auch nicht mehr, wann der Bus losfuhr.
»Ich denke, wir sollten um halb fünf aufstehen.«
»So früh, warum das denn?« Wieder hatte er kundgetan, nichts zu wissen.
»Karl hat gesagt, um 6:45 Uhr ist Einsteigen und um 7:00 Uhr fährt der Bus ab. Und du weißt, wenn Karl sagt, der Bus fährt um 7:00 Uhr ab, dann fährt er ab. Wenn wir den Wecker auf halb fünf stellen, können wir in Ruhe unseren Morgenkaffee trinken und uns in aller Ruhe dann fertig machen. Außerdem möchte ich auf jeden Fall noch frühstücken. Wer weiß, wann wir das erste Mal Rast machen. So, wie ich Heinz kenne, wird er erst mal einige Kilometer hinter sich bringen, bevor er an das Wohl seiner Passagiere denkt.«
Udo hatte nichts mehr gesagt, denn er war sich sicher, dass sie recht hatte.
Früher, also bis vor einem Jahr, da war er immer um 5:00 Uhr aufgestanden. Dann hatte er Kaffee gekocht und war mit zwei gefüllten Kaffeebechern wieder ins Schlafzimmer zurückgekommen. Im Bett sitzend hatten sie dann den Kaffee getrunken und die Ereignisse vom gestrigen Tag besprochen oder was für heute so anliegen würde. Nach dem Kaffee war er dann aufgestanden, hatte sich fertig gemacht und war zur Arbeit gefahren. Regina stand erst eine Stunde später auf, da

sie erst um 8:00 oder 9:00 Uhr zur Arbeit fuhr. Sie hatte Gleitzeit, und wenn sie nach Hause kam, hatte ihr »Göttergatte« schon das Abendessen vorbereitet.
Nachdem nun beide in Rente waren, hatte sich ihr morgendlicher Rhythmus geändert.
Der Kaffee wurde immer noch gekocht, doch erst um 8:00 Uhr oder auch schon mal etwas später. Der Wecker war arbeitslos geworden. Nur manchmal wurde er benötigt, wenn ein Termin anstand. Mal kochte er, mal sie den Kaffee. Liegenbleiben nach dem Aromagenuss war jetzt aber für beide angesagt.

Der Wecker klingelte und Udo stand etwas schwerfällig auf, ging in die Küche und füllte zwei Humpen mit frisch gekochtem Kaffee. Wie immer auf die Schnelle. Die Tabs-Maschine war für morgens ideal. Ging schnell und schmecken tat er auch. Klar, nicht wie ein selbst aufgebrühter, doch für das morgendliche Zeremoniell reichte er allemal. »Richtigen« Kaffee gab es zum Frühstück.
Heute rutschte man nach dem Kaffee allerdings nicht mehr runter. Regina stand auf und ging als Erste ins Bad. Während sie duschte, richtete Udo ihr das Frühstück.
Etwas Gemüse, bestehend aus Tomate, Gurke, Paprika und ein paar Nüsse, die auf einem kleinen Teller angerichtet wurden. Dazu eine Schale mit Joghurt und getrockneten Früchten.
Udo kochte auch zwei Eier. Die kochte er zwischen fünf und sieben Minuten. Udo war der perfekte »Eierkocher«. Er kochte sie immer nach Bauchgefühl. Große etwas Länger, kleine etwas Kürzer. Fast immer waren die Eier auf den Punkt gekocht, das Eigelb noch etwas weich. So liebte sie die Eier. Er hatte auch zwei Brötchen aufgebacken. Und eine kleine Wurst-Käseplatte angerichtet. Ein Glas Orangensaft, und schon war das Frühstück vorbereitet.
Alleine deshalb liebte Regina ihren Udo, wenn sie auch sonst

oft verzweifelte. Welche Frau konnte schon von sich behaupten, einen Mann zu haben, der ihr jeden Morgen das Frühstück machte und ihr viel im Haushalt half. Udo konnte waschen, bügeln, kochen, Fenster putzen und übernahm die Treppenhausreinigung.
Dass er ein wenig trottelig war, wurde so zur Nebensache. Sie wusste ja, was gemacht werden musste und er »gehorchte« ihr aufs Wort. Nur bellen konnte er nicht. Musste er ja auch nicht können, hätte ja auch nichts genutzt. Frauchen hatte ja das Sagen.
Udo trank in Ruhe seinen zweiten Humpen Kaffee. Mehr brauchte er nicht.
Nach dem Frühstück zog man sich an und machte sich fertig zum Aufbruch. Für die zwei Tage plus An- und Abreise hatte Regina einen kleinen Koffer gepackt. Dazu einen Rucksack mit den Sachen, die man unterwegs benötigt.
Als Udo den Koffer und den Rucksack sah, erkannte Regina, dass sie ihm das wohl erklären müsste.
»Im Rucksack sind Bücher, Zeitungen, Wasserflasche, Obst und Knabbereien für unterwegs. Beim letzten Mal hast du noch gemeckert, das wir nichts für zwischendurch hatten.«
Udo hätte im Traum nicht daran gedacht, ihr ins Wort zu fallen, geschweige denn mit ihr über die Notwendigkeit des Rucksacks zu diskutieren.
»Schön, dass du an alles denkst«, antwortete er und nahm den Rucksack auf die Schulter. Der Koffer hatte unten Rollen, so dass er ihn schieben konnte. Aus der ersten Etage nach unten musste er ihn aber tragen. Regina trug die Verantwortung und verschloss die Türe.
Nach einer Viertelstunde waren sie am vereinbarten Treffpunkt. Einige vom Kegelclub waren auch schon da. Die Uhr zeigte halb sieben. Man begrüßte sich herzlichst und als der Bus um die Ecke kam, wurde dem Fahrer der Daumen gezeigt, dass alle mitwollten. Heinz und seine Frau stiegen aus und begrüßten nun ihrerseits die schon Wartenden. Dann

wurde das Gepäck verstaut und die Anwesenden stiegen in den Bus. Jeder suchte sich ein Plätzchen und man wartete auf die noch Fehlenden.
Karl, der mit seiner Lore sicherlich als Erster am Treffpunkt gewesen war, schaute sich um und zählte mal durch.
Acht Personen sah er im Bus sitzen. Als da wären:
Heinz, der Busfahrer, mit seiner Frau Helga. Natürlich war es ein Glück für alle, dass Heinz mit seiner Frau im Kegelklub und als Beruf Busfahrer war. So konnten sie zu verbilligten Preisen reisen. Und noch viel wichtiger: Sie hatten den Bus immer in der Nähe, falls mal eine kleine Tour gemacht werden sollte.
Karl sah auch Udo und Regina. Auf der hintersten Bank hatte es sich Ecki, der eigentlich Eckehard hieß, mit seiner neuen Flamme gemütlich gemacht.
Ecki, der »neu Junggeselle«, hatte nach seiner Scheidung immer jemanden an seiner Seite. Da der Kegelklub »Immer in die Vollen« ein Pärchenclub war, bestehend aus sechs Pärchen, konnte er nur im Verein bleiben, weil er ständig jemanden an seiner Seite hatte. Einige hatten dafür plädiert, dass er und seine Ex, also die Uschi, ruhig weiter als Pärchen im Verein bleiben sollten. Doch Uschi hatte die Nase voll von ihrem »Fremdgeher« und wollte nicht weiter in seiner Nähe sein. Man änderte die Satzung und von da an gab es Ausnahmeregelungen.
Welchen Namen die Neue von Ecki hatte, wusste Karl noch nicht. In seiner Anmeldung hatte er nur von zwei Personen gesprochen. Alle schauten sich die Neue genau an. Und den Männern gefiel, was sie zu sehen bekamen. Ecki hatte immer vollbusige Blondinen an seiner Seite. So auch die Frau, die an seiner Seite saß.
»Hallo, ihr Lieben, wir wünschen allen einen ›guten Morgen‹ oder doch noch eine gute Nacht?«
Rudi und Elvira waren eingetroffen. Rudi war der Kassierer vom Verein. Zusammen mit Karl hatte er den Verein ge-

gründet. Alle anderen Gründungsmitglieder waren entweder verstorben oder weggezogen. Elvira war ebenfalls schon sehr lange im Verein und als ihr Mann Holger verstarb, wollte sie eigentlich aus dem Verein austreten. Doch man überredete sie, zu bleiben. Dafür hatte man ihr auch eine Sondergenehmigung erteilt. Kurze Zeit später verstarb Rudis Frau Sieglinde. Auch er bekam eine Sondergenehmigung. Und schon kurze Zeit später konnten die beiden die Genehmigungen wieder zurückgeben. Sie hatten nämlich festgestellt, dass sie nicht nur vereinsmäßig gemeinsame Interessen hatten.
»Bin ja mal gespannt, wann unser Schriftführer aufschlägt. Fünf Minuten hat er noch. Hat einer einen Stift mit, damit die Fahrt protokolliert werden kann, falls er es nicht schafft, mitzufahren?» Alle wussten, dass Karl das auch so meinte.
Wäre nicht das erste Mal, dass er jemanden nicht mitnimmt, weil er zu spät war. Allerdings war es damals eine Rheintour in Duisburg und die Abfahrtzeit bestimmte der Kapitän. Karl war es aber recht und er tat so, als hätte er auf pünktliches Abfahren bestanden. Außerdem waren es Gäste, die sich gemeldet hatten, aber die Absage am Morgen nicht mitteilen konnten, da Karl nur seinen Hausanschluss an sie weitergegeben hatte.
Endlich trafen auch Horst und Dagmar ein. Mit großem »Hallo, da seid ihr ja« und »Heinz, lass den Motor an, die Külpmanns sind jetzt auch da«, wurden die beiden empfangen.
Heinz hatte es aber nicht mitbekommen; er war draußen am Bus und schloss die Ladeklappen. Das Gepäck seiner Keglerschaft verstaute er so, dass der Proviant erreichbar war. Der Proviant bestand aus Wasser, Cola und Bierflaschen. Einige davon hatte er schon in der Kühlbox im Bus verstaut. Wusste er doch, dass spätestens auf der A1 die männliche Seite der Pärchen ein Bier wollte. Schließlich war man auf Kegeltour und nicht auf einer Pilgerfahrt.
Endlich ging es los.

Karl, der Präses, begrüßte nochmal alle im Bus und wünschte eine gute Fahrt und gutes Wetter auf der Tour.
Nun nahm Heinz das Mikrofon und begrüßte ebenfalls seine Fahrgäste. Er wies darauf hin, dass Getränke aus der Box geordert werden konnten. Der Kassierer hätte sich spendabel gezeigt und somit wären diese kostenlos. Jedenfalls, so lange der Vorrat reichte. Außerdem erwähnte er das Fass Bier, das er unten verstaut hatte. Eine Spende vom Wirt ihres Vereinslokals »Zum fröhlichen Hirsch«. Leckeres Altbier würde es dort, wo die Tour hinging, sicherlich nicht geben. »Überlebenswasser« hatte er bei der Übergabe gesagt und eine schöne Tour gewünscht.
»Die Kaffeekannen sind gefüllt und stehen auf der Ablage vor der Treppe nach unten zum Klo. Bitte benutzt die Toiletten nicht so wie zu Hause. Lasst sie hier in einem sauberen Zustand zurück.«
Was ihm Schimpfe von den Frauen und Gelächter von den Männern einbrachte.
Er erklärte allen die Strecke und den ungefähren Ablauf. Erster Halt würde in Niedersachsen sein. Raststätte »Dammerberge«. Die Raststätte, die über der Autobahn A1 liegt.
»Wir werden so gegen 10:00 Uhr die erste Rast machen. Quasi die Möglichkeit für ein zweites Frühstück. Oder das Erste, falls jemand noch nichts zu sich genommen hat.« Danach überließ er die Gemeinschaft sich selbst.
Jeder hatte sich einen Platz gesucht und man erzählte sich die neuesten Ereignisse. Es bildeten sich immer neue Zweisamkeiten. Jeder hatte ja mal was mit dem einen oder dem anderen zu reden.
Als sie auf die Autobahn A1 auffuhren, hörten alle einen leisen Knall. Ein Sektkorken hatte die Flasche gezwungenermaßen verlassen und kurze Zeit später folgte ein erneuter Knall eines Korkens, der seines Jobs enthoben wurde. Dagmar ging von Reihe zu Reihe und schenkte in mitgebrachten Plastikbechern jedem etwas Sekt ein. Als alle, außer Heinz, die Becher

mit Sekt in den Händen hielten, rief sie:
»Auf unsere Tour ein Dreifaches: Voll rein, voll rein, voll rein!«
Dann tranken alle einen Schluck. Die Frauen waren begeistert von dieser Idee. Karl und Rudi gossen den Sekt aus ihren Bechern in die Becher ihrer Frauen. Sie würden sich gleich lieber ein Bier genehmigen. Udo trank den Sekt, da er sicherlich vor der Raststätte kein Bier bekommen würde. »Zu früh«, würde Regina urteilen. Gegen den Sekt konnte sie ja nichts einwenden. Schließlich war das eine Spende von Dagmar.
Die Runde brachte Stimmung in den Bus und Heinz spielte einige Schlager von einer CD. Dann nahm sich Rudi ein Herz, nahm das Mikro und eröffnete offiziell die Box der richtigen Getränke. Schnell waren die ersten Bierflaschen verteilt und die Stimmung der männlichen Kegler wurde bedeutend besser und heiterer.
Als Heinz mitteilte, dass sie gleich den ersten Rastplatz anfahren würden, waren einige überrascht, dass man schon so weit war.
Nach knapp einer halben Stunde sollte es weitergehen, doch Udo verspätete sich und so warteten alle, bis der Herr es endlich schaffte, auch zu erscheinen. Die Blicke von Karl waren harmlos gegenüber den Blicken seiner Gemahlin.
»Wo warst du, wenn ich mal fragen darf?»
»Die Bratwürste waren alle und da musste ich warten.«
»Hättest doch was anderes essen können.«
Udo sagte nichts mehr und setzte sich, als der Bus sich in Bewegung setzte.
Auf der weiteren Fahrt war die kurze Verzögerung aber schnell vergessen und man freute sich auf das Ziel Rügen.
Nach weiteren kleinen Stopps kam man am Abend auf Rügen an.
»Wir werden jetzt sofort zum Hotel fahren. Dort wird es ein Abendessen um 20:00 Uhr geben. Danach ist nichts weiter geplant. Die Hotelbar ist bis 23:00 Uhr geöffnet. Morgen von

7:00 bis 9:00 Uhr ist Frühstück. Danach wird es eine Rügen-Tour geben. Ich denke, ihr habt ja alle das Programm bekommen und da könnt ihr es nochmal nachlesen. Das Hotel ist in Saßnitz und liegt direkt am Meer. Hat ja nicht umsonst den Namen »Meeresblick«. Ich wünsche euch allen einen schönen Aufenthalt. Bitte lasst keine Wertsachen im Bus.«
Das Einchecken und die Unterbringung waren schnell erledigt und man saß gemeinsam beim Abendessen.
Natürlich gab es Fisch. Verschiedene Fischsorten waren auf Platten angerichtet, dazu gab es Bratkartoffeln und Salate.
Eine kleine Gruppe begab sich danach noch in die Hotelbar. Dort musste man allerdings die Kosten für die Getränke selber übernehmen. Wahrscheinlich bestand die Gruppe deshalb nur aus vier Personen. Ecki, Damira (so hieß die neue Flamme), Horst und Dagmar. Udo war brav aufs Zimmer gegangen, obwohl er geäußert hatte, auch noch den einen oder anderen Absacker nehmen zu wollen.

Alle waren zum Frühstück erschienen und frohen Mutes ging es auf Erkundungstour.
Heinz fuhr die markanten Stellen von Rügen an, in Binz wurde zu Mittag gegessen. Heute gab es für die Fischesser: frisch geräucherten Lachs mit Remoulade und frisch gebackenes Brot. Da der Räucherofen direkt neben dem Biergarten stand, konnte jeder sich sein Stück selbst aussuchen. Ein unvergessliches Ereignis für alle, die sonst nur den Fisch von der Theke bekommen. Und ob der dann auch so schmeckt, ist eher fraglich.
Auch die Fischbanausen kamen auf ihre »Kosten«. Für sie gab es die Spezialitäten von Rügen a la carte. Zum Beispiel den »Rügener Badejunge«. Ein Camembert, der in Bergen hergestellt wird und einzigartig ist im Geschmack. Da schmeckt man die Ostsee auf der Zunge.
Nach dem Mittagessen hätten sich viele gern etwas ausgeruht, doch Karl hatte noch ein strammes Programm für seine Mit-

kegler.
Erst am späten Nachmittag waren alle in ihren Zimmern und konnten sich bis zum Abendessen etwas ausruhen.
Beim Abendessen wurde darüber diskutiert, ob es nicht zu viel des Guten war. Etwas weniger Programm, dafür etwas mehr Meerblick wäre schön gewesen.
»Meerblick habt ihr vom Zimmer oder von der Hotelterrasse aus genug!« Mehr hatte Karl auf die Kritik nicht zu erwidern.
Beendet wurde das Essen mit der Information, dass wieder von 7:00 bis 9:00 Uhr gefrühstückt werden konnte. Der Ausflug nach Hiddensee würde ebenfalls wieder um 9:00 Uhr starten.
Am frühen Morgen waren alle pünktlich und so konnte sich der Bus auch termingerecht in Bewegung setzen.
Im Hafen von Schaprode wartete bereits die Fähre, um die Gruppe nach Hiddensee zu befördern. In Ruhe gingen alle an Bord.
Was sie aber dann erlebten, zerriss allen das Herz.
Am Kai stand eine junge Frau mit ihrer Tochter. Die Kleine wird wohl so um die sechs Jahre alt gewesen sein. Sie schaute zum Schiff mit dem Namen »MS Insel Hiddensee«. Genauer gesagt, sie schaute zu ihrem Papa. Denn der war der Kapitän von diesem Schiff.
Er stand an der Reling und winkte seiner Tochter zu.
Dann gab er das Kommando zum Ablegen. Die Motoren wurden gestartet und der Laufsteg eingezogen.
In diesem Moment fing die Kleine an zu weinen. Erst sanft und still. Als jedoch die Leinen gelöst wurden und die Motoren aufheulten, rief die Kleine mit lauter Stimme nach ihrem Papa:
»Papa, Papa, bitte fahr nicht weg, Papa. Bitte, bitte, Papa, bitte nicht.«
Sie zerrte an der Hand ihrer Mutter, die sie kaum festhalten konnte. Die Kleine wäre wahrscheinlich ins Wasser gesprungen, um zu ihrem Papa zu kommen.

Der stand immer noch an der Reling und winkte seiner Tochter zu.
Als das Boot schon etwas Fahrt aufgenommen hatte und sich sichtlich vom Kai entfernte, sahen sie die Kleine, wie sie mit einem Taschentuch ihrem Papa hinterher winkte. Es kam ihnen so vor, als würde der Wind ihr Klagen bis an das Schiff treiben, bis an ihre Ohren.

Nach einer Stunde ruhiger Fahrt legten sie in Vitte an. Dort erwartete die Gruppe eine Kutsche. Ein Sechsspänner mit einem Kutschwagen, in dem alle Platz fanden. Heinz hatte vom Bus das Fässchen Bier mit auf die Fähre genommen.
Er hatte es in der Nacht im Kühlhaus vom Hotel kaltgestellt. Im Kutschwagen wurde das Fass angeschlagen und so wurde die Rundfahrt auch eine »feuchte Fahrt« bei herrlichstem Wetter. Die Sonne schien, man genoss den Blick auf die schönen, mit Reet gedeckten Häuser. Am Leuchtturm Dornbusch war Rast. Hier hatte man den schönsten Blick aufs Meer und auf die Insel. Von der Aussichtsplattform konnte man nun sehen, warum Hiddensee die »Gelbe Insel« genannt wurde:
So weit das Auge sehen konnte, waren überall Ginsterblüten. In voller Pracht wurde die Insel in das gelbe Meer dieser Sträucher eingebunden.
Ein herrlicher Anblick, dem man sich nur schwer wieder entziehen konnte.
Doch sie mussten ja auch wieder zurück, und so beendete der Klub diesen Ausflug mit der Rückkehr zur Fähre. Allerdings mit leichterem Gepäck.
Schon von Weitem sahen sie, dass am Kai eine Frau mit einem Kind stand. Schnell waren sie sicher, dass es die Kleine von heute Morgen war. Je mehr sich die Fähre der Anlegestelle näherte, um so sicherer waren sie sich..
Die Kleine winkte dem Schiff zu und als sie zur Brücke hochschauten, sahen sie den Kapitän, der ebenfalls winkte.

Schon kurz nach dem Festmachen sahen alle, wie der Kapitän von Bord ging und seine Tochter in die Arme schloss.
»Papa, Papa, da bist du ja wieder. Bitte fahr nicht wieder weg! Bleibe bei mir, Papa, ich bin auch immer lieb.«
»Heute fahre ich nicht mehr weg, meine kleine Patrizia. Versprochen.«
Dann begrüßte der »Herr der Meere« auch seine Frau. Zu dritt machten sie sich auf und verließen den Hafen.
Auch der Kegelklub ließ den Hafen hinter sich und fuhr zurück zum Hotel. Allerdings stellten sie sich die Frage, wie so ein Tag wohl abläuft, da die Fähre vier Touren am Tag machte …

Am Abend wurde gegessen und gekegelt. Irgendwann war Ruhe im Hotel.
Wann genau die Letzten auf ihre Zimmer gingen, ist nicht bekannt. Jedenfalls sahen einige sehr lädiert aus, als sie zum Frühstück erschienen.
Entsprechend ruhig verlief die Rückfahrt, bis die Toilette streikte.
Warum auch immer, aber urplötzlich mussten alle Frauen nicht nur einmal, sondern fast alle Stunde. Natürlich fuhr Heinz den Bus an die benötigten Haltestellen. Einige der Männer machten den Vorschlag, den Frauen etwas weniger Getränke zu reichen. Dieser Vorschlag wurde natürlich nicht umgesetzt. Die Rückfahrt dauerte so entsprechend lang und der geplante abendliche Ausklang fiel der Blase zum Opfer.

Das knallgelbe Fahrrad

Waltraut Lang

Als Kind durfte ich nicht Fahrrad fahren.
»Zu gefährlich, da könnte Dich ja jemand umfahren!«

Ich war traurig aber musste damit leben,
dabei wollten die nur kein Geld für mich ausgeben.

Mein Mann spürte meine Traurigkeit,
und machte dem ein Ende in kürzester Zeit.

Zwar hatten auch wir am Anfang nicht viel Geld,
aber mein Mann war schon immer mein Held.

Er bekam ein verrostetes Fahrrad geschenkt.
Mit viel Arbeit und Liebe hat er es wieder eingerenkt.

Das Fahrrad bekam einen neuen Anstrich,
dabei war die Farbe für mich nicht wichtig.

Mit Farbresten wurde es gelb wie die Post,
und im Nu war nichts mehr zu sehen vom Rost.

Ich habe es nie vergessen, sein Geschenk an mich.
Das gelbe Fahrrad hat mir Freude bereitet täglich.

Es ist auch ziemlich alt geworden und hat viel gesehen,
aber irgendwann musste es den Weg aller Dinge gehen.

Denke ich heute an Gelb, dann denke ich an mein Fahrrad,
das mich treu begleitet hat ein Stück auf meinem Pfad!

Frau Hansen

Sandra Karin Foltin

Ich sitze, wie immer nachmittags, in meiner Tierarztpraxis und erledige Papierkram. Neben meinem Schreibtisch steht ein großer Vogelkäfig, in dem einige Kanarienvögel sitzen. Seit meiner Studienzeit halte ich diese Vögel. Wie für Grubenarbeiter sind sie für mich eine Mahnung, achtsam zu sein, nicht das wirklich Wichtige aus den Augen zu verlieren. Das Gelb der Kanarienvögel lässt mich mit einem warmen Gefühl an Frau Hansen denken, der ich diese Vorliebe und meine positive Lebenseinstellung verdanke.

Um Veterinärmedizin zu studieren, war ich aus dem Kölner Raum nach Hannover gekommen. Wild entschlossen, mein Studium innerhalb der kürzesten Zeit zu schaffen, ich war sehr ehrgeizig. Allerdings musste ich nebenbei arbeiten, denn meine Eltern konnten mich nur minimal unterstützen. In einer Bar bekam ich einen Job als Kellnerin, das hatte ich früher bei uns im Dorf auch gemacht, also kannte ich mich mit dem Mixen von Cocktails aus.

Das hatte aber zur Folge, dass ich relativ wenig Zeit hatte, das fand ich gut, schließlich war ich zum Lernen hier, nicht zum Feiern.

Wie in jeder Studentenstadt war auch in Hannover der bezahlbare Wohnraum knapp. Ich bekam eine winzige Wohnung in einem Mietshaus mit fünfzehn Parteien. Mein Domizil lag direkt unter dem Dach. Eine Wohnküche, ein kleines Schlafzimmer und ein Duschbad. Beim Duschen musste ich wegen der Schräge den Kopf einziehen. Es gab keinen Aufzug, die fünf Stockwerke musste ich immer zu Fuß herauf laufen. Aber ich fand es großartig, denn es war meine erste eigene Wohnung.

Meine Nachbarn kannte ich nicht, sah sie höchstens gelegentlich im Treppenhaus. Sie hatten es alle genau so eilig wie ich.

Es schien auch niemanden zu interessieren, was der andere machte. Ich dachte nie darüber nach, denn ständig war ich in Eile und hatte den Kopf voll mit Dingen, zum Beispiel dem Lernstoff. Deswegen gefiel es mir, dass ich hier keine Zeit verschwenden musste, um mit Nachbarn zu reden oder ihnen zu helfen. Das wäre bei uns im Dorf nicht denkbar gewesen, da kannte und half man sich.

Einmal hatte ich der alten Frau Hansen ihre schweren Einkaufstüten hochgeschleppt. Das nahm sie zum Anlass, mich in ein ausführliches Gespräch über ihre Vögel zu verwickeln. Offensichtlich waren die Tiere ihr ein und alles. »Die machen mich glücklich», hatte sie gesagt.

Sie war sehr langsam, und da ich sie nicht einfach stehen lassen konnte, kostete mich diese gute Tat fast eine halbe Stunde.

Obwohl ich die Anonymität nützlich fand, irritierte es mich, mit völlig Fremden in einem Haus zu wohnen, die sich überhaupt nicht umeinander kümmerten.

Ein Beispiel war die Waschküche: Es gab einen Plan, wer wann die Maschinen benutzen durfte. Einmal hatte ich vergessen, meine Wäsche sofort aus der Waschmaschine zu holen. Als ich runterkam, lag meine frisch gewaschene Wäsche auf dem dreckigen Boden. Die Maschine lief schon wieder und ich musste in einen Waschsalon gehen. Aber es war eine lehrreiche Erfahrung, danach vergaß ich nie wieder meine Wäsche.

Eines Abends, als ich grade eine Waschmaschine angestellt hatte, rief mein Chef mich an. »Du musst sofort kommen, hier ist alles voller Banker, die wollen Cocktails. Ich brauche dich hier.«

»Ich kann nicht kommen, ich habe doch meinen freien Tag.«

»Wenn du heute nicht kommst, brauchst du gar nicht mehr zu kommen.« Damit legte er auf.

Was sollte ich machen? Ich brauchte den Job. Als ich in der Nacht wieder nach Hause kam, ging ich als Erstes in die

Waschküche, aber meine Wäsche war weg. Wütend ging ich nach oben, das würde ein Nachspiel haben, nahm ich mit vor. Als ich vor meiner Wohnung ankam, stand dort mein Wäschekorb mit meiner sauberen, gebügelten Wäsche. Obendrauf lag ein kleiner Zettel:
Danke für die Hilfe neulich. Gruß E. Hansen
Ich war gerührt und nahm mir vor, mich gleich morgen bei Frau Hansen zu bedanken. In Zukunft wollte ich netter zu ihr sein und mir ab und zu etwas Zeit für sie nehmen, sie schien niemanden zu haben. Bestimmt war sie froh, wenn jemand mal mit ihr redete. Und Höflichkeit tat schließlich nicht weh.
Am nächsten Tag war ich sehr im Stress. Ich hetzte von der Uni zum Einkaufen, nach Hause und dann zum hiesigen Tierarzt, um mich für ein Praktikum zu bewerben. Danach musste ich noch lernen und mein kleines Bad musste dringend geputzt werden. Als ich abends zu Arbeit fuhr, fiel mir Frau Hansen wieder ein. Sofort hatte ich ein schlechtes Gewissen. Ich nahm mir vor, mich morgen wirklich bei Frau Hansen zu bedanken. Am nächsten Tag war es noch ungünstiger, denn der Tierarzt hatte mir für das Praktikum zugesagt, aber nur, wenn ich sofort nachmittags bei ihm aushelfen würde. Natürlich sagte ich trotzdem zu.
Als ich von der Uni nach Hause sauste, kaufte ich schnell einen klitzekleinen Blumenstrauß und eine Karte. Danke für Ihre Hilfe bei der Wäsche, ich habe mich wirklich sehr gefreut. Liebe Grüße.
Den Strauß stellte ich Frau Hansen vor die Wohnungstür. Als ich wieder gehen wollte, fiel mir das erste Mal bewusst der Vogelgesang auf. Es war lauter, als ich gedacht hatte.
Die nächsten drei Wochen war ich im Dauerstress, ich kam kaum zum Schlafen, so viel hatte ich um die Ohren. Einige Prüfungen standen an. Da blieb mir keine Zeit, mich um Frau Hansen zu kümmern. Ab und zu legte ich ihr etwas für die Vögel vor die Tür, um mein Gewissen zu beruhigen.

Zwei Mal begegnete ich ihr in dieser Zeit im Treppenhaus, winkte ihr aber nur zu und rief: »Hallo Frau Hansen, ich habe leider gar keine Zeit, aber das nächste Mal unterhalten wir uns wieder, ja?« Sie strahlte mich immer an und rief etwas Nettes, wie: »Passen Sie auf sich auf!«

Am ersten Nachmittag, an dem ich Zeit hatte, dachte ich zwar an Frau Hansen, war aber einfach zu faul. Ich wollte einfach den Tag genießen, ganz alleine.

»Morgen nehme ich mir aber wirklich etwas Zeit für sie», murmelte ich meinem schlechten Gewissen zu.

Die Klingel weckte mich am nächsten Morgen. Verschlafen ging ich im Schlafanzug zur Tür. Eine Frau mittleren Alters stand dort, in einem schicken, grauen Kostüm. Sie hielt eine lederne Aktentasche und sah wichtig aus.

Verwirrt starrte ich sie an.

»Frau Katharina Welters?«, fragte sie geschäftsmäßig.

Ich nickte. »Ja, das bin ich, aber wer sind Sie?«

Sie sah mich ernst an. »Ich bin die Anwältin von Frau Hansen. Sie ist gestern Morgen gestorben.«

Ich musste mich setzen und winkte der Anwältin, in die Wohnung zu kommen. Ungläubig starrte ich sie an und wusste nicht, was ich sagen sollte. »Frau Hansen hat meine Kanzlei beauftragt, nach ihrem Ableben Kontakt mit Ihnen aufzunehmen. Wir sollen Ihnen diesen Brief übergeben und warten, bis Sie ihn gelesen haben.«

Ich nahm das Stück Papier mit zitternden Händen und fing an zu lesen:

›Liebe Frau Welters,

Sie waren so freundlich wie seit Jahren niemand mehr zu mir. Seit mein Mann vor fünfzehn Jahren starb, war ich immer alleine. Meine einzigen Freunde waren meine Vögel, sie haben mir die Einsamkeit ein wenig vertrieben. Es sind ziemlich viele, bitte bringen Sie sie bei guten Menschen unter. Ich würde mich sehr freuen, wen Sie ein paar behalten würden. Ich wünsche Ihnen für Ihre Zukunft alles Gute.

Ihre Freundin Elsa Hansen.‹

Eine heiße Welle der Scham überrollte mich und Tränen traten mir in die Augen. Ich war zu faul gewesen, zu beschäftigt, um ein paar Worte mit einer einsamen Frau zu wechseln.
»Frau Hansen hat Sie zur Alleinerbin bestimmt. Es gibt keine Angehörigen, damit gehört dieses Mietshaus Ihnen. Das mit den Papieren klären wir später. Sie sollten sich jetzt um die Tiere kümmern, das war Frau Hansen sehr wichtig.« Die Anwältin reichte mir die Schlüssel.
Ich war wie betäubt, aber als angehende Tierärztin leuchtete es mir ein, dass ich mich sofort um die Vögel kümmern musste. Als ich die Wohnungstür öffnete, fiel mir das erste Mal auf, dass der Vogelgesang wirklich laut war. Nach wenigen Schritten in der Wohnung blieb ich stehen. Die ganze Wohnung war gelb von Kanarienvögeln. Sie saßen überall. Fast die ganze Wohnung war zur Voliere umgebaut, aber alles war sauber und gepflegt. Die Vögel waren gesund und munter. Um alles so sauber zu halten, musste Frau Hansen immer den ganzen Tag daran gearbeitet haben.
Als ich später die Wohnung räumen ließ, stellte sich heraus, es waren zweihundertachtundvierzig gelbe Kanarienvögel. Traurig fragte ich mich, wie einsam man sich wohl fühlen musste, um so viele Vögel anzusammeln.
Vier Vögel hatte ich behalten, für alle anderen hatte ich gute Besitzer gefunden.

Seit dieser Zeit halte ich gelbe Kanarienvögel. Sie erinnern mich daran, dass andere Menschen wichtig sind und dass man sich Zeit für sie nehmen muss. Ich habe gelernt, dass, was man am meisten bedauert, die Dinge sind, die man nicht getan hat.
Deswegen mache ich jetzt Schluss mit dem Papierkram und fahre nach Hause zu meiner Familie.

wie der Tod

Sunshine

Alexa Innocenti

In meinen Träumen rieche ich noch immer meine Mama. Ich fühle ihre sanfte Zunge auf meinem Fell, wie sie nach der Milchmahlzeit liebevoll mein Bäuchlein stimuliert und mich danach hingebungsvoll säubert. Ich höre noch immer das vertraute Fiepen meiner Geschwister und spüre die Wärme ihrer Körperchen. Ich schmecke noch immer die süße Muttermilch und denke an die kleinen Rangeleien um den besten Platz an Mamas Gesäuge. Und ich fühle noch immer all die Liebe, die uns umgab, als wir noch winzig kleine Welpen waren.

Dann kamen die Menschen und mit ihnen Schmerz und Tod. Fremde Männer hoben uns nacheinander mit groben Händen aus der warmen Kiste, in der wir geboren wurden.

„Der da schaut vielversprechend aus“, sagten sie über meinen Bruder Ronny. „Den sollten wir gut im Auge behalten.“

Ronny wurde wieder zurück in die Kiste gesetzt. Mama wirkte sehr verunsichert. Sie knurrte leise, als sie meinen Bruder Sammy griffen, doch einer der Männer gab ihr eine grobe Kopfnuss. „Halt´s Maul.“ Mama zuckte verängstigt zusammen und duckte sich über ihre drei verbliebenen Welpen.

„Der hier scheint sich auch gut zu entwickeln“, meinte eine andere Stimme. Ich beobachtete, wie ein Mann Sammy hin und her drehte und ihn mit dem dicken Zeigefinger ärgerte. Sammy schloss sein zahnloses Mäulchen um den Finger, was den Männern eine Lachsalve entlockte. „Sag ich ja, der ist ein Kämpfer.“

Jetzt war ich an der Reihe. Zwei grobschlächtige Kerle inspizierten mich genauestens. „Ich weiß nicht … der hat´s glaube ich nicht so drauf wie die anderen. Was meinst du?“ Der andere Mann hob mich am Nackenfell hoch, was ich mit einen erschrockenen Schmerzenslaut quittierte. Ich hörte meine

Mama winseln. „Wir geben ihm noch ein paar Wochen, um zu sehen, wie er sich macht. Außerdem ist ja nichts verloren, er kann immer noch als Bait Dog verwendet werden."
„Das einzig Schöne an ihm sind die Augen", sagte ein Dritter abschätzig. Er nahm mich dem Mann ab, der mich immer noch so schmerzhaft festhielt. „Falls er doch zu was taugen sollte, werde ich ihn Blu nennen."
„Und falls nicht?"
„Dann eben Pisser. Sein Fell ist doch wirklich so gelb wie Pisse." Schallendes Gelächter folgte den Beleidigungen, dann wurde ich achtlos wieder zurück in die Kiste gesetzt, wo Mama mich sofort mit ihrer warmen Zunge tröstete. Während ich ihre Liebesbezeugungen genoss, wurde meine einzige Schwester herausgehoben.
„Das Weibchen hier macht es wahrscheinlich nicht lange. Sie hat ihr Untergewicht noch immer nicht aufgeholt. Die ist bloß Zeitverschwendung."
„Außerdem fehlt ihr am rechten Hinterlauf eine Zehe. So kann man sie nicht mal zur Zucht nehmen. Weg damit."
Ich wartete vergeblich darauf, dass sie auch meine Schwester wieder zu uns zurücklegten. Mama bettelte um Erbarmen für ihr Töchterchen, während die Männer noch eine Weile diskutierten und sich schließlich entfernten, ohne Mamas Bitten Gehör zu schenken.
Ich habe meine Schwester Minnie nie wieder gesehen.

Einige Wochen später kamen die Männer wieder und nahmen mich und meine Brüder mit. Wir waren zu diesem Zeitpunkt knapp zweieinhalb Monate alt und noch gar nicht auf die Welt dort draußen vorbereitet. Wie sehr wir unsere Mama noch gebraucht hätten! Außer unserem dunklen und schmutzigen Verschlag kannten wir nichts, und die Welt, in die wir jetzt hineingestoßen wurden, machte uns eine Höllenangst.
Meine Brüder Ronny und Sammy bekamen eine andere Behandlung als ich, denn offensichtlich hatten sie sich so entwi-

ckelt, dass es den Männern im Lager gefiel. Ich sah, wie sie auf einen großen Platz geführt wurden, und entfernt voneinander neben großen, auf der Seite liegenden Ölfässern ankettet wurden. Die Halsbänder und Ketten waren aus Eisen und so schwer, dass sie meine Brüder förmlich niederdrückten und sie kaum ihren Kopf heben konnten. Vor anderen aufgeschnittenen Fässern lagen andere Hunde, es mussten mindestens zwei Dutzend sein. Einige waren noch halbe Welpen, auf der Schwelle zum adulten Hund, die meisten jedoch waren bereits erwachsen. Und sie alle gerieten in wütende Raserei angesichts der beiden Neuzugänge. Wären sie nicht angekettet gewesen, hätten sie sich im selben Moment auf die Neuzugänge gestürzt und sie zerrissen. Meine Brüder zitterten vor Angst und machten sich so klein wie möglich, während die Männer ihr Verhalten beobachteten und kommentierten. Einer machte die beiden anderen auf einen Rüden aufmerksam, der schwer atmend vor seiner Tonne lag. Sie gaben ihm einen Fußtritt, um ihn zum Aufstehen zu bewegen. Der Hund wimmerte leise und schlug schwach mit dem Schwanz auf den Boden. Seine Augen blickten hilfesuchend zu seinen Herren auf, und er versuchte, auf die Männer zuzurobben. Irgendetwas schien mit seinem Bauch nicht in Ordnung zu sein, denn als er sich unterwürfig auf den Rücken drehte, konnte ich eine seltsame weißliche Masse erkennen, die sich zu meinem Entsetzen bewegte.
„Scheiße Mann, das ist ja ekelhaft!“, rief einer der Männer aus, als er den starken Madenbefall am Bauch des armen Tieres sah. „Mit was habt ihr die Verletzung behandelt – mit der Scheiße aus euren verfickten Gehirnen?“
„Ich habe doch alles desinfiziert“, stammelte ein pickeliger junger Kerl, fast noch ein Teenager.
„Ja, das sehe ich! Hol meine Pistole, sofort.“
Der Junge rannte zu einem der Wohnwagen und verschwand im Inneren.
„Marius, das ist doch Riffle, einer unserer besten Hunde“, be-

schwor der Mann, der mich auf dem Arm trug, den anderen. „Wir sollten ihn zum Doc bringen, vielleicht kann man ihn retten."

„Ach ja? Du glaubst, er wird wieder so werden wie früher? Vergiss es. Wenn ich eine Tierrettungsstation aufmachen möchte, werde ich es dich wissen lassen. Im Moment jedoch leben wir von diesen Kötern. Geld gibt's nur, wenn sie kämpfen. Alles andere ist Zeitverschwendung."

Er nahm die Waffe, die der Junge ihm reichte und schoss Riffle aus nächster Nähe in den Kopf. Riffle starb lautlos, doch der Schuss hallte weit über das Gelände. Die anderen Hunde jaulten auf und verkrochen sich in ihre Unterschlüpfe.

„Steck ihn in eine Tüte und wirf ihn in die Grube", befahl der Hundemörder dem Teenager. „Danach bereitest du die Arena vor und bringst ein paar Trainingsdummies. Joy und Terence müssen trainieren, damit sie morgen Abend fit sind."

Mit diesen Worten drehte er sich um und stapfte zwischen den angeketteten Hunden hindurch zu seinem Caravan. „Apropos Trainingsdummies", rief er dem Jungen zu. „Nimm am besten gleich die Mutter von den Neuen hier. Die ist zu alt zum werfen, also eignet sie sich bloß noch als Bait Dog."

„Okay, Marius", sagte der Junge und packte mich fester. „Was soll ich mit dem da machen?"

„Bring ihn zu den anderen Dummies neben den Schuppen. Da kann er gleich mal sehen, wie seine Zukunft aussieht. Und vergiss nicht, der Alten das Maul zu verkleben und die Läufe zusammenzubinden. Ich will nicht, dass Terence und Joy verletzt werden, hast du verstanden?"

Und so geschah es. Ich wurde in einen Käfig in der Nähe der Schuppen gesteckt und musste miterleben, wie Mama aus ihrem Verschlag gezerrt wurde, wie man ihr das Maul und die Vorderpfoten mit Klebeband umwickelte und sie dann hilflos ins Innere des Gebäudes schleifte. Ich wusste, dass mindestens ein Pitbull darauf wartete, sie bei lebendigem Leib zu zerfleischen. Ich hörte entsetzliche Geräusche aus dem Inneren und versuchte verzweifelt, meine Ohren mit den Pfoten zu bedecken. Nach einer Weile wurde der mit dem Blut meiner wehrlosen Mama besudelte Rüde aus dem Schuppen geführt. Mit stolz geschwellter Brust lief er neben dem Mann namens Marius her. Das war das Schlimmste für mich, dass er einen wehrlosen Artgenossen getötet hatte, um seinem Besitzer zu gefallen. Um Aufmerksamkeit heischend sah er zu seinem Herrn auf, der ihm zur Belohnung für die Tötung meiner Mutter den muskulösen Schädel tätschelte.

Ich war in der Hölle gelandet. Nie bekam ich ein freundliches Wort zu hören und Streicheleinheiten bestanden aus Schlägen mit oder ohne Gegenstände. Pisser wurde ich wegen meiner Fellfarbe von den Menschen genannt. Sie ließen mich hungern, Durst leiden und frieren. Sie verachteten mich, weil ich ihnen kein Geld einbrachte und ließen es mich mit jeder Minute, mit jeder Geste spüren. Tag für Tag musste ich mit ansehen, wie Kaninchen, Katzen und wehrlos gemachte Hunde auf das Grundstück geschafft und zu den auf Kämpfe dressierten Pitbulls in die Arena geworfen wurden. Die Schreie der armen Kreaturen waren unbeschreiblich, jenseits aller Vorstellungskraft. Anfangs hasste ich meine Artgenossen ebenso sehr wie die Männer. Doch dann erkannte ich, dass die Hunde genauso Opfer waren wie diejenigen, die sie in dem Ring, dem sogenannten Pit, zerreißen mussten. Nein, sie traf keine Schuld. Die Schuldigen waren die Menschen, die sich mit unserem Leid eine goldene Nase verdienten. Damit ein Hund zum Kampfhund wird, muss er einen langen Leidensweg durchlaufen. Ein Pitbull, der als Kampfmaschine herhalten muss, wird bereits als Welpe von seinem „Herrn" brutal misshandelt, mit bloßen Händen oder Eisenstangen geschlagen, leidet Hunger, muss Steroide oder andere Drogen schlucken und auf Laufbändern bis zur völligen Erschöpfung rennen. Er muss Bäume hochklettern und sich in die Stämme verbeißen. Er bekommt einen Autoreifen um den Hals mit einer Kette daran. Die Kette wird an einem ausgeschlachteten Auto befestigt, in dem der Trainer sitzt und bremst. Wenn der Hund zu schwach ist zum Ziehen, gibt es Tritte. Vor einem Kampf wird der Hund tagelang ohne Futter in ein Verließ gesperrt, damit er so richtig schön aggressiv wird. Und trotz allem ist jeder einzelne von ihnen bereit, für seinen Menschen zu sterben. Alles was sie wollen ist die Aufmerksamkeit der Männer, die sie anbeten. Bis zum Tod kämpfen sie gegeneinander, um ihre Besitzer zufriedenzustellen. Doch diese interessieren sich einen Dreck für die Schmerzen und das Leid ihrer Hunde. Sie interessieren sich einzig und allein für die bunten Papierschnipsel, die sie Kohle nennen und die ihnen ein schönes Leben ermöglichen.

Ich kam mehrmals mit einigen der besonders beliebten Kämpfer in Berührung. Terence, den Mörder meiner Mutter, habe ich im Alter von fünf Monaten kennengelernt. Ich verstand gar nicht, was mit mir geschah, als ich auch schon in eine Arena geworfen wurde und er wie ein Berserker auf mich losging. Es ist nicht so, dass ich mich kampflos zusammenbeißen ließ. Ich habe mein möglichstes getan. Hätte ich Reißzähne gehabt, hätte ich mich durchaus gewehrt, doch diese wurden mir eine Woche vorher bis auf kleine Stummel abgeschliffen. Ich sollte wehrlos sein, damit andere Hunde an mir ihren Kampfgeist und ihren Beißinstinkt schärfen konnten. Terence hatte mit mir leichtes Spiel. Dabei war er selbst nicht mehr als ein Häufchen Elend. Sie gaben ihm mich als Gegner, um sein Selbstbewusstsein wieder aufzubauen. Terence hatte bei seinem letzten offiziellen Kampf ein Ohr und einen Teil seiner Wange eingebüßt und hatte weitere schwere Bissverletzungen am ganzen Körper. Er schien sich kaum auf den Beinen halten zu können, doch trotzdem ging er auf mich los wie eine Rakete. Er war vollgepumpt mit Drogen. Mein Gott, wie stark er war. Wenn der selbsternannte Ringrichter nicht dazwischen gegangen wäre, hätte er mich ohne große Anstrengung ins Jenseits befördert.

Ich wurde in meinen Verschlag zurückgebracht und notdürftig kuriert. Ein sogenannter Tierarzt hatte mich zusammengeflickt und Anweisungen zu meiner Pflege gegeben. Da mir meine Schmerzmittel allerdings nur unregelmäßig gegeben wurden und nach zwei Tagen überhaupt nicht mehr, gestaltete sich meine Genesung sehr schmerzhaft. Terence sah ich übrigens nie wieder. Zufällig erfuhr ich eine Woche später, dass er seinen nächsten offiziellen Kampf verloren hatte und von Marius noch in der Arena mit einem Kopfschuss hingerichtet wurde.

Die nächste Zeit verbrachte ich entweder im provisorischen Ring als Bait Dog oder in der noch provisorischeren Krankenstation. Ich wusste bis dahin nicht, dass man sich an seine Qualen gewöhnen kann. Mein Körper bestand nur aus Schmerz, und irgendetwas war mit meinem linken Auge passiert, als eine Hündin namens Storm mich attackierte. Ich war bis auf die Knochen abgemagert und konnte mich kaum auf den Beinen halten. Der Tierarzt kam ab und zu vorbei und besah sich meine Wunden. Er schien wütend auf Marius zu sein, und einmal gerieten sie in heftigen Streit. Kurz darauf beobachtete ich, wie einige grüne Geldscheine den Besitzer wechselten, und der Veterinär zog von dannen.

In einer kalten Novembernacht veränderte sich alles. Engel wurden vom Himmel gesandt und nahmen sich unserer an. Ich hatte ein bisschen Angst vor den Fremden, die zwischen den Tonnen umher gingen und die angeketteten Hunde mitnahmen. Ich wusste nicht, was ich davon halten sollte, aber eigentlich war es mir sowieso egal. Je eher diese Hölle zu Ende war, desto besser. Noch ein oder zweimal würde ich als Bait Dog herhalten müssen, dann war Schluss. Ich wusste es, Marius wusste es. Mit nicht mal acht Monaten war ich am Ende des Weges angekommen. Mittlerweile beneidete ich Mama, Terence, Riffle und all die anderen, die bereits über die Regenbogenbrücke gegangen waren.

Eine fremde Frau öffnete meinen Verschlag und beugte sich

über mich. Ich sah ihre Erschütterung, als sie mich erblickte. Der Horror stand ihr ins Gesicht geschrieben. Als ich meinen müden Kopf hob und ihr sachte über die Hand leckte, liefen ihre Augen über und Tränen tropften auf mein blutiges Fell. Ich spürte kaum, wie sie mich hochhob und in ein Auto verfrachtete. Was ich jedoch spürte war die Liebe, die aus ihrem Blick sprach. Und ich spürte, dass sich vielleicht, aber nur vielleicht, alles zum Guten wenden würde.

Ich wurde in eine Tierklinik gebracht. Die Ärzte dort waren ganz anders als der Tierarzt im Lager. Sie waren sehr besorgt um mich. Ich glaubte nicht an mein Überleben, denn ich fühlte mich sehr schlecht. Meine Wunden hatten sich entzündet, und ich hatte hohes Fieber. Trotzdem war ich zutiefst dankbar, dass ich meine letzten Atemzüge nicht in der Hundehölle machen musste, sondern unter der Aufsicht von liebevollen Menschen von dieser Welt gehen konnte.

Die Ärzte diskutierten eine Weile über meinen Zustand. Einigen erschien es sinnvoll, mich von meinen Qualen zu erlösen. Andere hielten dagegen, dass ich noch so jung sei und man mir die bestmögliche medizinische Behandlung schuldig war. Schließlich beschlossen sie einstimmig, es mit mir zu versuchen. Ich bekam nicht allzu viel von ihren Bemühungen mit. Ich weiß nur noch, wie sie mir die Pfote rasierten und mir eine Nadel in die Vene stachen. Eine Flüssigkeit wurde mir gespritzt, dann versank in tiefer Bewusstlosigkeit.

Als ich aufwachte, fühlte ich mich benommen und ängstlich. Die Frau, die ich als meine Retterin erkannte, öffnete die Käfigtür, sprach beruhigend auf mich ein und begann mich zart zu streicheln. „Guter Junge“, sagte sie immer wieder. „Du bist ein so tapferer Kerl. Bleib bei uns, hörst du? Du darfst nicht aufgeben…“

Und ich versuchte mein Möglichstes. Ich weiß, dass die Ärzte zwar ihr Bestes gaben, jedoch nicht wirklich an meine Genesung glaubten. Mein ganzer Körper war eine einzige Wunde: Drei meiner Beine waren gebrochen, mein Schwanz war zur

Hälfte abgerissen, Teile meiner Kopfhaut waren herausgebissen und meine Lefzen praktisch nicht mehr vorhanden. Das linke Auge konnte nicht mehr gerettet werden und mein Maul war so deformiert, dass ich zuletzt nicht mal mehr das wenige fressen konnte, das man mir als Nahrung anbot. Sie haben mir einen Teil meiner Nase amputieren müssen. Scherzhaft nannten sie mich Frankendoggie, was auch immer das bedeuten mag. Doch sie sagten es nicht mit einem abfälligen Lachen wie die Männer im Lager, die mich Pisser genannt hatten. Sie sagten es mit einer komischen Stimme, so als ob ihnen etwas im Hals stecken würde.

Sie fotografierten mich oft. Anfangs war es mir peinlich, doch langsam gewöhnte ich mich an das Blitzlicht. Ich hörte, wie die Ärzte überrascht waren über die Anteilnahme so vieler fremder Personen. Ich wurde ein sogenannter Facebookstar. Viele Menschen schienen Interesse an meinem Schicksal zu haben und spendeten Geld für meine diversen Behandlungen. Ich weiß heute nicht mehr, woher ich die Kraft nahm zu überleben. Wahrscheinlich hing es mit der Liebe zusammen, die mir von allen Seiten zuteil wurde. Die Ärzte gaben mir den Namen Hope und kümmerten sich in einem Maße um ich, wie ich es nie zuvor erlebt hatte. Sie fütterten mich mit der Hand, wenn ich zu schwach war, selbst zu fressen. Sie sprachen viel mit mir, erzählten mir von meinen Fortschritten und streichelten mich bei jeder Gelegenheit. Allein um ihretwillen machte ich meine letzten Kraftreserven mobil, um ihre Bemühungen nicht zu enttäuschen. Und mit jedem Tag spürte ich aufkeimenden Lebenswillen in mir.

Ich wurde zum Maskottchen der Klinik. Viele liebe Menschen kamen vorbei, um mich zu sehen, und schenkten mir Futter und Spielzeug. Auch die Presse wurde auf meinen Fall aufmerksam. Ein Reporter einer großen Tageszeitung machte ein Interview mit dem Chefarzt der Klinik, fotografierte mich und schrieb einen halbseitigen Bericht über die brutalen Machenschaften der Kampfhundeindustrie.

Nach drei Monaten in der Tierklinik war ich soweit wieder hergestellt, dass man mich an eine Adoptivfamilie vermitteln konnte. Die Wahl meiner Retter fiel auf die dreiköpfige Familie Bergmann aus Norddeutschland. Sie arbeiteten ehrenamtlich im Tierheim und kannten sich mit Problemhunden aus. Zweimal kamen sie mich in der Tierklinik besuchen, bevor sie mich mit zu sich nach Hause nahmen. Sie spielten mit mir und machten sogar einen kleinen Spaziergang um die Klinik herum. Für mich war das alles sehr aufregend, denn ich spürte, dass ich wieder an einem Wendepunkt in meinem Leben angekommen war. Die Ärzte warnten meine neuen Eltern, dass ich noch einen langen Weg vor mir hätte. Ich würde mein Leben lang Spezialfutter brauchen, da mein Darm durch die beständige Mangelernährung dauerhaften Schaden genommen hatte. Die körperlichen Wunden seien zwar soweit geheilt, aber die seelischen Verletzungen würde ich wohl niemals ganz kurieren können. Sie erklärten weiterhin, dass ich zwar das Vertrauen in Menschen wieder aufgebaut habe, aber mit anderen Hunden gar nicht gut zurechtkomme. Karina, meine neue Mama, war jedoch voller Zuversicht, dass sie mich meine traumatischen Erlebnisse vergessen lassen könne und ihr Mann Tom schloss sich ihrer Auffassung an. Das kleine Mädchen namens Laura fragte, ob sie mir einen anderen Namen geben dürfe.
„Aber sicher doch", antwortete Tina, die Frau, die mich aus der Hundehölle gerettet hatte. „Er hört sowieso noch nicht gut auf Hope. Wie möchtest du ihn denn gern nennen?"
Laura überlegte kurz und umarmte mich liebevoll. „Sunshine. Ich will ihn Sunshine nennen, weil sein Fell so gelb ist wie die Sonne" Ich blicke mit meinem gesunden Auge gut gelaunt in die Runde. Siehst du Marius, mein Fell hat nicht die Farbe von Pisse, wie du behauptet hast, sondern ist gelb wie die Sonne. Schnell lecke ich Laura über das Gesicht. Die Kleine kichert und drückt mich fester an sich. „Und wenn er lacht, so wie jetzt, ist es als ob die Sonne aufgeht. Stimmt´s, Ma-

mi?"
Am Tag bevor ich mit meiner neuen Familie in ein schöneres Leben aufbrechen sollte, veranstalteten die Ärzte eine kleine Abschiedsfeier für mich. Ich wurde von allen Anwesenden noch mehr beschmust als sonst, was mich ein bisschen verunsicherte. Alle schienen zu spüren, dass wir uns bald für immer verabschieden würden. Sie versteckten ihre Traurigkeit hinter lächelnden Gesichtern, um mir Mut zu machen, und scherzten und spielten mit mir, bis ich müde wurde. Am darauffolgenden Morgen war es dann soweit. Meine neue Familie kam, um mich mitzunehmen. Ich hatte auf einmal große Angst, die Klinik zu verlassen. Simon, mein behandelnder Arzt, begleitete mich bis zum Auto und versprach mir mich bald zu besuchen. Mein Spielzeug, meine Lieblingsdecke und ein großer Sack mit meinem Spezialfutter wurden im Kofferraum verstaut und schon ging die Reise ins Unbekannte los. Ich saß auf dem Rücksitz zwischen Laura und meiner neuen Mama Karina, und beide redeten während der langen Fahrt beruhigend auf mich ein und streichelten mich. Mir wurde ein bisschen schlecht, da ich Autofahren nicht gewöhnt war, doch das seltsame Magenflattern verschwand zum Glück nach einigen Minuten. Voller Vorfreude blickte ich meiner Zukunft entgegen.

Mittlerweile lebe ich seit drei Jahren bei den Bergmanns. Es gab ein paar kleine Anlaufschwierigkeiten, da ich noch nicht stubenrein war, aber innerhalb weniger Tage verstand ich, dass ich bei Bedarf die sogenannte Hundeklappe in den Garten benutzen sollte. Die beiden Katzen der Familie waren verständlicherweise etwas konsterniert bei meinem Anblick. Nach einigen Wochen hatten sie sich jedoch an meine Anwesenheit gewöhnt. Es ist eigentlich so, dass wir uns stillschweigend ignorieren. Mit Katzen habe ich kein Problem, doch beim Anblick anderer Hunde gerate ich noch heute in Panik. Meine Familie hat zwar mit mir eine Hundeschule besucht

und vorsichtig versucht, mich an Artgenossen heranzuführen, aber die Furcht vor neuerlichen Beißattacken sitzt zu tief in meiner Seele. Beim Gassi gehen trage ich deshalb eine gelbe Schleife an meiner Leine, die anderen Hundehaltern signalisieren soll, dass ich Abstand brauche und sie mir Zeit zum Ausweichen geben sollen. In der ersten Zeit sorgte dies für Verwirrung in unserem Quartier. Viele Menschen, auch ohne Hunde, wechselten beispielsweise die Straßenseite, wenn ich ihnen beim Gassi gehen entgegenkam. Sie dachten, die gelbe Schleife sei ein Hinweis auf meine Aggressivität. Meine Rassenzugehörigkeit und mein vernarbter Körper tat sein übriges, um den Menschen ein falsches Bild von mir zu vermitteln. Doch Karina, Laura und Tom erklärten den Leuten geduldig, dass ich aufgrund meiner entsetzlichen Vergangenheit einfach keine anderen Hunde um mich ertrage. Die gelbe Schleife sei zu meinem eigenen Schutz, damit ich nicht in Situationen komme, die mich ängstigen.
„Sunshine ist ein Gelber Hund“, sagt Laura dann stolz. „Das sind die Liebsten von allen. Sie brauchen keine Angst vor ihm zu haben, denn eigentlich ist er es, der Angst hat. Ihm ist zu viel Schlimmes passiert.“
Seit die Menschen dies verstanden habe, laufen unsere Spaziergänge ziemlich problemlos ab. Am liebsten jedoch halte ich mich in unserem Garten auf, in dem mein Papa einen kleinen Agility-Parcour für mich aufgebaut hat. Laura passt immer auf, dass ich mich beim Toben nicht überanstrenge, denn meine Gelenke bereiten mir oft Schmerzen. Trotzdem bin ich mit viel Spaß bei der Sache.
Manchmal rieche ich in meinen Träumen noch immer meine Mama. Ich fühle ihre sanfte Zunge auf meinem Fell, wie sie nach der Milchmahlzeit liebevoll mein Bäuchlein stimuliert und mich danach hingebungsvoll säubert. Ich höre noch immer das vertraute Fiepen meiner Geschwister und spüre die Wärme ihrer Körperchen. Ich schmecke noch immer die süße Muttermilch und denke an die kleinen Rangeleien um den

besten Platz an Mamas Gesäuge. Und ich fühle noch immer all die Liebe, die uns umgab, als wir noch winzig kleine Welpen waren.
Menschen kamen und brachten Schmerzen und Tod. Doch die anderen, die Engel, gaben mir Liebe, Sicherheit und den Glauben an eine bessere Zukunft. Meine Verwandlung vom todgeweihten Bait Dog zum geliebten Familienhund kann ich auch heute, nach drei Jahren bei den Bergmanns, noch gar nicht richtig fassen. Ich lebe ein Leben wie aus dem Märchenbuch und bin so gut wie wunschlos glücklich. Ich habe die Hölle kennengelernt und erlebe jetzt im Himmel auf Erden. Doch eine Sache beschäftigt mich, und wenn es Feen wirklich gibt, wie Laura sagt, dann hätte ich einen Herzenswunsch. Nur einen einzigen.
Hundekämpfe gehören mit zu den schlimmsten Dingen, die ein Mensch einem Vierbeiner antun kann. Doch auch abseits der Kampfarenen werden Tiere gequält und vernachlässigt. Ich wünsche mir von Herzen, dass die Menschen wachsam sind und Auffälligkeiten in Bezug auf Tierhaltung den zuständigen Behörden melden. So wie es der unbekannte Anrufer getan hat, der die Polizei über unser Trainingslager informiert hat. Ich weiß nicht, wer es war, doch ich und die anderen geretteten Hunde verdanken diesem aufmerksamen Mensch unser Leben. Bitte, verschließt nicht eure Augen vor unserem Leid.
Wir brauchen euch.

Die gelbe Rose
Verena Grüneweg

Klaus und ich kannten uns seit Ewigkeiten. Ich war neu in dieser Kleinstadt und er lebte in der Nachbarschaft. Sozusagen Tür an Tür mit mir und meiner Familie. Nachdem wir uns beim Spielen am Gartenzaun begegneten, wurden wir Freunde. Gemeinsam tobend durch Wälder und Wiesen ließen wir Filme oder Bücher mit Hilfe unserer Fantasie Realität werden. Frei und ohne Zwänge genossen wir das Leben in allen Zügen.
An sich nichts Besonderes, eben eine Kinderfreundschaft, wie es viele andere gibt. Aber dennoch, wenn uns Außenstehende beobachteten, erschien es ihnen doch wie ein kleines Wunder. Unterschiedlichere Persönlichkeiten wie uns beide bekam man selten zu Gesicht. Ich, die Prinzessin ihrer Eltern, immer mittendrin wo das Leben tobte, auf jeden Kindergeburtstag eingeladen, stand auf der Beliebtheitsskala der anderen Kinder ganz oben. Wogegen Klaus still, zurückhaltend und introvertiert keine anderen Freunde besaß und meistens in seiner eigenen Welt lebte.
Mir fiel es leicht, auszusprechen, was ich fühlte und dachte. Es gelang mir stets, Probleme, die mich beschäftigten, aus der Welt zu schaffen. Bereits im frühen Kindesalter besaß ich das Talent, die richtigen Worte zu finden. Klaus besaß diese Eigenschaft nicht. Worte für Empfindungen wie Liebe, Schmerz oder Traurigkeit gab es nicht in seinem Vokabular. Zwar bedeutete das keinesfalls, dass er gefühllos durchs Leben ging. Nein, er schaffte es nur nicht das, was er empfand, in Worte auszudrücken. Aber er zeigte es anders. Er verdeutlichte seine Emotionen durch Farben. Gemalte Bilder oder auch Blumen erklärten seinen Eltern und später mir, was in ihm vorging. Erhoffte er sich etwas, malte er grüne Tuschfarbe auf ein Blatt Papier. Freute er sich oder war er glücklich,

wurde aus Grün Orange. Seiner Mutter schenkte er häufig weiße oder rote Rosen. Die Farben der Reinheit und der Liebe. Eigentlich nutzte er jeden Farbton außer Gelb. Aber warum er ausgerechnet diese fröhliche, leuchtende Farbe vermied, darüber machte ich mir nie Gedanken.
Ich lernte sehr schnell, sie richtig einzuordnen, und fand das, was er tat, toll. Es machte mir Spaß, die Rätsel, die sich hinter seinen Bildern oder Blumen verbargen, zu lösen. Leider ging das nur mir so. Andere Kinder mieden Klaus, für sie war er ein Freak, ein Sonderling, der ihnen nicht ganz geheuer erschien.
Wir beide gingen auf dieselbe Schule in unterschiedlichen Klassen. Klaus hatte es sehr schwer, mit seinen Mitschülern zurechtzukommen, wogegen ich mich kaum vor Freunden retten konnte. Gerne hätte ich meinem Freund geholfen, wenn ihn seine Klassenkameraden aus dem dritten Schuljahr in den Pausen quälten, gemein hänselten, doch ich als Erstklässlerin war zu klein, um auch nur den Hauch einer Chance zu haben, für ihn einzustehen.
Dennoch wurde er zu meinem besten Freund. Mein Vertrauter, der zuhörte, egal welche Klagelieder er sich anhören musste. Natürlich verbrachte ich nicht jede freie Minute mit ihm. Schließlich besaß ich einen Freudekreis mit vielen alltäglichen gemeinsamen Freizeitgestaltungen. Ich wollte auch nicht durch Klaus zum Außenseiter werden und verheimlichte unsere Freundschaft vor den anderen. Häufig dauerte es Tage, bevor ich mich wieder einmal bei Klaus sehen ließ. Trotzdem beschwerte er sich nie. Nicht einmal mit seinen Farben. Für mich wurde es normal nur seine Nähe zu suchen, wenn es mir schlecht ging.

Die Jahre vergingen und ich verbrachte die Zeit größtenteils mit meiner Clique. Schüler, die wie ich, neugierig auf das Leben waren. Alkohol tranken, ab und zu Drogen ausprobierten. Ohne mir darüber bewusst zu sein, driftete ich in die fal-

sche Richtung. Partys außerhalb unserer Kleinstadt endeten damit, dass ich im Bett eines fremden Jungen aufwachte, mich dreckig und benutzt fühlte. Niemand in meiner Umgebung sollte davon erfahren. Es war mein streng gehütetes Geheimnis, das nur einer kannte: Klaus! Meinem seelischen Mülleimer schilderte ich alles, jedes kleinste Detail, an das ich mich erinnern konnte. Tränenüberströmt jammerte ich, wie sehr ich mich vor mir selber ekelte und das ich mich ab jetzt ändern wollte. Schweigend hörte er sich alles an, aber am Abend lag jedes Mal eine weiße Rose vor unserer Haustür. Ich wusste, es war ein Geschenk, das mich trösten, mir zeigen sollte, dass ich immer noch unschuldig und rein, für Klaus etwas Besonderes, ganz Spezielles, blieb.
Er meisterte die Schule mit Bravour. Es dauerte nicht lange und Klaus fand eine gute Lehrstelle in der nächsten Stadt. Für ihn die Chance, unser ödes Kaff zu verlassen und dort einen Neuanfang zu starten. Er zog fort und voller Stolz erzählte seine Mutter, wann immer ich sie traf, wie gut er sein Leben meisterte und wie glücklich ihr Sohn sei. Klaus schien aus dem Schatten des Außenseiters herausgetreten zu sein und jetzt im Sonnenlicht des Lebens zu baden.
War ich schon früher wild und sehr schwer zu bändigen, verlor ich mit seinem Fortgehen jeglichen Halt. Ich vermisste Klaus sehr und empfand sogar Wut darüber, dass er mich zurückgelassen hatte. Alles, was von ihm übrig geblieben war, bestand aus seiner Handynummer. Ich rief ihn nie an, vielleicht aus Scham? Ihn anlügen konnte ich nicht. Aber hätte ich ihm erzählen sollen, dass ich zur Dorfmatratze, die man nehmen konnte, wenn sich nichts Besseres bot, geworden war? Gut genug zum schnellen Sex, aber nicht gut genug, um ein Mädchen, das man seinen Eltern vorstellte, zu sein. Nein, lieber ließ ich den Kontakt einschlafen. Manchmal, wenn ich weiße Rosen sah, dachte ich an Klaus. Seine Geste, wie er versuchte, mich damit aufzumuntern, und ich fühlte ein leichtes Lächeln in meinem Gesicht. Kein Fröhliches, glaubte ich

doch nicht mehr daran, dass er mich immer noch in der Farbe der Reinheit sehen würde.
Meine Eltern sahen meinem Treiben hilflos zu. Verleugneten vor sich selbst, dass ihre Prinzessin zur stadtbekannten Hure geworden war. Sie taten mir leid, aber statt ruhiger zu werden, trieb ich es immer schlimmer. Es kam, wie es kommen musste, sehr bald gab es niemanden mehr, der etwas mit mir zu tun haben wollte.
Und dann passierte das Unvermeidliche. Ich ging zu weit, nahm auf einer der Partys zu viele Drogen. Bis heute weiß ich nicht mehr, was in dieser Nacht geschah, jedenfalls kann ich mich nicht daran erinnern. Einer von vielen Filmrissen, die mich mit einer Leere im Kopf aufwachen ließen. Doch dieses Mal erfuhren meine Mitschüler, was in der Nacht geschehen war. Ein Video im Internet machte die Runde auf unserem Schulhof. Ein Clip, der mich, während ich mich von drei Männern betatschen ließ, gleichzeitig einen vierten mit dem Mund befriedigte. Wie eine Nutte kniete ich vor ihm, während sein Stöhnen und das der anderen als Hintergrundton zu hören war. Natürlich schickten mir meine Mitschüler den Clip aufs Handy und bald hatte ihn jeder im Ort. Auch meine Eltern. Das war dann zu viel, sie schmissen mich raus. Sie ertrugen die Blicke der anderen Kleinstadtbewohner, das Getuschel hinter ihrem Rücken und die offen ausgesprochenen anzüglichen Bemerkungen nicht mehr länger. Ihre Scham war größer als die Liebe zu mir. Nach einem heftigen Streit stand ich, mit einem Koffer bepackt, mitten in der Nacht alleine auf der Straße. Ohne Ziel und ohne ein Zuhause. Es blieb mir nur ein Versteck, ein Zufluchtsort vor dem Getuschel und dem Gelächter aller anderen: Klaus.
Das erste Mal seit langer Zeit rief ich ihn an. Unter Tränen bat ich ihn um seine Hilfe und, ohne zu zögern, gab er sie mir.
Klaus nahm mich bei sich auf und tat alles, mich glücklich zu machen. Durch seine Unterstützung fasste ich wieder Fuß

und veränderte mein Leben. Auch als es mir wieder gut ging, blieb ich bei ihm, glaubte sogar daran, so etwas wie Liebe für ihn zu empfinden.

Jede freie Stunde verbrachte er mit mir. Hörte sich wieder meine Sorgen an und malte mit seinen Farben mein Leben kunterbunt. Ich fühlte mich bei ihm geborgen und glücklich. Nur nachts kam ich nicht zur Ruhe. Von Albträumen verfolgt wachte ich mehrmals schweißgebadet auf. Zitternd rief ich dann nach Klaus und er eilte sofort zu mir. Meine Hand haltend erzählte ich ihm, wie ich, in meinen Träumen in einer Kiste eingesperrt und in der tiefen Erde verscharrt, aufgewacht war. Wie ich lebendig begraben um Hilfe schrie und wie Würmer und Ratten auf meinem Körper krochen. Sie an mir nagten, zubissen und meine Augen nichts als Dunkelheit wahrnahmen. Niemand kam, um mich zu retten, und ich erlebte in meinem Traum, wie ich langsam und qualvoll erstickte.

Lebendig begraben zu werden, meine größte Angst seit der Kinderzeit, verfolgte mich auf Neue. Es tat so gut, darüber zu reden und von Klaus in den Arm genommen zu werden. Die tröstenden Hände und seine zärtlichen Küsse, welche meine Tränen trockneten, zu spüren. Ich ließ mich fallen und wir schliefen miteinander. Es war schöner, als alles andere zuvor. Ich fühlte Klaus in mir und es ging nicht um den Sex, die Befriedigung. Wir waren uns so nahe, miteinander verbunden. Zwei Körper, die zu einem geworden waren und nur das alleine zählte. Wenn er auch seine Gefühle für mich nicht aussprach, kein ›Ich liebe dich‹ über seine Lippen kam, sein Körper tat es. Niemals zuvor hatte mich jemand so wie er angefasst. Mit unendlicher Zärtlichkeit, die mir das Gefühl gab, etwas Wertvolles zu sein.

Ab dieser Nacht waren wir ein Paar. Wir lebten einen normalen Alltag, ruhig und durchstrukturiert. Jeder hatte seine Rechte, aber auch seine Pflichten, die, wann immer es die Zeit zuließ, mit ganz viel Zärtlichkeit versüßt wurden. Tags-

über gingen wir beide Arbeiten. Ich in einem Callcenter und Klaus beendete seine Lehre. Nicht lange, und er stieg zu einem gutbezahlten Angestellten in dem Computerfachgeschäft auf. Es gab keine Sorgen. Wir verstanden uns gut und finanziell lief es immer besser. Auch ich wollte die Erfolgsleiter höher steigen und besuchte, um einen guten Schulabschluss nachzuholen, die Abendschule. Alles schien gut zu laufen.
Jede Woche stand eine einzelne Rose auf dem Esstisch im Wohnzimmer. Die Farben der Blumen wechselten mit den Ereignissen in unserem gemeinsamem Leben. Doch am häufigsten gab es eine rote Rose für mich. Seine Art, mir die Liebe, die er für mich empfand, zu zeigen. Ich dachte, ich wäre glücklich und doch merkte ich, dass mir etwas fehlte.
Ich spürte es immer deutlicher, aber konnte es nicht benennen. Eine Leere, die ausgefüllt werden wollte. Fand ich einst seine Gefühlsfarben wunderbar, wurden sie langsam, aber sicher zu etwas, das mich nervte. Zumal durch unseren Alltag und der Routine kaum noch Zärtlichkeiten zwischen uns ausgetauscht wurden. Wir sahen uns kaum noch und wenn, dann herrschte Schweigen. Ich verzehrte mich nach einem lieben Wort von Klaus. Eine Antwort von ihm, wenn ich zu ihm sagte, dass ich ihn liebe. Alles, was ich bekam, war Schweigen und ein Bild am nächsten Tag, das ich zerknüllte, oder eine rote Rose, die ich kaum noch beachtete. Niemals nur ein Wort, das einem Liebesgeständnis ähnelte.
In den seltener werdenden Augenblicken, in denen wir uns nahe waren, rumalberten und ich mein Glück aussprach, sah er mich nur an. Egal, was ich auch versuchte, ihm ein Wort der Zuneigung zu entlocken oder irgendwie zu erfahren, wie es in ihm aussah, es gelang mir nicht, Klaus aus seinem Schneckenhäuschen zu locken.
Dann begann ich, ihm Briefe auf den Esszimmertisch zu legen, kleine Zettel, auf denen ich ihn bat, mir zu schreiben, was er empfand. Ob ihn vielleicht etwas störte oder ob ich Fehler machte, über die wir reden sollten. Jeden Abend sah

ich nach, hoffend, er würde es mir gleich tun. Aber nein, wie immer nur standen dort Blumen in allen erdenklichen Farben. Nein, falsch, nicht in allen Farben. Nie schenkte er mir eine gelbe Rose. Eigentlich gab es nichts in unserer Wohnung in Gelb. Als wir einmal in einem Laden standen und ich mir selber eine gelbe Rose mit kaufen wollte, flippte Klaus aus. Zum ersten Mal erlebte ich von ihm ein Gefühl - Wut! Böse, mit blitzenden Augen starrte er mich an und leise zischte er. »Weißt du nicht, was die Farbe Gelb bedeutet?«
Ich dachte an Sonne, an Energie, an Fröhlichkeit, aber eingeschüchtert durch seinen unerklärlichen Ausbruch schwieg ich und verließ stumm mit ihm den Laden.
Irgendwann unterließ ich meine Versuche und begann, mich von ihm zu entfernen. Er wurde mir gleichgültig. Seine Geschenke bedeuteten mir immer weniger. Meine Liebe zu ihm starb, wenn es sie denn jemals wirklich gegeben hatte. Doch ich blieb bei ihm. Wohin sollte ich auch gehen? Ich hatte keine Freunde, keine Familie, niemanden außer ihm.
Bis ich eines Tages Gregor kennenlernte. Er besuchte genau wie ich die Abendschule.
Auffällig, gut aussehend und bestimmt nicht auf den Mund gefallen, dauerte es nicht lange, bis er mein Interesse auf sich zog. Nachts neben Klaus liegend stellte ich mir vor, wie er mich berührte, mir zärtliche Worte ins Ohr flüsterte und wir uns leidenschaftlich liebten. Aber ich war zu schüchtern, ihn anzusprechen oder besser gesagt, ich hatte verlernt, auf Menschen frei und offen zuzugehen.
Überraschenderweise sprach er mich eines Abends an. Mit sanfter Stimme sagte er, ich wäre ihm aufgefallen und dass ich eine außergewöhnliche Frau wäre. Verblüfft starrte ich ihn an, unfähig, eine passende Antwort zu geben. Verlegen eilte ich davon, um auf den schnellsten Weg nach Hause zu kommen.
Doch Gregor gab nicht auf. Immer wieder suchte er meine Nähe, bis ich eines Tages nachgab und mit ihm einen Kaffee

trinken ging. Mit ihm, einem Menschen voller Leben und voller Gefühle, die er offen aussprach, erlebte ich wundervolle Stunden. Wir lachten und scherzten, hatten Spaß und ohne, dass ich es wollte, verliebte ich mich in Gregor. Mit ihm an meiner Seite fühlte ich mich lebendig und nach einigen Dates wurde mehr daraus.

Ich glühte regelrecht innerlich, wenn ich an ihn dachte, und verzehrte mich nach seinem Körper. Wenn dagegen Klaus mich berührte, wich ich seinen Händen aus. Ich konnte es kaum noch ertragen, ihn in meiner Nähe zu haben. Jedes Wort der Liebe von Gregor sog ich auf und entflammte immer mehr. Ich vergaß, vorsichtig zu sein, und ehrlich gesagt interessierte es mich kaum, ob Klaus hinter meine Affäre kam. Nur noch die wenigen Stunden, die ich mit Gregor verbrachte, zählten.

Nach Monaten des Versteckspiels entschloss ich mich dazu, Klaus für Gregor zu verlassen. Es würde nicht leicht werden und es graute mir vor dem Gespräch mit ihm. Dennoch beschloss ich, endlich klare Verhältnisse zu schaffen und Gregor meinen Entschluss mitzuteilen.

Eines Abends, im Hotelbett in seinen Armen liegend, sagte ich ihm, ich könnte mir vorstellen, mit ihm zusammenzuleben. Hatte ich freudige Überraschung erwartet, wurde ich bitter enttäuscht. Sein Lächeln verschwand und er rückte von mir ab. Fragend sah ich ihn an, doch er wich meinem Blick aus. Setzte sich auf die Bettkante und stotterte hektisch, dass es nicht ginge, dass ich bei ihm lebte. Seine Frau, er wäre verheiratet, zwei Kinder, niemals würde er seine Familie wegen eines kleinen Verhältnisses verlassen. Aber wir könnten doch weitermachen wie bisher. Ein wenig Spaß miteinander haben und die Stunden gemeinsam genießen. Ich solle doch jetzt nicht für Stress sorgen und sicherlich könnte ich ihn verstehen.

Meine Welt, aus Naivem verliebt sein und Gutgläubigkeit aufgebaut, zerbrach. Ich erkannte, wie dumm ich gewesen

war, zu glauben, er würde mich lieben. Wie alle anderen begehrte er nur meinen Körper. Ich selber hatte nie wirklich einen Platz in seinem Herzen besessen. Tränenüberströmt griff ich nach meiner Kleidung, streifte sie mir über, stürzte aus dem Hotel. Wieder einmal flüchtete ich zurück zu dem einzigen Menschen, der immer ehrlich zu mir gewesen war: Klaus!
Einige Tage, nachdem ich heimlich gegen Tränen ankämpfend meine Wunden leckte, beschloss ich, Klaus und meiner Beziehung nochmal eine weitere Chance zu geben. Ich glaubte daran, alles könnte wieder gut werden, genauso werden wie Anfang. Ich setzte eine Maske auf und tat alles, um die Beziehung wieder zu kitten. Eine Zeitlang schien es auch so, als würde es mir gelingen. Wir liebten uns häufiger und eines Abends, als ich von der Arbeit nach Hause kam, erwartete mich eine Überraschung.
Auf dem Esstisch brannte eine Kerze in unserem schönsten Leuchter. Daneben in einer Vase eine gelbe Rose, die vor einem Teller mit meinem Lieblingsgericht angerichtet stand. Ein Kristallglas, gefüllt mit dunkelrotem Wein, lud zum Trinken ein und Klaus, der am anderen Ende des Tisches saß, lächelte mich liebevoll an.
Nur für mich hatte er sich diese Mühe gemacht, war sogar über seinen Schatten gesprungen und hatte mir die gelbe Rose gekauft. Ich ging zu ihm und legte die Arme um ihn und voller Dankbarkeit küsste ich ihn. Er erwiderte meine Liebkosung hingebungsvoll. Alles würde gut werden, dachte ich, als ich mich setzte und einen Schluck Wein und einige Bissen zu mir nahm. Während ich aß und das Weinglas leer trank, schwieg Klaus. Aufmerksam beobachtete er mich. Für mich etwas vollkommen Normales, kannte ich ihn doch nicht anders.
Als ich die Gabel und das Messer auf meinen Teller legte, stand er auf, trat hinter meinen Stuhl und strich mir übers Haar. Entspannt lehnte ich mich zurück und wollte seine Hand ergreifen, doch statt das er meine nahm, drückte er mir

einen Briefumschlag zwischen die Finger. »Bitte lies ihn, wenn ich fort bin. Ich muss noch einmal ins Büro, doch er wird dir alles erklären, was du wissen musst. Diese Worte, die ich dir geschrieben habe, sind mein Geschenk an dich. Sie werden dir endlich all meine Gefühle für dich offenbaren, mehr als es eine Farbe oder eine Blume jemals vermag«, flüsterte er mir sanft ins Ohr.

Endlich, endlich hatte ich es geschafft. Jetzt würde ich das lesen, was ich mir immer gewünscht hatte von ihm zu erfahren. Natürlich kam ich seinem Wunsch nach und öffnete den Brief erst, nachdem ich die Haustür zufallen gehört und mir sicher war, dass er das Haus verlassen hatte.
Es sollte das Letzte sein, was ich in Freiheit tat. Denn kaum hatte ich das letzte Wort gelesen, verschwamm meine Umgebung vor meinen Augen und ich fiel in Ohnmacht. Als ich wieder erwachte, war meine Welt eine andere.

Jetzt liege ich hier. Es ist dunkel. Leise Geräusche dringen an mein Ohr. Ich kann kaum Atmen, der Staub und die schwere Luft, die kaum noch Sauerstoff in sich trägt, lassen es nicht zu. Ich weiß nicht, wie lange ich hier schon eingeschlossen bin, aber es scheint mir eine Ewigkeit zu sein. Lang genug, um nachzudenken, lang genug, um die Hoffnung auf Rettung aufzugeben. Es ist meine Strafe, meine größte Angst, dies zu erleiden. Eine Angst, die ich jemandem mitteilte, dem ich vertraute und niemals damit rechnete, dass er dieses Wissen nutzen würde. Wie dumm kann der Mensch sein! Ich gab meinem Mörder das Schwert, mit dem er mich hinterrücks erstechen konnte durch meine ausgesprochenen Worte, in die Hand.
Die Geräusche werden langsam lauter. Ein Tapsen, ein Kratzen, ein Nagen. Ich weiß nicht, welches Wesen es sein wird, das durch das Holz zu mir eindringen wird. Ich höre nur, wie es immer näher kommt!

Ich habe ein Feuerzeug in meiner Hosentasche. Ich benutze es nicht mehr. Ich weiß, mit jeder Flamme verliere ich etwas von dem wenigen Sauerstoff, der noch vorhanden ist. Zuerst, in dem Moment, als meine Panik noch nicht überhandgenommen hatte, ich noch klar denken konnte, benutzte ich es. In dem Glauben, es würde mir einen Ausgang, eine Möglichkeit meinem Gefängnis zu entfliehen, zeigen. Bis ich es mit einem leisen Klicken aufflammen ließ und erkannte, wo ich mich befand.
Ab diesem Zeitpunkt wusste ich, es ist bald vorbei. Ich werde sterben! Hier, in einer Holzkiste tief unter der Erde begraben. Mein größter Albtraum, lebendig begraben zu sein, ist Realität geworden.
Während sich meine Finger in die Holzbretter über meinem Gesicht krallen, versuchen, sie herauszubrechen, zersplittern meine kratzenden Nägel. So tief, dass ich mein warmes Blut spüre, wie es an den Fingern herunterläuft. Keuchend will ich nicht aufgeben und sie werden, wenn sie mich eines Tages hier finden, tiefe Kratzspuren in dem Holz entdecken. Hinweise auf meinen letzten grauenvollen Kampf, um weiterzuleben. Ich weine, ich schreie! Doch die Lautstärke meiner eigenen Stimme vermag nicht das Flüstern in meinem Kopf, das immer wieder die Worte seines Briefes vorliest, zum Schweigen zu bringen.

»Meine geliebte Verena. Ich habe dich geliebt von ganzen Herzen und jede Sekunde meines bisherigen Lebens. Ich wäre für dich gestorben und du warst mein Heiligtum. Die Frau, die mir alles bedeutet und mit der ich alt werden wollte.
Das sind doch die Worte, die Du hören wolltest oder besser gesagt lesen. Nicht wahr? Jetzt schenke ich sie Dir, obwohl ich für Dich nichts als Abscheu, Ekel und Hass empfinde! Du und meine Liebe zu Dir sind gestorben. Ich sehe nur noch die Farbe schwarz vor mir und Du ja gerade auch, oder? Wie ist es, sich hilflos zu fühlen, innerlich zu sterben und die

Hoffnung, dass alles wieder gut wird, zu verlieren? So wie ich es tat? Immer wieder. Ich habe geglaubt, wenn ich für Dich da bin, wirst Du dich ändern. Deine Männergeschichten sein lassen und erkennen, dass ich der Einzige bin, der gut für Dich ist. Aber Du konntest anscheinend nicht anders. Worte waren Dir wichtiger als ich. Nur ein paar Lügen, Geschwafel und Honig, den er Dir um den Mund schmierte, und schon stiegst Du mit Gregor ins Bett. Wie mit allen anderen Männern. Glaubst Du, ich habe wirklich nicht mitbekommen, was Du tatest? Hast Du niemals meine Nähe gespürt, wenn ich Dir folgte? Meinen Schatten, wenn ich euch bei eurem Liebesspiel zuschaute?
Hast Du wirklich geglaubt, ich bin so dumm, Deinen Betrug hinzunehmen? Wie immer nur zuhören und Dich trösten? Vor allem hast Du meine Hinweise nicht beachtet, meine Farben, meine Blumen. Ist Dir niemals aufgefallen, dass aus den weißen und roten Rosen andere Blumen und Farben wurden wie Blau und Grün? Zum Schluss die Gelbe. Die einzige Farbe, die noch zu deinem Wesen passte. Nein, Du hast es nicht verstanden, das ist nicht passiert.
Du nahmst alles und gabst mir nichts. Ich sagte ja nie etwas, beschwerte mich ja nicht. Ich gebe zu, am Anfang habe ich gelitten. Doch irgendwann begann es, mir Spaß zu machen, meinen Plan auszuklügeln. Die gelbe Rose, ich weiß, für Dich ein Symbol des Lichts, der Helligkeit, der Freude, stellt für mich nur Falschheit da. Eine Falschheit, wie Du sie mir vorgespielt hast. Ich wollte Dich leiden lassen und erinnerte mich an Deine Alpträume. Ich wollte einen grandiosen Abschluss unserer Beziehung. Was gibt es da Besseres, als Deine Angst zur Realität werden zu lassen?
Das Resultat spürst Du jetzt, nicht wahr? Schade, dass ich Deine Panik nicht miterlebe. Wie Dein Körper langsam stirbt. Du erstickst und spürst die kleinen Tiere, die wahrscheinlich jetzt schon auf ihr Menü wartend, in Dein Gefängnis eindringen. Hörst Du sie eventuell schon? Stell Dir

vor, wie sie an dem Körper nagen, bis nur noch Knochen vorhanden sind. In Deinen Mund und in die Augen kriechen, um dort ein kurzweiliges Zuhause zu finden!
Aber mach Dir keine Sorgen, ich werde Dich nie vergessen. Ich werde jede Woche Dein Grab besuchen und Dir Blumen bringen. Das ist doch das Mindeste, was ich für Dich tun kann, oder? Ach ja - zu guter Letzt. Du müsstest vielleicht ein Kratzen, so wie von den Stacheln einer Rose, an Deinen Beinen spüren. Mein Abschiedsgeschenk an Dich, eine Rose - und sie symbolisiert Deinen Tod.

Gelb – Eifersucht
T.B. Ems

Erika lag gelangweilt auf ihrem dunkelgrünen Sofa und zappte durch die Kanäle. Sie fand keine Sendung interessant genug, um sie sich anzusehen. Sie sah auf das Buch, in dem sie gelesen hatte und das aufgeschlagen auf den Glastisch vor ihr lag. »Immer das Gleiche«, blaffte sie griesgrämig. »Immer geht es um schöne Menschen und um Liebe. Ich habe das so satt. Warum schreibt kein Autor, wie es im richtigen Leben ist?« Das Klingeln an der Eingangstür ließ sie erschrocken hochfahren. »Wer könnte das sein?«, überlegte sie und ging mit schnellen Schritten in den schmalen Flur. Sie sah durch den Spion und atmete hörbar aus. »Auch das noch«, nuschelte sie genervt und öffnete die Tür.
Cindy stand mit einem breiten Lächeln im Gesicht vor ihr und umarmte sie stürmisch. »Ich habe die große, alte Villa verkauft«, sprudelte es aus ihr heraus. »Was für eine Villa?«, fragte Erika begriffsstutzig. Cindy schob sich an ihrer Schwester vorbei und lief mit anmutigen Schritten ins Wohnzimmer. Kurz rümpfte sie die zierliche Nase. »Willst du nicht mal die Fenster öffnen? Es riecht nach Essen und abgestanden bei dir.« Erika biss sich auf die schmalen Lippen, sagte jedoch nichts, als Cindy die Balkontür öffnete. Tief atmete sie die frische Frühlingsluft ein. »Schon viel besser«, sagte sie und drehte sich zu Erika um. Cindy sah fabelhaft aus. Ihr Gesicht war ebenmäßig, die großen, blauen Augen sprühten vor Freude und das bunte Sommerkleid umschmeichelte ihre Figur. Erika konnte nur mit Mühe ihren Neid und ihre Eifersucht verbergen. »Was für eine Villa hast du verkauft?«, versuchte sie, auf das Thema zurückzukommen, wegen dem ihre Schwester zu ihr gekommen war. Sarah setzte sich auf das Sofa und schlug die langen Beine übereinander. »Ich habe dir doch von der Villa erzählt. Sie steht seit zwei Jahren leer und

alle Interessenten, mit denen ich dort war, schreckten die aufwendigen Renovierungsarbeiten ab. Ich dachte, ich würde den alten Kasten nie loswerden.« Ja, jetzt fiel es Erika wieder ein. Cindy hatte öfter davon gesprochen und war unglücklich darüber, dass sie das erste Mal in ihrer Karriere als Makler etwas nicht an den Mann brachte. »Wer hat sie gekauft?« Eigentlich interessierte es Erika herzlich wenig, wer der Käufer war. Aber über irgendwas musste sie mit ihr sprechen, damit keine peinliche Stimmung aufkam, wie es so oft passierte, wenn die Schwestern zusammen waren. Cindy schien das nicht zu bemerken und erzählte ausführlich, wie ein reicher Engländer auf ihrer Makler-Homepage gewesen war und sich sofort in das Objekt verliebt hatte. »Er rief mich an, wir machten einen Termin aus und besichtigten die Villa und den dazugehörigen Grund. Der Mann war begeistert. Geld hätte er genug, um alles zu renovieren.« Cindy machte eine kurze Pause, strahlte sie glücklich an und sagte: »Und heute unterschrieb er den Kaufvertrag.« Ungeduldig sah sie Erika an, als keine Reaktion von ihr kam. »Freust du dich denn nicht? Stell dir nur vor, wie hoch die Provision ist, die ich bekomme. Damit kann ich endlich das Penthouse abbezahlen, das ich vor drei Jahren gekauft habe.« Erika konnte sich nur mit Mühe beherrschen. Sie ging auf ihre Schwester zu. Lächelnd umarmte sie und gratulierte ihr. Innerlich kochte sie vor Neid und Wut. »Natürlich, was auch sonst«, fraß sich die Eifersucht einen Weg in ihr Herz. »Die kleine egoistische Schlampe denkt, wie immer, nur an sich selbst. Ob ich zurechtkomme, interessiert sie einen Dreck.« Sie bot ihrer Schwester weder Kaffee, noch ein kühles Getränk an, sondern stand abwartend am Türrahmen. Cindy bemerkte die eisige Kälte in Erikas Augen nicht und sprach von der bevorstehenden Hochzeit mit Marc. »Es wird traumhaft werden«, schwärmte sie. »Du musst unbedingt noch einmal mit mir in das Brautgeschäft. Die Änderungen an dem Kleid sind fertig und ich soll es anprobieren kommen.« Auch so ein Punkt, an dem

Erika die Galle hochkam. Nicht nur, dass Cindy ihr den Mann ausgespannt hatte, nein, sie waren auch noch überglücklich zusammen und genossen ihr Leben in vollen Zügen. Wenn sie ehrlich zu sich selbst war, hatte ihre schöne, begehrenswerte Schwester Marc nicht weggenommen. Er und Erika waren jeden Mittwochabend in einem Autorenkurs gewesen. Marc war Journalist bei einer bekannten Zeitung und wollte seinen Schreibstil durch den Kurs verbessern. Sie war dort, um Zeit totzuschlagen. Doch das sagte sie ihm damals nicht. Er nahm an, sie sei eine Autorin, die ebenfalls an ihrem Schreibstil feilen wollte. Dass Erika in einem Großraumbüro bei einer Versicherungsgesellschaft arbeitete, wusste er da noch nicht. Sie verliebte sich sofort in den gutaussehenden, großen Mann, dessen spitzbübisches Lächeln ihr so gut gefiel und geriet ins Schwärmen, wenn er beim Nachdenken die dunklen Locken unbewusst aus der Stirn strich. Doch mehr als einen kurzen Gruß oder ein Kopfnicken hatte er für sie nicht übrig. Zufällig traf er sie und Cindy in der Stadt. Er war sofort hin und weg von der schönen Frau neben Erika, die ihn mit strahlend blauen Augen neugierig musterte. Marc und Cindy wurden ein Paar. Wie eine herabstürzende Lawine überrollte sie die Eifersucht, als sie es erfuhr. Als Cindy sie ein Jahr später bat, mit ihr in die Brautläden zu gehen, stimmte sie missmutig zu.
Fragend sah Cindy ihre Schwester an. »Hast du mir überhaupt zugehört, du Träumerin?» Verwirrt sah Erika sie an. »Ich habe dich gefragt, ob es dir passen würde, wenn wir nächsten Dienstag zur Anprobe gehen würden.« Cindy lächelte. Ihre Schwester war oft mit den Gedanken woanders und hörte nicht zu, wenn man mit ihr sprach. »Ja, das würde gehen«, gab sie knapp zur Antwort. Cindy wollte weiter von ihren Hochzeitsvorbereitungen erzählen, doch Erika schnitt ihr grob das Wort ab. »Ich habe noch etwas Wichtiges zu erledigen. Ich muss dich bitten, zu gehen.« Cindy verstummte sofort. »Es tut mir leid, wenn ich dich aufgehalten habe.« Sie

ging auf ihre Schwester zu, umarmte sie und ging zur Tür. »Dann bis Dienstag«, rief sie ihr über die Schulter zu und sprang leichtfüßig die Treppen hinunter.
Völlig außer sich und mit glühenden Wangen schlug Erika die Tür zu ihrer Wohnung zu. Ihr war es egal, was Cindy dachte, die im Treppenhaus erschrocken nach oben sah, als die Tür krachend ins Schloss fiel. Wütend ging sie durch den schmalen Flur in die kleine Küche. Sie sah durch das geschlossene Fenster hinunter auf die Straße. Ihre Schwester stieg gerade in ihren schnittigen Sportwagen, sah zu ihr hinauf und winkte ihr zu. Das bunte Sommerkleid schmiegte sich an ihre schmalen Hüften und fiel glockig bis zu den Waden. Ihr volles, kastanienrotes Haar umrahmte lockig ihr herzförmiges Gesicht. »Ich hasse dich«, stieß sie boshaft aus. Die tiefe Falte zwischen ihren Augen und der zusammengekniffene Mund ließen sie älter wirken, als sie war. Cindy dagegen war eine schöne, talentierte, junge Frau, der alles in den Schoss fiel. Sie erreichte alles, was sie sich vornahm. Und das Schlimme daran war, dass sie Erfolg hatte. Egal was sie anpackte, Cindy schaffte es in kurzer Zeit, etwas daraus zu machen.
Missmutig sah Erika an sich herunter. Die dünnen, aschblonden Haare fielen ihr strähnig auf die schmalen Schultern. Ihre Kleidung war weder schick noch modern. »Langweilig und fadenscheinig sehe ich aus. Wie eine graue Maus«, dachte sie verbittert. In diesem Moment fasste ihr von Neid und Eifersucht zerfressenes Hirn, einen wahnsinnigen, mörderischen Plan.

***

Die Polizisten versuchten, die völlig aufgelöste und weinende Frau zu beruhigen. In ihrem Penthouse waren die Schränke und Schubladen geöffnet worden und deren Inhalt lag verstreut auf dem Boden. Das helle, Ledersofa war mit einem Messer bearbeitet worden. In der Küche hatte man Gläser und Geschirr an die Wände geworfen, die Scherben lagen auf dem gefliesten Boden und auf der dunklen Anrichte. Die Wände hatten Dellen davongetragen und dunkle Flecken waren auf ihr zu sehen. Im Schlafzimmer war die Kommode offen und die Schubladen herausgerissen. Ihre Unterwäsche, mit roter Farbe besprüht, die es in jedem Baumarkt in Sprühdosen zu kaufen gab, lag zerfetzt auf dem hellblauen Teppich. Das Schlimmste an dem Einbruch war der tote, blutverschmierte Vogel, der mit herausgerissenen Federn und aufgeschlitzter Kehle auf ihrer Bettdecke lag.

Die Polizisten sahen sich in der hellen, geschmackvoll eingerichteten Wohnung um. Sie hatten bemerkt, dass Cindy nicht alleine hier wohnte. »Mit wem leben Sie hier zusammen«, fragte der ältere Beamte, »und wer, außer Ihnen, hat einen Schlüssel für Ihre Wohnung?« Irritiert sah sie ihn an. »Ich lebe seit einem Jahr mit meinem Verlobten Marc Großmann zusammen. Zurzeit ist er in Berlin. Er und meine Schwester Erika haben einen Schlüssel. Der Hausmeister könnte auch die Tür öffnen, er hat einen Generalschlüssel für alle Wohnungen im Haus. Er wohnt im Erdgeschoss.« Der Beamte schrieb sich die Adresse von Erika und den Namen des Hausmeisters auf. »Wir müssen die Spurensicherung kommen lassen. Bis dahin sollte nichts verändert werden. Sehen Sie sich um, fassen aber nichts an und schreiben Sie auf, wenn Ihnen etwas gestohlen wurde.« Langsam und mit einen unguten Gefühl ging Cindy durch die Räume.

Der Beamte zog Gummihandschuhe über und ließ sie in die Schränke Schubladen sehen. Er hob Wäsche und Sachen hoch, die darin waren, damit sie sehen konnte, ob etwas fehlte. »Es sieht so aus, als wäre alles noch da«, flüsterte sie erschüttert, als sie alles durchgesehen hatte. Der Polizist versuchte, beruhigend auf sie einzureden, als sie zu zittern begann. »Können Sie für einige Tage bei Ihrer Schwester unterkommen? Wir würden Sie anrufen, wenn Sie zurückkommen können.« Cindy nickte langsam. Sie sah blass und verängstigt aus. »Ja, das müsste gehen, ich werde sie anrufen und fragen.«

***

Sie wohnte seit drei Tagen bei Erika. In dem kleinen Gästezimmer hatte sie sich notdürftig eingerichtet. Mit Marc sprach sie jeden Abend lange am Telefon. Er war außer sich vor Sorge, als er von dem Einbruch erfuhr und bedauerte, dass er Berlin noch nicht verlassen konnte, um bei ihr zu sein. Erika sprach wenig mit ihr und wenn sie abends zusammen im Wohnzimmer saßen, bemerkte Cindy die eisige Kälte, die ihre Schwester umgab.
So hatte sich Erika das nicht vorgestellt. Als sie in Cindys Wohnung gegangen war und alles verwüstet hatte, da wäre ihr im Traum nicht eingefallen, dass ihre Schwester bei ihr einziehen würde. Sie jeden Tag zu sehen, ihren Duft zu riechen und ihr Lachen am Telefon zu hören, wenn sie mit Marc sprach, machte sie wahnsinnig. Sie beschloss, den nächsten Schritt ihres mörderischen Planes in Angriff zu nehmen. Sie wollte ihre Schwester loswerden. Nicht nur aus ihrer Wohnung sollte sie verschwinden, sondern auch aus ihrem und Marcs Leben.

***

Das Ferienhaus, das sie sich angesehen hatte, stand hoch auf einem Berg über einem verschlafenen Dorf in einem Tannenwald. Der Platz um das Haus war gerodet worden, sodass eine kleine Lichtung entstanden war. Der Weg hinauf war schmal und der Asphalt wurde auf den letzten hundert Metern von einem Schotterweg abgelöst. Cindy fuhr mit ihrem roten Sportwagen die kurvenreiche Steige hinunter. Ihre Hände umfassten fest das Lenkrad und sie sah angespannt auf die viel zu enge Straße. Wenn ihr ein Auto oder ein Traktor entgegenkommen würde, müsste sie, so weit es ging, zur Seite fahren und anhalten. Sie war keine schlechte Autofahrerin, doch diese schmale Straße kostete sie Nerven und sie hoffte, das Ferienhaus schnell verkaufen zu können. Wenn sie daran dachte, dass sie mit den Interessenten diesen Weg

einige Male fahren müsste, bis sich einer von ihnen entschloss zu kaufen, stöhnte sie auf. Sie bemerkte, dass sie schneller wurde, und trat auf das Bremspedal.
Nichts geschah.
Wieder bremste sie.
Nichts.
Der Sportwagen wurde schneller. Entsetzt krallte sie ihre Finger in das Lenkrad, als sie die scharfe Kurve, fünfzig Meter vor sich, sah. Ihr Atem hatte sich beschleunigt, der Puls raste und sie trat immer wieder panisch das Bremspedal durch. Sie zog die Handbremse an, doch auch das hatte keine Wirkung auf den Wagen. Cindy versuchte, die Gänge herunterzuschalten, doch in ihrer Aufregung schaffte sie es nicht. Sie konzentrierte sich auf die Straße, die immer schneller an ihr vorbei flog.
Dann kam die Kurve. Sie hörte noch das Knirschen von Metall, sah, wie die Frontscheibe Risse bekam, bevor sie brach und die Scherben auf sie prasselten. Die Schmerzen und das Blut auf ihrem Gesicht spürte sie nicht. Die Welt um sie herum begann sich zu drehen, bevor die Dunkelheit sie einhüllte.

***

Verwirrt und mit Schmerzen erwachte Cindy in einem Krankenbett. Ihre Schwester und Marc saßen bei ihr und blickten sie sorgenvoll an. Zumindest Marc. Der war erschüttert und in Todesangst noch am selben Tag von Berlin zurückgeflogen, um bei ihr zu sein. Die Polizei hatte ihn auf dem Handy angerufen und berichtet, dass Cindy einen Unfall gehabt hatte.
Erika saß mit zusammengepressten Lippen auf dem Stuhl und starrte ihre Schwester an. Sie konnte nicht fassen, dass Cindy nur leicht verletzt war. Außer einigen Prellungen, eine Gehirnerschütterung und einige Narben im Gesicht, die man bei einem Schönheitschirurgen behandeln lassen konnte, hatte sie keine schwerwiegenden Verletzungen davongetragen.

»Du hättest sterben sollen«, dachte sie hasserfüllt.
Ein Arzt und zwei Kripobeamte betraten das Krankenzimmer. Sie stellten sich bei Cindy vor, als sie sahen, dass sie wach war. »Wir haben einige Fragen an Sie«, begann Oberkommissar Werner und zeigte seinen Ausweis. Der Arzt blieb im Hintergrund und beobachtete seine Patientin. Sollte es für sie zu aufregend werden, würde er die Beamten bitten zu gehen. Sie sollten dann in einigen Tagen wieder kommen, wenn es ihr besser gehen würde. Marc erhob sich, reichte den Polizisten die Hand und stellte sich und Erika vor, die nervös auf dem harten, unbequemen Stuhl herumrutschte. Der Oberkommissar sah Cindys Verlobten und ihre Schwester mit seinen klaren Augen scharf an. Es entging ihm nicht, wie nervös die Schwester war. Er zog einen Notizblock aus der Tasche, blätterte darin herum und sah Cindy in die Augen, als er zu sprechen begann. »Die Untersuchungen an Ihrem Wagen ergaben, dass jemand die Bremsschläuche und das Handbremsseil zerschnitten hat.« Er beobachtete Cindys Reaktion, die nicht zu verstehen schien. Ein Blick auf Marc und Erika war aufschlussreicher. Marc wurde blass und sah den Beamten entsetzt an. Er nahm Cindys Hand in die seine und drückte sie fest. Erika hatte den Blick gesenkt und starrte ihre alten Turnschuhe an, die sie meistens trug. Keine Regung in ihrem Gesicht, nur ihre Lider flatterten leicht. Langsam verstand Cindys, durch die Medikamente benebeltes Gehirn, was der Kripobeamte gesagt hatte. Fassungslos und erschüttert wurde ihr klar, dass sie nur knapp einen Mordanschlag überlebt hatte. »Wer … Warum …?«, stammelte sie geschockt. Sie konnte und wollte nicht glauben, dass ihr jemand nach ihrem Leben trachtete. Sie hatte keine Feinde und kannte niemanden, der sie lieber tot als lebendig sehen wollte. Die Beamten blickten sich kurz an. Es war nie leicht, so eine Nachricht zu überbringen, schon gar nicht einer schönen, jungen Frau, wie sie es war. Selbst die drei kleinen Klebepflaster in ihrem Gesicht, die ihre Schnitte zusammenhielten, konnten ihrer

Schönheit nichts anhaben. »Wir haben mit den Ermittlungen bereits begonnen. Dabei stießen wir auch auf den Einbruch in ihrer Wohnung.« Marc schluckte schwer, ließ Cindys Hand los und stand auf. Er blickte von einem Beamten zum Anderen. »Denken sie, der Einbruch und die durchgeschnittenen Bremsschläuche, das war ein und dieselbe Person?« Oberkommissar Werner hielt seinem Blick stand. »Davon gehen wir aus«, sagte er eisig und sah zu Erika. Sie spürte den kalten Blick und sah verstört auf. Cindy sah von einem zum anderen. Ihr Verstand wollte nicht glauben, was sie hörte. »Wir haben einen Verdacht, der noch bestätigt werden muss. Ich bin sicher, dass wir schon bald den Täter oder die Täterin verhaften werden«, sagte der Kommissar. Das Handy des anderen Beamten begann zu summen. Schnell zog er es aus der Tasche, murmelte eine Entschuldigung und verließ das Zimmer. »Könnten Sie bitte Ihre Turnschuhe ausziehen und mir geben?«, richtete der Kommissar mit fordernder Stimme seine Frage an Erika. Die war so perplex, dass sie ohne nachzufragen, warum er ihre Schuhe haben wollte, die Schnürsenkel löste und sie auszog. Der Beamte zog sich weiße Gummihandschuhe über, die er in seiner Tasche hatte und nahm noch eine durchsichtige Tüte heraus, die er auf das Bett legte, in dem Cindy mit erschrockenen, aufgerissenen Augen lag und ihre Schwester bestürzt ansah. »Erika, was … Hast du … oh Gott, Erika«, ihre Stimme bebte und Tränen liefen ihr heiß die bleichen Wangen hinunter. Marc sah ebenfalls völlig geschockt und erschrocken zu seiner baldigen Schwägerin. »Du?«, rief er erzürnt und wütend aus, als ihm bewusst wurde, was sich hier abspielte. Wut funkelte in seinen Augen auf. »Du warst das? Du wolltest deine Schwester umbringen?«, schrie er sie an. Erika saß auf dem Stuhl, den Kopf gesenkt und starrte auf den Boden. Sie sagte weder ein Wort zur Rechtfertigung, noch beteuerte sie ihre Unschuld. Cindy wollte den Verdacht, der leise und hässlich Gestalt annahm, nicht wahrhaben. Zitternd krampfte sie ihre Hände ineinander und

schüttelte immer wieder den Kopf. Marc bemerkte das Grauen in Ihren Augen, legte den Arm um sie und zog sie zärtlich an seine Brust. Ein leises, herzzerreißendes Schluchzen drang aus ihrem Mund und er streichelte ihr sanft den Rücken.
Der Beamte, der den Raum verlassen hatte, kehrte zurück und flüsterte aufgeregt mit seinem Kollegen. Danach nahm der Oberkommissar die verschlissenen Turnschuhe und besah sie sich. Er zeigte auf rote Farbspritzer, die an den Seiten und auf den Schnürsenkel zu sehen waren. »Ich bin sicher, unser Labor findet heraus, dass diese Farbspritzer aus der gleichen Dose stammen wie die Farbe, die wir auf der Unterwäsche ihrer Schwester fanden.« Erika stand langsam und schwerfällig auf. Noch immer sah sie niemanden an und starrte eisern auf den Boden. »Wir haben genügend Beweise gegen Sie«, sagte er hart und nahm die Handschellen von seinem Gürtel. »Ich verhafte Sie wegen Einbruch und versuchten Mordes an ihrer Schwester.« Dann las er Erika ihre Rechte vor und ließ die Handschellen zuschnappen. An der Tür drehte sie sich um und sah mit hasserfüllten Augen zu Marc und Cindy, die sich noch immer an ihren Verlobten klammerte und bitterlich weinte. »Schade, dass du es überlebt hast. Hätte ich noch einmal die Gelegenheit, würde ich gründlicher vorgehen«, stieß sie hasserfüllt aus und funkelte sie boshaft an. Entsetzt sah Cindy sie an, unfähig zu begreifen, was ihre Schwester ihr eben offenbarte. »Ich hasse dich. Hörst du? Ich hasse dich!«, schrie sie mit überschlagender Stimme, die niederträchtig und gemein klang und vor Eifersucht triefte, bevor die Tür sich leise schloss.

Ein Traum?

Ursule Kätz-Tintelnot

Wieder hatte ich diesen Traum, der so regelmäßig wiederkehrte wie der Mond.

Ich las in einem uralten verstaubten Buch Geschichten und Märchen. Auf den blassen Abbildungen waren Burgen und Schlösser zu sehen, die ihre steinernen Türme in den Himmel reckten.

Immer regte sich in mir der Wunsch, eines dieser Bauwerke zu betreten, aber niemals wurde mein Wunsch erfüllt, bis heute.

Ich stand, nur mit einem Hemd über den Shorts bekleidet, vor der Haustür. Vor mir lag eine weite Ebene und am Horizont sah ich das Schloss meiner Träume.

Ich musste nur losgehen, um es zu erreichen. War ich wirklich wach oder befand ich mich immer noch in meinem Traum?

Ich wusste es nicht und sah zum Haus meiner Eltern zurück. Hier war ich aufgewachsen. Die Häuserzeile lag ganz ruhig da. Alle Häuser ähnelten sich. Sie waren hübsch mit ihren großzügigen Vorgärten, den Balkonen, Türmchen und Giebeln. Es war mitten in der Nacht und die Menschen schliefen in ihren Betten. Alle außer mir.

Es war warm, die Luft hatte sich nur wenig abgekühlt im Laufe der Nacht. Dieser Sommer zeichnete sich durch zu viel Hitze und zu wenig Regen aus.

Ich dachte an das alte Fotoalbum, das ich auf dem Dachboden gefunden hatte. Auf den vergilbten Fotos waren Menschen abgebildet, die ich nicht kannte, in deren Gesichtern ich aber eine unbestimmte Familienähnlichkeit festgestellt hatte. Ich hatte meine Mutter danach gefragt. Aber weder sie noch später mein Vater hatten mir wirklich geantwortet. Als ich mir das Album noch einmal anschauen wollte, konnte ich

es nicht mehr wiederfinden.
Die Gesichter auf den Bildern gingen mir nicht mehr aus dem Kopf. Die Frau auf einem der Fotos besaß dasselbe dichte, dunkle Haar mit dem deutlichen Rotton wie ich. Auch meine grünen Augen waren den ihren ähnlich. Besonders auffallend aber war ihre durchsichtig blasse Haut.
Nicht zum ersten Mal fragte ich mich, warum meine Eltern so zurückhaltend mit Informationen über unsere Familie waren.
Einen Moment noch zögerte ich, dann ging ich los. Das Bauwerk glich in allen Einzelheiten der Abbildung in meinem Traum. Dieses Gebäude hatte ich nicht nur in meinem Traumbuch gesehen, sondern auch in dem verschwundenen Album.
War ich wirklich wach? Ich drehte mich noch einmal um. Das Haus meiner Eltern und die Straße waren verschwunden. Langsam ging ich weiter. Ich war nicht erstaunt über die Veränderungen um mich herum, aber ich war überrascht über das Fehlen jeglichen Erstaunens. Alles war neu und fremd und doch nicht unbekannt. Mir war, als ob ich hier schon einmal gewesen wäre in einem anderen Leben. Ich kannte diese Gegend nicht, aber es fühlte sich richtig an, hier zu sein. Ich konnte die Bewegung jedes einzelnen Blattes hören und den Wind, der über das Laub strich.
Ich spürte das kühle Gras unter meinen nackten Füßen, sah einen Fuchs mit eingezogener Rute davonlaufen. Ein roter Streifen nur.
Mit meinem scharfen Gehör konnte ich über weite Entfernungen Geräusche wahrnehmen. So fiel mir die Abwesenheit von Geräuschen eher auf als ihr Vorhandensein. Manchmal war diese lärmende Symphonie unerträglich.
Hier war es, abgesehen von der Musik des Windes in den Bäumen, still.
Ich näherte mich dem Schloss, sah die grauen Mauern und fand eine Pforte, die unverschlossen zum Eintreten einlud.

Ein dunkler Gang, am Ende Licht.
Ich ging auf das Licht zu. Die Halle, die ich betrat, kam mir bekannt vor und doch war ich hier noch nie gewesen.
Eine Stimme, warm und freundlich: »Wir haben lange auf dich gewartet.«
Ich konnte die Sprecherin nicht sehen, aber die Stimme transportierte warmes Grün. Eine Farbe, die ich liebte und die mir ein Gefühl von Geborgenheit vermittelte.
Vor dem Kamin, in dem ein Feuer brannte, das den gewaltigen Raum wärmte, drehte sich ein Sessel zu mir.
Ungewöhnlich, bei dieser Hitze noch ein Feuer zu machen.
»In diesen Räumen ist es immer kühl, die dicken Mauern lassen keine Wärme herein.«
Wieder dieses wunderschöne Grün, in das sich jetzt Silber mischte.
Silber tat mir weh, war spitz und scharf.
»Ich zeige dir dein Zimmer, komm mit.«
Der Sessel drehte sich wieder und entzog mir den Blick auf die Frau mit der grünen Stimme.
Ich wandte mich um.
Seine Haut war so durchsichtig, dass ich glaubte, das Pulsieren des Blutes in seinen Adern zu sehen. Seine Augen waren schwarz, zwei dunkle Punkte in einem unnatürlich bleichen Gesicht. Ein alter Mann mit schlohweißem Haar.
Wortlos lief ich hinter ihm her. Er führte mich die breite Treppe hinauf, die sich von der Halle aus nach oben wand, hinauf auf eine Galerie. Von hier konnte ich den ganzen Raum darunter überblicken.
Der Sessel vor dem Kamin war leer.
»Komm.«
Wieder dieses schmerzhafte Silber, das meine Haut ritzte, als ob jemand Rasierklingen ansetzte. Ich rieb mir die schmerzenden Arme und folgte ihm durch endlose Flure, bis er am Fuße einer schmalen eisernen Wendeltreppe so plötzlich haltmachte, dass ich fast in ihn hineingelaufen wäre.

»Dort oben.« Er zeigte mit erhobenem Finger in die Höhe und verschwand, noch bevor ich etwas sagen oder fragen konnte. Langsam stieg ich die Treppe hoch, bis ich direkt vor einer Tür stand.

Ich blieb lauschend davor stehen und bemühte mich zu verstehen, was weit weg, vielleicht in der Halle, gesprochen wurde.

»Du könntest freundlicher zu ihr sein.«

Dunkles Grün, ein wenig heller als vorhin, aber immer noch dunkel genug, um mich nicht zu verletzen.

»Warum sollte ich?« Silber.

Weich kam wieder das Grün mit einer Spur Türkis. »Weil wir etwas von ihr möchten.«

Was mochten sie von mir wollen? Die Stimmen waren verstummt, ich öffnete die Tür. Die Einrichtung überraschte mich. Kein »Four Poster Bed«, keine dunklen Kommoden oder Schränke, wie man sie im Turmzimmer eines Schlosses erwarten würde. Die Möbel waren mehr als modern, die Wände weiß gekalkt und das anschließende Badezimmer ließ keine Wünsche offen. Die Räume waren so hell, dass mir schwindlig wurde. Ich sah hinaus und stellte fest, dass der Himmel sich lichtete. Eine Stunde Schlaf wollte ich mir trotzdem gönnen. Bevor mein Kopf das Kissen berührte, war ich schon eingeschlafen.

Als ich die Augen öffnete, sah ich in ein blasses, schmales Gesicht. Nicht hübsch, aber freundlich. Das Mädchen stand vor meinem Bett und hielt mir mit beiden Händen eine Tasse Tee entgegen.

»Guten Morgen. Du hast einen Tag und eine Nacht geschlafen. Jetzt ist es bereits Mittag.«

Ich nahm den Tee und trank einen Schluck, bevor ich fragte.

»Wo bin ich hier?«

Erstaunt riss das Mädchen die Augen auf. »Das weißt du nicht?«

Gelb blitzte auf, nur ganz kurz hatte es die Worte des Mädchens begleitet. Aber es war da gewesen.

Furcht?

»Du wirst unten erwartet«, sagte das Mädchen und ging, statt meine Frage zu beantworten.

Was war hier los? Ich schlug das hauchdünne Laken zurück und trat an eines der Fenster. Weiden, Felder und Wälder, so weit das Auge reichte. Ich sah aus jedem Fenster des Turmes. Immer das gleiche Bild. Von meiner Stadt, meiner Straße, meinem Elternhaus, war nichts zu sehen.

Ich wusste nicht sofort, was die Landschaft, die ich vor mir sah, so anders machte.

Doch dann sprang es mir förmlich ins Auge. Jetzt hatte ich es eilig, das Zimmer zu verlassen.

Ich trug immer noch Hemd und Shorts. Im Badezimmer fand ich neben weichen Badetüchern einen Stapel frischer Wäsche. Außerdem hing an einem Haken der Tür ein langes, weißes Gewand.

Es saß wie angegossen. Die Sandalen, die auf den Fliesen standen, hatten exakt meine Schuhgröße. Ich konnte mir nicht erklären, warum ich hierher gegangen war.

Weg von zu Hause. Wegen eines Traumes?

Dass ich hier erwartet worden war, stand außer Zweifel. Passende Schuhe, Kleider wie für mich geschneidert.

Meine Füße waren nicht gerade zierlich. Sie passten zu meiner Körpergröße. Nicht jedes Mädchen würde diese Kleider tragen können. War es überhaupt meine eigene Entscheidung gewesen, oder war ich hierher gelockt worden?

Die Töne, die ich hörte, waren seltsam blass. Nur Gesprächsfetzen drangen an mein Ohr. Manchmal näher, dann wieder weiter entfernt, hörte ich ein Cembalo. Jeder Ton besaß ein Muster, verschiedene Formen, die sich wanden und ineinanderschoben. Dunkel und hell.

Ich schloss die Tür des Turmzimmers hinter mir und lief die Wendeltreppe hinunter.

Am Fuß der Treppe wurden die Stimmen lauter. Zu dem

Grün der Frauenstimme und dem schmerzhaften Silber gesellte sich noch eine Stimme. Ich drückte die Tür auf, hinter der ich die Stimmen hörte.

Hier erinnerte die Einrichtung mehr an die eines Schlosses als in meinem Schlafraum.

Vor einer Wand aus Glastüren, die den freien Blick hinaus in den Park davor zuließ, stand eine lange Tafel.

Daran saßen, an dem am weitesten von der Tür entfernen Ende, drei Personen.

»Setz dich, mein Kind.«

Die Frau, die ich ganz kurz vor dem Kamin in der Halle gesehen hatte, wies auf die andere Seite des Tisches. Die Entfernung würde einem Gespräch nicht gerade dienlich sein.

Silberstimme murmelte einen undeutlichen Gruß in eine unbestimmte Richtung.

Unwillkürlich rieb ich mir die Arme. Der Schmerz kam sofort, aber nicht mehr ganz so heftig wie in der Nacht meiner Ankunft. Ich ging in die angegebene Richtung und setzte mich dem Trio gegenüber.

In meinem Kopf läuteten sämtliche Alarmglocken, seit ich den Raum betreten hatte. Ich war sicher, dass er keine Farbe besaß, wenn er sprach.

»Ist sie das?« Die Frage, die er der Frau stellte, ohne mich zu beachten, bestätigte meine Annahme. Um ihn blieb es dunkel. Aber diese Dunkelheit war sanft und voller Melancholie. Und er war so schön, dass ich die Augen schließen musste. Bleich und schön.

Fast war mir das Silber in der Stimme des kleinen Mannes lieber. Ich ertrug lieber die Schmerzen als diese tiefe Traurigkeit.

Er sah mich nicht einmal an. War er der Cembalospieler?

»Auf dem Buffet steht alles, was du brauchst.« Wieder dieses angenehme Grün.

Die Frau stand auf und ich stellte fest, dass sie mindestens ebenso groß war wie ich selbst. Als sie zur Tür schritt, folgten ihr der Alte und der Mann ohne Farben.

Ich bemerkte, wie hungrig ich war.

Als ich später die Halle betrat, wurde ich nur von der Frau erwartet. Der Weißhaarige und der Mann mit der farblosen Stimme waren nicht zu sehen.

Jetzt aus der Nähe konnte ich das Alter der Frau besser einschätzen, sie war nicht mehr jung und sah mich aus hellen Augen an.

Ich war zunehmend irritiert. Seit ich hier war, hatte ich noch keine Farben gesehen außer denen, die in meinem Kopf erschienen, wenn ich Stimmen oder Töne hörte. Selbst das Feuer im Kamin loderte beinahe farblos. Der letzte Farbtupfer, an den ich mich erinnern konnte, war das Fell des flüchtenden Fuchses, kurz bevor ich dieses Schloss erreicht hatte.

»Was wollt ihr von mir?»

»Darüber werden wir zu gegebener Zeit sprechen.«

Ein leiser Schauer überlief mich. Die Stimme der Frau war heller geworden, das Grün kälter. Die Wärme war unmerklich daraus verschwunden.

Ich stand auf, trat an einen der hohen Fensterbögen und sah das Mädchen, das mir heute den Tee gebracht hatte, in der Ferne. Es lief schnell, so, als ob es vor etwas davonliefe. Ein gelber Hauch von Angst?

Die Landschaft, die sich vor mir ausbreitete, lag fahl, wie in Nebel gehüllt, da. Die Weiden waren nicht grün, die Felder nicht gelb, auch die Wälder ohne ... Farbe. Es fehlte die Farbe. Aber das war noch nicht alles.

Es gab keine Schatten.

Ich wandte mich um. Die Frau mit den hellen Augen war verschwunden.

Wieder sah ich aus dem Fenster. Es hatte sich nichts verändert, Bäume, Sträucher und die Stallgebäude, die ich von hier aus sehen konnte, warfen keine Schatten. Auch die bleichen Gestalten dort unten nicht. Sie wirkten wie Scherenschnitte aus weißem Papier. Hohe Figuren in weiße Gewänder gehüllt,

wie ich selbst. Alles schien zu schweben.
Cembaloklänge. Die lebhaften Töne zogen mich an. Sie erinnerten an kühles glitzerndes Quellwasser.
Das Cembalo lockte und erinnerte mich daran, dass ich wissen wollte, wer da spielte. Wenn der Spieler wirklich der Mann ohne Farbe war, wie konnte er solche Töne hervorbringen? Die Tür war nur halb geschlossen. Durch die Öffnung beobachtete ich ihn. Das Musikinstrument war zierlich und seine hünenhafte Gestalt verbarg es beinahe vollständig.
»Warum weinst du?« Die Frage kam leise und erschreckte mich. Ich hatte nicht bemerkt, dass ich weinte. Hastig wischte ich die Tränen weg, drehte mich um und floh den langen Gang hinunter, bis ich am Fuß der Wendeltreppe stand, die zu meinem Zimmer führte. Ich sah zurück. Ein einziger lautloser Sprung hatte ihm genügt. Er stand vor mir.
»Was willst du von mir?«
»Du weißt es.«
Langsam schoben sich schneeweiße Eckzähne aus seinem Mund.

Wenn Kakteen gelbe Blüten tragen

Renate Zawrel

Ein verwittertes Holzschild wurde von den dornigen Zweigen einer Heckenrose beinahe zur Gänze überwuchert. Die einst mit weißer Farbe aufgepinselten Worte ›Zu verkaufen‹ waren schon vergilbt und kaum mehr zu lesen.

Melodisches Zirpen dutzender Grillen erfüllte die Luft. Ab und zu konnte man Frösche im kleinen Weiher beobachten. Sie brachen fast olympische Rekorde, wenn sie in Hoch- oder Weitsprüngen von einem Seerosenblatt zum anderen hüpften. Inmitten dieser beschaulichen Idylle verbarg sich ein schlichtes Holzhaus. Es wirkte unscheinbar mit seinem baufälligen Dach und den altmodischen, grüngetünchten Fensterläden.

Ein Vogel unbestimmter Gattung hatte sein kunstvolles Nest unter die rostige Dachrinne gebaut und zwitscherte fröhlich einen Morgengruß in die eben erwachte Natur.

Keinen Blick für die Schönheiten dieses romantischen Plätzchens hatte jenes Pärchen, das sich über den naturbelassenen Waldweg quälte. Die Beiden wirkten in dieser Umgebung wie einer der Fehler aus einem Suchbildrätsel.

Völlig fehl am Platz waren die hochhackigen Schuhe der vornehm gekleideten Lady, die gar nicht damenhaft schimpfte. »Gregorius, du alter Kaktus …« Luise Montegrurlo bedachte ihren Gatten stets mit diesem wenig schmeichelhaften ›Kosewort‹, »… bist du sicher, dass du das Inserat des Maklers richtig gelesen hast? Hier ist doch nichts als Dschungel und Einöde. Kurz gesagt, der Arsch der Welt!« Sie erging sich in noch weiteren, unflätigen Ausdrücken, während ein weißhaariger Herr Schritt zu halten versuchte.

Mit seinem auffallend bunten Käppi, das ihn einer Comicfigur ähnlichsehen ließ, dackelte Gregor hinter seiner Gattin her. Die Umschreibung für die Art seines Fortbewegungsprozesses kam nicht von ungefähr. Gregors Beine waren et-

was zu kurz geraten und krumm, eben wie die eines Dackels. Außerdem war der gute Mann ziemlich kurzatmig und schnaufte hörbar, während er antwortete: »Luise, meine zarte Lilie … natürlich habe ich die Anzeige richtig gelesen. Außerdem …«
»Papperlapapp!« Luise unterbrach ihren Gatten. »Wer weiß, aus welcher Mülltonne du den Wisch gezogen hast. Nicht einmal meine Busenfreundin, Rosalia Vanderbuilt, die immer – wie du weißt – über alles am Immobilienmarkt Bescheid weiß, hat dieses Verkaufsangebot erspäht.«
Ehe Gregor noch über eine Antwort nachdenken konnte, schnappte die Quengelnde fluchend nach ihrem breitkrempigen, weißen Strohhut, den ihr ein herunterhängender Ast vom Kopf gestoßen hatte und meuterte weiter. »Es ist wirklich das Letzte, dass du mich hierher schleppst. Hier gibt es nicht einmal eine Cocktailbar!«
Das Zwitschern der Vögel war verstummt. Die Natur schwieg.
Nicht so jedoch Luise, die einen versuchten Einwurf ihres Gatten gar nicht erst zuließ und zischte: »Bevor du noch irgendetwas von heiler Natur und Waldidylle faselst, denk bitte darüber nach, wo um Himmels willen ich hier eine Bridgeparty veranstalten soll. In dieser Bruchbude etwa?«
Luise Montegrurlo zeigte mit abfälliger Geste zu dem alten Holzhaus, vor dessen Gartenzaun sie soeben angelangt waren.
Wie von Zauberhand öffnete sich die Haustür, aus dem Inneren drang leise Musik und der Geruch von frisch gebrühtem Kaffee zog aromatisch durch die Luft.
»Na wenigstens gibt es hier Kaffee, wie es scheint«, schnaufte die missmutige Lady.
Gentlemanlike öffnete Gregor die niedrige Gartentür und ließ seine Holde durchstolzieren.
Wie eine Diva ließ sich die Mittfünfzigerin in einen Lehnsessel auf der schmalen Veranda des Hauses fallen und schlug

ihre Beine elegant übereinander.

Gregor war bemüht, die schlechte Stimmung seiner Gattin wenigstens ansatzweise zu heben, und erkundigte sich höflich: »Falls die gute Frau, die uns ihr Haus verkaufen möchte, etwas anzubieten hat – was möchtest du gern trinken, mein Liebes?«

Schweißperlen tanzten auf der Stirn des rüstigen Sechzigjährigen. War es wirklich eine gute Idee gewesen, hierher zu kommen? Würde sein Plan aufgehen? Würde er endlich Frieden finden? Man erzählte, der nahe Weiher wäre schön anzusehen, doch verbarg er Gefahren, von denen nur Eingeweihte wussten. In diese Gedankengänge drang die unangenehm laute Stimme seiner Gemahlin.

»Eine Tasse Kaffee …«, Luise überlegte kurz, ehe sie hinzufügte: »… mit einem Schuss Cognac, ein Glas Wasser und bring auch gleich die Speisekarte mit.«

»Die wird es …« Gregor wollte erklären, dass es sich bei diesem Haus um ein Verkaufsobjekt, ein Privathaus, und nicht um eine Gaststätte handelte. Doch wie immer kam er nicht zu Wort.

»Nun geh endlich«, forderte die Lady ungeduldig. »Ich verdurste.« Theatralisch strich sie über ihre Stirn, als wäre sie einem Ohnmachtsanfall nahe.

Artig trottete Gregor ins Haus.

Währenddessen sah sich Luise um und grübelte, weshalb Gregor sie an diesen öden Ort gezerrt hatte. Dieses Objekt entsprach absolut nicht dem Stil, den sie sonst pflegten. Schließlich wollte der gesellschaftliche Status gewahrt bleiben, wenn man eine Immobilie erwarb. Was sollte man jedoch mit dieser baufälligen Ruine und dem Stückchen Wiese davor? Stimmt, da waren auch Büsche, Büsche und nochmal Büsche zu sehen. Wer vermochte so viel Grün zu ertragen? Diese Farbe wirkte nach ihrer Ansicht maximal in Form einer Kette aus glänzenden Smaragden stimulierend auf Menschen. Die Besucherin wider Willen kniff ein wenig die Augen zusammen, weil Sonnenstrahlen durch die Äste der Bäume brachen und sie blendeten. Oder war es der Anblick der skurrilen Blumentöpfe, die sich auf einem stufenförmig angelegten Holzregal aneinanderreihten?

Die Behältnisse waren bleich und erinnerten in ihrem Aussehen an Totenköpfe: Je zwei schwarze Augenhöhlen, ein Loch in der Mitte und eine Öffnung, die einem zahnlosen Mund glich. Nie zuvor waren Luise solch makabre Pflanzgefäße untergekommen. Dennoch – Kakteen unterschiedlicher Größe wuchsen darin. Einige dieser Sukkulenten trugen gelbe Blüten, die Farbpalette reichte von blassem Hellgelb bis zu einem dunklen, dotterfarbigen Ton.

Gregor kehrte zurück und balancierte ein Tablett mit den Dingen, die seine Frau gefordert hatte.

»Na endlich«, fauchte die Xanthippe. »Hast wohl mit einer jungen Schankgehilfin geflirtet und mich vergessen.«

Wortlos stellte der Weißhaarige die Kaffeetasse und die Gläser, eines mit Cognac, das andere mit Wasser, auf den Tisch. Für sich selbst hatte er bloß eine Plastikflasche mit Mineralwasser mitgebracht.

Diese ›junge Schankgehilfin‹ lugte aus dem Fenster und jagte Luise einen gehörigen Schrecken ein. Das war absolut kein begehrenswertes Mädchen oder eine junge Frau, die eben ihre Nase an der Fensterscheibe platt drückte.

»Diese, diese …« Luise fächelte sich mit der Hand Luft zu, »… hässliche Alte hat den Kaffee zubereitet? Hoffentlich hat sie nicht in die Tasse gespuckt, oder Schlimmeres.« Mit spitzen Fingern hob die ›Dame von Welt‹ die Porzellantasse mit dem sichtbaren Sprung an der Seite zu den grellrot geschminkten Lippen.

Gregor hatte sich mittlerweile gesetzt und lehnte sich abwartend zurück. Er ahnte, was in Kürze folgen würde.

»Gregorius!« Es war ein Aufschrei, als würde jemand zu Tode gefoltert.

Nun, vielleicht war der Gedanke gar nicht so abwegig. Gre-

gor schaute auf und lauschte der nächsten Wortattacke seiner Gemahlin.
»Ohne Cognac wäre dieses schwarze Gesöff überhaupt nicht trinkbar! Und, damit du es gleich weißt …!« Die kurze Pause war wohltuend und gleichzeitig auch wieder die Ruhe vor dem Sturm. »Diese aberwitzige Idee, dass wir diese Kaschemme kaufen, kannst du vergessen. Ich trinke noch aus, schließlich will ich die Alte nicht beleidigen, und dann will ich nach Hause.« Ihre Pläne, die sie bereits für den Nachmittag schmiedete, rauschten wie das Getöse eines Wasserfalls an dem Mann vorüber. Er horchte erst wieder auf, als seine Frau im Befehlston sprach: »Geh´ und hol unseren Wagen so nah wie möglich hierher. Ich möchte nicht noch einmal durch den Matsch waten.«
»Wie du wünschst«, erwiderte Gregor und ersparte sich die Rechtfertigung, dass sie über moosigen Boden und nicht durch einen Sumpf gewandert waren. Wie eine Marionette erhob sich der geplagte Ehemann. Ganz nach den Gepflogenheiten der ›alten Schule‹ verneigte er sich kurz und seine Stimme klang belegt, als er raunte: »Leb wohl, meine Lilie!«
»Spinner!«, rügte Luise. »Sooo lange bist du jetzt dann auch nicht weg, du dummer Kaktus.« Mit der linken Hand machte sie eine unmissverständliche Geste, die signalisierte, dass Gregor ›entlassen‹ war. Mit der rechten kippte sie den braungoldenen Cognac in das schwarze Bohnengetränk.
Gregor wandte sich zum Gehen und sah aus den Augenwinkeln, wie seine Gemahlin einen Schluck von diesem ›Café corretto‹ machte und ihre Augen erfreut aufleuchteten.
Nun, jedenfalls würde sie mit Genuss … Ein verhaltenes Grinsen huschte über das Gesicht des Weißhaarigen, als er noch eine Verbeugung andeutete und sich auf den Weg machte.

Beinahe beschwingt war Gregors Schritt, als er der Sichtweite Luises entschwunden war. Leises, melodisches Pfeifen kam

über seine Lippen. Rasch nahm er das bunte Käppchen von seinem Kopf und hängte es an den nächstbesten Ast, den er auf seinem Weg entlang des Waldweges entdeckte.
Er würde es nicht mehr brauchen und schon bald die Kleidung tragen können, die seinem Charakter mehr entsprach: Wanderschuhe und bequeme Freizeitkleidung. Nie mehr geplättete Haare und verrückte Outfits, die ihn optisch verjüngen sollten.
Was hatte die Alte im Haus gesagt? Er solle erst in einem Jahr wiederkommen. Dann wäre es soweit. Gut, dann würde ihn sein nächster Weg jetzt gleich auf die Polizeiwache führen, um das mysteriöse Verschwinden seiner ach so geliebten Gattin zu melden.
Der unheimliche Weiher hatte wieder zugeschlagen und ein Opfer gefordert. Ja, so würde es in den Gazetten stehen.
Was seiner Frau durch die Hexe widerfahren würde, interessierte Gregor nicht. Diese gruselige Alte wollte sich um alles kümmern. Geld genug hatte sie schließlich bekommen.
Eilig schritt der Witwer in spe aus und übersah dabei eine Wurzel, die unter dem herabgefallenen Laub versteckt gewesen war. Gregor stolperte und ruderte mit den Armen. Seine Hände griffen, auf der Suche nach Halt, ins Leere. Sein Puls raste und vor seinen Augen verschwamm die Umgebung zu bunten Nebelschwaden.

~

Daily News: Millionenschwerer Unternehmer nächstes Opfer des tückischen Weihers. Die Witwe kämpft schwer mit dem unersetzlichen Verlust. Als Hommage an ihren geliebten Gatten wird sie die kleine Kate im Seaforest, unweit der Stelle, an der ihr Gatte verschollen ist, erwerben. Lord Montegrurlo hatte dieses Kleinod inmitten des Waldes als ein romantisches Rückzugsdomizil für sie beide gedacht.

~

Ein Jahr später

Gebückt schlurfte eine grauhaarige Alte mit zerzausten Haaren durch den Garten. In ihrer Hand eine metallene Gießkanne.
Von der Veranda des noch immer baufälligen Holzhauses schallte eine unangenehme Frauenstimme, die von Luise Montegrurlo: »Dass du auch ordentlich gießt. Besonders den Kaktus! Hörst du?« Die aufgedonnerte Lady betrachtete angelegentlich ihre manikürten Fingernägel.
Hatte Gregor damals wirklich geglaubt, er könne sie übertölpeln und sich ihrer auf so schamlose Weise entledigen? Falsch gedacht. Geld hatte Luise schließlich auch – und die Alte war käuflich gewesen.
»Ja, ja«, zischte die Greisin und zupfte ein verdorrtes Ahornblatt von den Stacheln eines noch jungen Kaktus´. Es war die neueste Pflanze in einem so eigenwilligen Pflanzgefäß, das noch wesentlich heller und nicht so ausgebleicht war, wie die anderen. Höchstens ein Jahr alt.
Während die Alte mit dem Bewässern fortfuhr, rückte sie die schädelförmigen Töpfe in der unteren Reihe zusammen und murmelte: »Hier ist der richtige Platz für einen Kaktus, der liliengleiche Blüten tragen wird.«
Ein lautes Aufstöhnen veranlasste die Alte, sich umzudrehen. Mit einem hämischen Grinsen beobachtete sie, wie Luise, nach Luft ringend, in ihrem Sessel zusammensank.

Gelbe Bilder aus Passion

Marlies Hanelt

»Rooooobert, kannst du mir mal bitte beim Abwasch helfen?« Marie zieht seinen Namen extra in die Länge, um ihren Unmut auszudrücken. Weiß, dass sie auf ihre völlig irrwitzige Frage von ihrem Ehegespunst keine Antwort erhalten wird und versucht, sich auf andere subtile Weise deutlich kundzutun. Klappert mit dem Geschirr wie eine wildgewordene Furie und lässt schon einmal einige Teller, nebst Besteck, krachend und wutentbrannt zu Boden sausen. »Verflucht, das sollte er jetzt hören. Wenn nicht, komme ich mit dem Wischmopp und vermöbel ihm das Hinterteil, bis es grün, blau und gelb wird!« Das Ganze nimmt noch groteskere Formen an, als Robert spontan aus seinem Atelier kommt und in der Küche erscheint.

»Schatzilein, kannst du mir eine Kanne Kaffee kochen? Weißt doch, ich male im Moment ein besonderes Bild für einen ehrenwerten, gut bezahlenden Kunden. Der will es in drei Tagen von mir geliefert bekommen. Bin schon Tag und Nacht auf, um ihn zeitlich und wunschgemäß bedienen zu können. Die Aufträge laufen im Moment sensationell und versprechen uns dieses Jahr einen erholsamen Urlaub in der Karibik«. Robert schaut Marie mit müden Augen ins Gesicht und hofft, sich klar und unmissverständlich ausgedrückt zu haben.

Sie steht einfach nur da und möchte eigentlich gleich dorthin, wo permanent die Sonne scheint und es gelbe, endlose Strände gibt, auf denen sich Beaus lasziv räkeln. Eigentlich sollte ihr nach der Eheschließung mit Robert klar gewesen sein, dass sie mit dem Haushalt auf sich selbst gestellt ist. Aber so krass ließ sich dieser immerwährende Umstand nicht tagtäglich verdauen. Hat schon mit Scheidung gedroht, wenn das so weiter geht. Robert reagiert jedes Mal mit einer verächtlichen Bemerkung und winkt ab.

»Lass gut sein, Marie. Wie oft du mir das schon vorgejammert hast, zeugt davon, dass es dir nicht wirklich ernst ist, oder? Vorschlag von mir, ich nehme meine gesamten Malutensilien im Koffer mit, greife die Staffelei und begebe mich ins geile Maisfeld. Im Moment stehen sie kerzengerade, sind ausgewachsen und bieten mir Schutz vor weiteren missgünstigen Augenpaaren«. Marie antwortet nicht, sondern steht einfach nur konsterniert da. Im Grunde weiß sie, dass er Recht hat. So ist es gut. Ist es das wirklich?
»Ach ja, etwas Kaffee in der Thermoskanne und belegte Brötchen sind doch möglich, oder nicht? Ist für dich eine Kleinigkeit«. Mit einer gewissen diebischen Mimik im Gesicht trabt Robert zurück in sein Atelier. Packt die Malhabseligkeiten zusammen und macht sich, nicht ohne vorab Marie liebevoll und zärtlich einen gehauchten Kuss von der Hand zu pusten, auf den kurzen Weg ins goldgelb blühende Maisfeld. Ihrer beider, vor einiger Zeit neu erworbene Holzhaus im viktorianischen Baustil, wird von diesen in der jetzigen heißen Sommerszeit gelb leuchtenden Maisfeldern fast völlig umgeben. Umsäumend, es vereinnahmend, wie ein Märchenschloss und lassen es fast gruselig wirken. Nur ein einziger mit Kieselsteinen ausgelegter Gehweg führt zur Hauptstraße, von wo aus man die nächstgelegene Kleinstadt erreicht.
Abseits gelegen führen die beiden ein einsames, ja fast schon ödes, Dasein, damit Robert die nötige Stille für seine Malerei hat. Innerlich verkümmert Marie. Nie kommen Freunde oder Verwandte zu Besuch, denn sie wohnen weit weg und wollen im Grunde auch nur ihre Ruhe haben. Robert ist sowohl etwas seltsam als auch gewöhnungsbedürftig geworden. Darum haben sie sich völlig von ihnen abgenabelt. Sehr oft weint Marie bittere Tränen der Einsamkeit in ihrem stillen Kämmerlein und wird von Robert nicht wirklich verstanden. Was ist nur los mit ihm? Hat er sich doch dermaßen verändert, dass sie glaubt, einen anderen Mann vor sich zu haben. Der einstmals verständnisvolle Robert wirkt sehr oft abwesend

und verschlossen. Lässt Marie nicht ansatzweise an sich heran. Ist er von der Malerei derart besessen, dass es absolut keinen Zugang mehr zu ihm gibt?
Erbarmungslos brennt die Sonne vom Firmament und treibt Robert regelrecht die Schweißperlen aus den Poren. Sie rinnen wie klare, salzige Tränen den gesamten Körper hinunter und durchtränken die gelben Shorts und das in passender Farbe mit bunten Pinselflecken verschmutzte T-Shirt. Der mit dünnem Wurzelholz übersäte sandige Boden erschwert die Situation zusätzlich, und Roberts Beine drohen zu versagen. Er wirkt abgeschlafft und gleichzeitig angespannt. So, als würde sein Körper wissen, was ihm bevorsteht. In Ahnung dessen beginnt dieser, heftig zu zittern. Robert stellt die Utensilien nebst Staffelei ab und legt sich auf den wurzeligen Boden, der trotz dieser Hitze angenehm kühl wirkt. Streckt und räkelt den ausgelaugten Körper. Legt beide Arme unter sein Haupt und blickt zur gleißenden Sonne empor. Ruhe strömt durch ihn hindurch.
Ringsherum nur Stille, die etwas Böses anzukündigen scheint. Ein Schrei oder gar eine geifernde schrille Stimme, die sich bis ins Mark bohren möchte. Nichts geschieht. Also Entspannung im gelben Maisfeld pur? Robert erhebt sich langsam und baut alles auf. Das vorab mit speziellem Leim getränkte Leinentuch ist schon auf den Holzrahmen gespannt und wartet sehnsüchtig auf des Künstlers talentierte meisterliche Hand, um ein besonderes Bild entstehen zu lassen. Ein gelbes Maisfeld soll es diesmal sein. Dazu stahlblauer Himmel, von dem die Sonne hemmungslos hernieder knallt und alles fast verdorren lässt. Nur der Sandweg mit dem Wurzelgeflecht bleibt angenehm kühl und wirkt nahezu gegensätzlich grotesk. Gegensätze ziehen sich an, so sagt man.
Robert drückt die Tube mit der Acrylfarbe Gelb auf der Palette aus. Steckt seinen Daumen durch das Palettenloch und tunkt den Borstenpinsel in den gelben Farbklecks. Rührt darin herum wie in einem Kochtopf und schaut gen Maisfeld.

In einigen Metern Entfernung steht diese widerwärtige, große Vogelscheuche stocksteif da und überragt es um mindestens eine Kopflänge. Mit einem gelben ausgefransten Strohhut darauf und schwarzen Kohlenaugen, deren düsterer Blick Robert ständig zu fokussieren scheint. Nur eine Puppe, die der Abschreckung dient?
Robert hat für sich eine Maltechnik wiederentdeckt, die der des Künstlers Van Gogh nicht unähnlich ist. Pastelltöne mit überwiegenden Gelbnuancen. Kein fließender Stil, sondern sowohl neben- als auch untereinander aufgesetzte Tupfer. So, als würde man Kacheln dahinter vermuten. Seit er denken kann, hat ihn Van Gogh förmlich mit dieser Kunst in den Bann gezogen. Daraus entwickelte er seinen kreativen eigenen Malstil, in überwiegend gelblichen Nuancen, der zu einer Leidenschaft und Passion geworden ist. Robert malt mit einer Wonne und Überzeugung ausschließlich gelbe Motive, die ihn fast zur Ekstase bringen und in eine andere Malwelt schleudern. Sein gesamter Körper empfindet dann das illustere und wonnige Spiel einer Achterbahnfahrt als psychische Erlösung, bei der es extrem hoch ansteigt, dann langsam Gleichmaß eintritt, um im Nachhinein in die tiefen Abgründe zu stürzen. Ständiger Wechsel im Bad der Gefühle lässt sein Inneres wohlig kribbeln und ihn in andere Sphären gleiten. Natürlich sind diese Gelb. Was auch sonst? Denn für Robert ist die Welt nun einmal völlig von gelber Farbe besudelt.
Der Moment des einträchtigen Gefühls, mit der Natur im Einklang zu sein, weicht einem abscheulichen und filmisch total unlogischen Spektakel der besonderen Art. Robert setzt die ersten gelben Tupfer auf die Leinwand. Blickt abwechselnd zum Maisfeld und dann wieder auf das langsam entstehende Muster. Nimmt diese abstruse Vogelscheuche nicht wirklich wahr. Völlig versunken in sein Reich der gelben Kunst beginnt sich die Strohpuppe zu bewegen. Ihr Hut schwankt dabei Hin und Her und bietet den Eindruck menschlicher Lebendigkeit. Wippt regelrecht auf den Kuppen

der Maiskolben Hin und Her. Schrittweise stakt sie wackelig durch das Feld und kommt immer näher auf Robert zu. Drückt mit scheinbar nicht vorhandenen Armen die Maishalme beiseite. Das monotone Schlagen einer Machete durchdringt die über alles liegende Stille und kündigt das nahende Sterben an. Denn nur der Tod bringt alles wieder ins Lot. Robert malt indessen intensiv weiter und ahnt nichts vom schleichenden Sensenmann, der diesmal in Gestalt einer Strohpuppe daher kommt, um ihn in das gelbe Reich mitzunehmen.
Plötzlich, so als würde sich diese Vogelscheuche auf psychokinetische Weise in sein Gehirn einloggen, unterbricht Robert abrupt die passionierte Tätigkeit und stutzt. Wie von selbst malt der schon etwas abgewetzte Borstenpinsel die Mimik dieser Strohpuppe, obwohl Robert diese vorher noch nie gesehen hat. Mit jeder Bewegung scheint, wie von Geisterhand geführt, das nahende tödliche Unheil seiner Vollendung entgegenzugehen. Immer heftiger und hektischer werden die Pinselstriche, als die Mörderpuppe aus gelbem Stroh vor ihm steht. Holt mit der Machete aus und trennt Roberts Kopf vom schweißdurchtränkten Körper, der hierauf zu Fall kommt und auf das kühle, knorrige Wurzelgeflecht prallt.
Es dauert nur einen kurzweiligen Moment, bis sich dieses teilt und den Schlund für die dunkle teuflische Höllenfahrt besonderer Art öffnet. Schlingt Robert samt Staffelei in sich hinein und gibt ihn nie wieder frei. Hernach schließt es ihren satanischen kühlen Mund und lässt Robert in die andere Welt schweben, die voller gelber Motive ist. Das Bild ist gemalt und vollendet. Auf ihm die mörderische grinsende, gelbe Strohpuppe. Immer noch liegt das Maisfeld, von der Gluthitze überflutet, einfach nur da. Die Vogelscheuche ist nicht mehr dort, denn sie ist niemals hier gewesen. Robert wird fürderhin in diesem unendlichen gelben Reich malen und an der teuflischen Örtlichkeit seiner Passion nachgehen. Frönt dem, was ihn doch so leidenschaftlich beseelt. Indessen war-

tet Marie auf ihren andersartig gewordenen Robert, den ihr ein Wink des Schicksals genommen hat und sie von ihm auf dubiose gelbe Weise befreite. Marie wird sich für ihr restliches Leben zu anderen Ufern aufmachen und es neu gestalten müssen. Ohne Robert, der für immer und ewig in der Unendlichkeit, gelb getünchte Bilder kreiert.

Nachwort der Autorin – Die Quintessenz

Kein Hobby der Welt, und sind wir noch so davon beherrscht und vereinnahmt, bedingt ein permanentes Abwenden von Familie und liebgewordenen Freunden. Denn sie sind uns in jedweder Lebenssituation wohlgesonnen. Stehen vorbehaltlos an unserer Seite und stärken uns den Rücken. Auch, und gerade dann, wenn es Probleme negativer Art gibt.

Der gelbe Stern
CF Lucas

Als sich Salomon Rubin die Schrotflinte in seinen Mund steckte musste er lächeln. Der Herbst hatte die Blätter an den Bäumen gegenüber der großen Fensterfront seines Arbeitszimmers gelb gefärbt. Gelb. Ausgerechnet gelb. Aber vielleicht schloss sich hier und heute der Kreis genau deshalb. Gelb hatte ihn Zeit seines Lebens begleitet. Warum wusste er nicht wirklich aber sein Entschluss sich selbst zu töten hatte dadurch nur noch einen weiteren Pfeiler der Bestätigung bekommen. Die Nazis hatten ihn nicht geschafft, auch nicht mit dem Mord an seiner Familie. Auch hatte ihn das Musikbusiness nicht geschafft, genauso wenig wie seine drei Ehefrauen. Als er vor gut zwei Jahren bei seinem alten Kumpel Ronald saß und dieser ihm nach der Diagnose erklärte, dass man mit einem künstlichen Darmausgang locker über hundert werden kann wusste er, dass ihn auch der Scheißkrebs nicht schaffen würde. Hatte er auch nicht. Aber Alzheimer würde ihn dann doch klein kriegen. Schleichend. Und von dem Tag an als Ron ihm sagte, dass er vielleicht noch 6 Monate und maximal 2 Jahre bei klarem Verstand hätte und er dann ganz langsam kaum wahrnehmbar in eine Art vegetativen Zustand verfallen könnte, hatte er seine doch recht große Familie zusammen getrommelt.

Ein ereignisreiches Leben lag hinter ihm. Er war als Sohn einer jüdischen Familie Anfang der dreißiger Jahre geboren, hatte dort aber nur die ersten Wochen seines Lebens verbracht. Aufgrund der außergewöhnlichen Fähigkeiten seiner Mutter waren sie viel umher gereist.
Durch ganz Europa. Rom, London, Berlin, Wien. Und sogar nach Amerika wurden sie eingeladen. Sie sang überall dort, wo ein stimmliches Genie angesagt war. Sein Vater war halb

Österreicher halb Pole, wobei ihm die polnische Hälfte ebenfalls jüdisches Blut gespendet hatte. Er war ihre Muse; ein kleiner, erfolgloser aber auf der anderen Seite ein so hingebungsvoller, leidenschaftlicher Poet, der sie zu Höchstleistungen inspirierte. Opern waren ihr Gabe, ihre Leidenschaft, ihre Liebe. Ihre Anmut, ihre Schönheit, ihre Wahrhaftigkeit hingegen sollten ihr Untergang werden und letztendlich seine ganz persönliche Rettung.
Sie pendelte ab 1934 zwischen Mailand und Wien und entschied das Wien für ihre beiden Söhne der geeignetste Ort war um sorglos aufzuwachsen. Wien, die Stadt der Schöngeister. Antisemitismus war ihr nicht fremd. Den hatte sie ertragen, erst in ihrer Geburtsstadt Kiew, dann in Österreich, in Italien und eigentlich überall dort, wo sie aufgetreten war. Einen Künstlernamen hatte sie abgelehnt. Sie war stolz auf ihre Herkunft, ihr Erbe. Sie spielte auch noch nach 1933 als Gast in Berlin und Bayreuth und hätte niemals gedacht, dass ihr das Schicksal jener anderen Juden widerfahren könnte.
Familie war ihr wichtig, deshalb hatte sie diese überall mit hingenommen, samt ihres Vaters, der sie einst das Musizieren gelehrt hatte, aber nun die Zeit meistens mit Wodka und anderen Spirituosen verbrachte. Aber er war so ein wundervoller Erzieher und sie hatte ihre Söhne gerne in seiner Obhut gewusst. Vielleicht hätte sie sie damals schon in London oder New York in Sicherheit bringen können. Aber ohne ihre Familie fühlte sie sich wie ein Nichts und von daher brachte sie sie in eine für sie nicht wahrnehmbare Gefahr. Dass die Nazis, als sie 1938 freudig in Österreich empfangen wurden ihre Rassenpolitik auf alle eroberten Gebiete ausdehnen könnten und auch vor Künstlern, Wissenschaftlern, Kindern keinen Halt machen würden, das war für sie, die großartigste Sopranistin ihrer Zeit ausgeschlossen.

Salomon interessierte sich ganz wie die Eltern nur für Kunst. Sein heiß geliebter Großvater hatte auch ihm das Musizieren beigebracht. Mundharmonika, Querflöte, Geige, Klavier und das schon im zarten Kindesalter. Vom Vater hatte er praktischer Weise dazu eine gewisse melancholische Art der Poesie geerbt, die ihn über den Durchschnitt dazu befähigte Gedichte und Liedtexte zu verfassen. So kam es, dass Salomon in den 60ern und 70ern zu einem wichtigen, erfolgreichen und geschätztem Produzent der aufkommenden Musikszene wurde und das Leben im Showbusiness in vollen Zügen genoss. Sex, Drugs, Rock n´Roll. Das volle Programm. Er nannte seine Firma Golden Harvest Entertainment, unbewusst und weil ihm kein besserer Name einfiel und weil er eine ihm selbst unerklärliche Affinität zu gelb hatte. Aber irgendwie war gelb ihm zu trivial. Gold war ihm gerade gut genug und überhaupt wollte er der beste sein in dem was er tat. Er zog mit den Beatles und den Stones um die Häuser, machte den Madison Square Garden zu dem Konzerttempel, der er heute noch ist und nach der zweiten Ehe, die wie die erste an den zahllosen Affären, die das Lotterleben so mit sich brachte scheiterte und er mit der aufkommenden Popmusik der 80er Jahre eh nicht viel anfangen konnte, zog er sich aus dem aktiven Geschäft zurück,. Er verkaufte seine Plattenfirma und widmete sich nun Aktiengeschäften und seiner zweiten großen Leidenschaft, dem Sammeln zeitgenössischer Kunst. Er heiratete zum dritten mal, die bezaubernde Anastasia, wie er, ukrainischer Abstammung und bereits in der vierten Generation in den Vereinigten Staaten. Sie war eine zweitklassige Sängerin und er hatte sie irgendwann unter all den anderen für sich ausgesucht, weil sie so eine hübsche Nase und funkelnde Augen hatte. Als erstklassige Ehefrau und Mutter hatte sie ihm vier Kinder geschenkt und ihm auch für die drei Kinder aus den anderen beiden Beziehungen endlich eine eigene Familie errichtet, auf die er stolz war, die er liebte und pflegte und für die er alles getan hatte. Die Ehe hielt nur sechzehn Jahre und wieder wurde er verlassen, wie von seinen Eltern, seinem Bruder, seinen ersten beiden Frauen.

Bauchspeicheldrüsenkrebs, der die Leber mit Metastasen torpedierte und schließlich zu deren Versagen führte. Den Anblick der treuen, hilflosen und dennoch Mut spendenden gelb unterlaufenden Augen würde er niemals vergessen. Es dauerte qualvolle sieben Monate und es gab keine Aussicht auf Heilung.
Seine beiden Töchter aus der ersten Ehe und sein Sohn aus der zweiten, allesamt erwachsen, waren noch enger zu ihm gerückt und hatten sich in der Zeit in der er Frust und Zorn und Trauer im Alkohol ertränkte rührend um ihn und ihre Halbgeschwister gekümmert. Der Kampf gegen sein Elend dauerte drei lange Jahre aber auch hier verhalf ihm sein Credo von Weiter-Weiter-Weiter-Immer-Weiter letztendlich zum Sieg über den Schmerz und mit Hannah hatte er sich schließlich eine dreißig Jahre jüngere Frau an seine Seite genommen, nicht weil er ein alter Lustmolch war, sondern weil er nie wieder dieses Gefühl einer Trennung erleben wollte, wie er es schon so oft zuvor hatte erleiden müssen. Das sie nach ihm sterben würde, davon war er überzeugt. Auch sie war ein Teil der Familie geworden, anerkannt und akzeptiert und niemals als Erbschleicherin behandelt. Schließlich war sie sein Licht am Ende des langen kalten Tunnels gewesen.

Er hatte sie in sein Haus auf den Bahamas eingeladen, das nicht nur zufälliger Weise am Golden Rock Beach lag und insgesamt waren sie an die vierzig Personen. Sie hatten gegrillt, gelacht, gesungen und getanzt und er war stolz auf seine Familie. Sie waren nicht nur mehr Juden unter sich, sondern es gab eine Mexikanerin, einen Schwarzen, ja sogar einen Deutschen in ihren Reihen und er hatte sich selten so wohl gefühlt wie an dem Tag als er sich die Kapitänsmütze aufsetzte mit den männlichen Mitgliedern seines Clans in See stach, um fischen zu gehen, während die zurückgebliebenen Damen alles für eine abendliche Party vorbereiteten.
Er hatte sich Rum gegönnt, vielleicht den einen oder anderen

zu viel und er saß in seinem Stuhl und blickte über ausgelassen redende, feiernde, tanzende Menschen als sein Liebling zu ihm trat.

Genauso wie er Großvater Samuels Liebling war, war Payton der seine. 6 Jahre alt, Zahnlücke. Zur Bändigung ihrer goldlockigen Mähne trug sie einen Pferdeschwanz. Wenn sie zu ihm trat mit ihren katzenartigen Wangenknochen und den tiefen blauen Augen und ihn aus diesen anstrahlte war es um ihn geschehen. Er schmolz einfach dahin. Groß war sie für ihr Alter und in seinen Augen viel zu dürr, aber ein Lächeln aus ihrem zarten Gesicht und es war um ihn geschehen. Sie malte ihm Bilder oder sang für ihn, manchmal tanzte sie ein wenig Ballett. Heute hatte sie ein Bild für ihn gemalt, von sich selbst und einem gelben Pferd.

„Das wollte ich dir schenken Opa. Damit du nicht alleine bist, da wo du hingehst. Das sind Goldstar und ich." Einer seiner Söhne war in die Pferdezucht eingestiegen und züchtete prachtvolle Rennpferde, Goldstar war der neue Sieger im Stall, ein junger, starker, extrem schneller Hengst, in guter alter Familientradition natürlich mit dem passenden Namen versehen.

„Wohin gehe ich denn?" fragte er sie ahnungslos und glotzte obendrein ein wenig verständnislos. Er klopfte auf seine Oberschenkel und deutete ihr damit, sich auf seinen Schoß zu setzen.

„Daddy meinte zu Mama, du würdest wohl bald von uns gehen, wenn du uns alle so festlich einlädst."

Er liebte die ungeschminkte Wahrheit mit denen Kinder die Dinge beim Namen nannten.

„So. Hat er das?" Er legte seine Zigarre beiseite, damit das Kind nicht unter dem beißenden Qualm zu leiden hatte.

„Ich gehe nirgendwo hin. Aber ich habe eine kleine Raupe in meinem Kopf, die sich durch mein Gehirn frisst und mir meine Erinnerungen klaut. Bald habe ich vergessen wo ich wohne, bald wie ich heiße und vielleicht auch wie du heißt."

„Oh." Payton blickte ihn bestürzt an.
„Aber ich heiße doch Payton, das weißt du doch!" sagte sie ungläubig und meinte wohl, dass ihr Großvater scherzte. Und dann legte sie in Inbrunst der völligen Überzeugung nach.
„Das vergisst du schon nicht." Sie nickte sich selber Mut zu und drückte ihn dann ganz fest an sich.
„Aber ich bin froh, dass du nicht weggehst Opa. Ich habe dich so lieb." Sie küsste ihn auf die Wange und er verlor ein Tränchen.
„Ich habe letztens einen Schatz vergraben, zusammen mit Anne. Du weißt ja Anne, meine Freundin. Damit wir immer wissen wo wir ihn vergraben haben, haben wir uns eine Karte gemalt Opa. Du musst dir einfach eine Karte malen, dann kannst du alles vergessen und du weißt trotzdem immer wo alles ist!" So einfach war des Rätsels Lösung und noch während Payton ihren Vorschlag unterbreitete fiel es Salomon auf einmal wie Schuppen von den Augen.
Sein Schatz! Diese gelbe kleine Kiste, die er damals versteckt hatte, weil ihn niemals die Menschen bekommen sollten, die ihm sonst schon alles genommen hatten. Jedenfalls hatte er das so wahr genommen. Das war 1944 und heute, mehr als 70 Jahre danach erinnerte er sich plötzlich.

Er war damals von Wien über London nach New York gekommen. Ausgerechnet ein SS-Gruppenführer hatte ihn aus dem Elend befreit, aus den Fängen der Gestapo und ihn zu seinem einzigen lebenden Verwandten in die USA verschicken können. Keine 10 Jahre alt war er damals. Warum auch immer hatte er eine kleine Kiste bei sich, die er damals feierlich im Garten seines Verwandten in Manhattan vergraben hatte. Nur daran erinnerte er sich jetzt. Was in der Kiste war hatte er vergessen. Da ihm das Haus in der Upper East Side jedoch immer noch gehörte - er hatte es damals aus Sentimentalität behalten und gut vermietet – beschloss er jenen Schatz zu bergen. Bevor es zu spät war, bevor ihm auch eine

Karte nicht mehr helfen würde damit umzugehen wer er eigentlich war. Die ganze Familie musste mit ihm reisen und ihn begleiten und die Bewohner staunten nicht schlecht als annähernd vierzig Personen in ihrem kleinen Garten einem alten, gebrechlichen Mann dabei zusahen, wie er höchstselbst den Spaten in den feuchten Herbstboden trieb und nach einiger Zeit zitternd eine kleine Kiste barg.

Gehetzt war er gewesen. Zeit seines Lebens. Immer wollte er der beste sein, immer der schnellste, der erfolgreichste. Hits hatte er geschrieben, Börsengänge erfolgreich begleitet, aus Nieten Gewinner gemacht, ein Milliardenvermögen und weltweites Ansehen errungen. Und dennoch. Niemals war er zufrieden mit sich selbst gewesen. Er konnte nicht aufhören sich selbst zu fordern, zu Höchstleistungen anzutreiben, weiter, weiter, weiter, immer weiter. Woher das kam? Seine Ärzte – und davon hatte er viele verschlissen über die Jahre – hatten ihm immer wieder geraten sich seiner Kindheit zu erinnern, vielleicht Hypnose bei sich anwenden zu lassen um zu verstehen warum er so hart, so unerbittlich streng zu sich selbst und nur sanft zu anderen sein konnte. Er hatte sie als Scharlatane abgestraft und seine Kindheit blieb weiter vergraben, wie eben diese kleine gelbe Kiste. Jetzt, da diese kleine Kiste vor ihm stand und die Tränen aus seinen Augen rollten, entluden sich Jahrzehnte verdrängter Schmerz, vergrabenes Leid, erlittenes Unrecht in einem Beben, das erst unerträglich an seinen Gliedern zerrte, seinen Körper hin und her warf und ihn fast zum Bersten trieb doch mit zunehmender Dauer befreiend und beruhigend wirkte. Wie ein Gewitter, das sich langsam aufbaut, zum Höhepunkt kommt und sich mit Blitz und Donner und tosendem Regen über hilflosen, Schutzsuchenden Kreaturen entlädt, die Luft reinigt, um dann in einen sanften Regen überzugehen, und letztendlich mit Vogelgezwitscher die Sonne wieder willkommen zu heißen.

Da lag der Vater, mit einer Schusswunde im Kopf und starrte ihn an aus toten, leeren Augen, ihn noch nach dem warum fragend. Seine Mutter sah er nicht, aber ihr er hörte sie. Laut. Deutlich. Mit der Stimme einer Opernsängerin, die kurz vor dem Höhepunkt der Arie stand. So wie sie immer sang, so wie er sie immer wahrgenommen hatte, wunderschön. Er war froh, dass er sie nicht sah. Ihre Schönheit, die sie auch nach 18 Monaten des Versteckens im Untergrund und des Zusammenkauern in Hinterhöfen und Kellern nicht hatte verbergen können, hatte sie verraten. Bei einer Kontrolle waren sie aufgeflogen, weil sich ein Beamter der Geheimen Staatspolizei an ein Plakat mit ihrem Gesicht erinnerte, das Jahre zuvor an der Staatsoper prangte und jeden Mann ein zweites Mal zum Hinschauen verleitete und auch dem größten Kulturbanausen ein gewisses Interesse für die Oper wachsen ließ. Jetzt als sie im Kasernenhof des Hauptquartiers des Sicherheitsdienstes in Wien waren, der Vater tot glotzend und die Mutter, begleitet von einem zweitklassigen Grammophon La Mamma Morte gegen den Regen weinte stand er da, seinen Bruder auf den schmächtigen Schultern tragend, vor etwa 20 Uniformierten, die ihn verängstigt durch die drohende Niederlage, den alliierten Bombern und das immer näher rückende Artilleriefeuer der roten Armee zu einem perfiden Wettkampf forderten. Sollte er es schaffen seinen Bruder, der immerhin sechs Jahre älter war und über zwanzig Kilo schwerer einmal um den Kasernenhof zu tragen bevor seine Mutter den 3. Akt beendet hätte, könnten alle gehen, wenn nicht, würden Mutter und Bruder ebenfalls sterben. Da stand er nun auf seinen staksen, ausgemergelten dünnen Beinchen, knietief im Schlamm des Herbstes, zitternd und schlotternd. Und rannte los.

Die Kiste war äußerlich weder Gelb noch Gold. Weder damals und schon gar nicht jetzt. Es war überhaupt bemerkenswert, dass sie nicht völlig verrottet war über die Jahrzehnte. Was er für Gelb gehalten hatte, oder Gold, war in Wahrheit das Logo von Sacher, das Goldene S. Aufgedruckt auf eine Blechkiste. Er musste sie nicht öffnen, diese kleine Kiste, seine Schatzkiste. Er wusste nun auch so, klar und deutlich was all die Jahre darin verborgen war. Gelb. Der Stern des Davids mit dem unschuldigen Wort Jude verziert. Der Offizier hatte ihn abgerissen und ihm als Pfand für die Überfahrt mitgegeben, solle er auf dem Schiff oder später in Amerika Probleme bekommen, hätte er ihn nur als Passierschein vorzeigen müssen.

Als sich Salomon Rubin die Schrotflinte in seinen Mund steckte musste er lächeln. Er bestimmte wann Schluss war. Nicht die Krankheit, nicht die Nazis. Er war gefallen und immer wieder aufgestanden. Hatte Schicksalsschläge hingenommen, hatte verloren und dennoch weiter gemacht. Die Nazis hatten ihn nicht geschafft. Im Gegenteil, sie hatten ihn dazu getrieben, das zu werden was er geworden war. Stolz, erfolgreich, menschlich. Und wie er es geschafft hatte. Er dachte an grölende Worte aus betrunkenen Kehlen.
„Der packt das nie, der kleine Judenlümmel."
Und er dachte an den gelben Stern.

wie die Jahreszeit

Gelb und dessen Wunder

Sabrina Nikolai

Die Sonne scheint und ermöglicht es jedem, seiner Freizeit besser nachgehen zu können. Man verbringt seine Zeit in einem Freibad oder bei einem schönen Picknick. Andere besuchen einen Park, sitzen mit ihren Kindern auf dem Spielplatz, treffen neue Menschen und freuen sich über den Anblick der Natur. So schön kann es sein, wenn die Seele seine Wärme findet. Viele verlieren in den dunklen Monaten des Jahres ihren Willen, ihre Stärke und auch oft ihre Kraft. Um so wunderbarer ist es, wenn die Sonne ihr Ziel erreicht hat. Sie strahlt von oben hinab und erwärmt uns. So gelb, wie ihre Sonnenstrahlen auch sind, gibt es etwas, das noch schöner ist. Mein Weg zieht mich über die Felder, die in den schönsten Gelbtönen blühen. Raps, Sonnenblumen und viele mehr recken sich zum Himmel und speichern das Licht. Speichern etwas, das ihrer Natur typisch ist. Sie gibt ihnen Kraft und verleiht ihnen die schönste Farbenpracht. Betrachtet man das Gelb der Natur, so wird man immer lächeln müssen, denn es zeigt, wie harmonisch alles sein kann. Nehmt euren Weg, haltet an dem fest, was euch wichtig ist, zeigt den Menschen das Gelb eurer Seele. Lasst sie wissen, dass ihr die Natur in euren Herzen allein mit ihnen teilen wollt. Nehmt euch Zeit für etwas, das ihr sonst nicht könnt. Tanzt auf den Feldern, lasst euch treiben. Seht mit euren Herzen und vergesst alles andere. Das Gelb der Sonne und das der Blumen hat euch berührt, hat euch gezeigt, dass es wichtig ist, zu leben. Es lässt euch nicht vergessen, dass ihr niemals alleine seit, denn irgendwo auf dieser Welt wird es Menschen geben, die genau wie ihr gerade das Leben hinterfragen werden, doch beim Anblick der Natur ein Lächeln in die Welt hinaustragen. Lasst es zu und werdet eins mit dem Leben, mit den Menschen, die genauso sind wie ihr selbst. Werdet eins mit der Harmonie und eurer Seele. Das Leben ist zu kurz, um an solchen Momenten festhalten zu können. Daher sage ich: Geht raus und spürt die Harmonie der gelben Schönheit.

Halloween

Dagmar Finger

Hexen tanzen mit Gespenstern,
Kinder spielen Schabernack.
Kürbislicht strahlt aus den Fenstern,
böser Mann kommt in der Nacht.

Ratten flüchten in den Keller,
gespenstisch flink von hier nach dort.
Mäuse werden immer schneller,
heute Nacht kommt noch der Tod.

Kommt verstellt an deine Tür,
Süßes Saures, sagt er dir.
Öffnet lächelnd seine Tüte,
du vertraust ihm, bitte sehr.

Gibst ihm Süßes, als er zupackt,
doch das Messer siehst du nicht.
Rotes Blut, es tropft zur Erde,
und dein Herz fühlt einen Stich.

Hunde bellen, Katzen schreien,
keinen Ton gibst du von dir.
Mit der Hand am scharfen Messer,
liegst du sterbend vor der Tür.

Halloween war seine Tarnung,
für das Böse in der Nacht.
Weil man seiner Maske traute,
hat achtmal er es gemacht.

Regen fällt auf gelbe Bäume

Totenstill, der nächste Tag.
Achtmal werden Särge sinken,

in ein feuchtes dunkles Grab.

Sonnenaufgang

Luzie Irene Pein

Es küsste mich wach
streichelte sanft
mein Gesicht

Sonnenkleid
auf nackter Haut
geflochten
aus Leidenschaft

Licht wächst
besiegt die Angst
befruchtet meinen Raum
durchströmt
ergießt sich
zum Gleichklang

Gelb wie die Sonne

Ein geschriebenes Bild

Renate Becker

Langsam kommt die Sonne über den Horizont. Zuerst ein roter Streifen, der immer breiter wird, durchzogen mit gelben und orangenen Schlieren. Noch liegt das Ufer des Sees kaum sichtbar im morgendlichen Dunst. Ein Glockenton aus weiter Ferne durchbricht die Stille des beginnenden Tages. Ein Amselmännchen versucht, mit seinem Gesang ein Weibchen zu betören.

Der Blick wird eingefangen von langsam aus dem Dunst auftauchenden weißen Dreiecken, die auf dem See unbeweglich zu stehen scheinen. Glatt wie ein Spiegel, nur an manchen Stellen kräuseln kleine Wellen die Oberfläche. Im Hintergrund, dort, wo das gegenüberliegende Ufer noch im dichten Nebel lag, scheint es, als sei der See gefroren.

Rechts schält sich das alte Schloss mit den Kupferdächern aus der weichenden Dunkelheit. Getroffen von einem ersten Sonnenstrahl blenden die weißen Mauern das an die Dämmerung gewöhnte Auge. In die Scheiben des Gemäuers spiegelt sich das erwachende Himmelsgestirn mit einer beispiellosen Intensität, veranlasst den Kopf zu drehen, um den Lichtblitzen zu entgehen. Erstes Grün ist hinter und vor dem Schloss zu erkennen. Niedrige Büsche säumen das Ufer davor. Ein schwarzes, zweigeteiltes Portal, zu dem eine Freitreppe führt, lädt zum Eintreten ein. Weiter wandert der Blick zu einem Birkenwald. Die weißen Stämme, dicht an dicht stehend, gekrönt von zartem hellen Grün sind Erholung für den durch Sonnenblitze gepeinigte Augen. Fast war man versucht, den Wald als Feen- und Elfenwald unter besonderen Schutz zu stellen.

Weiter wandert der Blick in die Ferne, wo hellgraue Berge sich aus dem Dämmerlicht majestätisch in den Himmel erheben. Eine Bewegung am Firmament fängt das Auge ein. Ein großer Vogel scheint still in der Luft zu stehen über einem der Berge, auf dessen Gipfeln noch Schnee liegt. Immer klarer wird die Sicht. Wie eine Explosion zeigen sich den aufmerksamen Augen Farben in einer Pracht, die den Atem stocken lässt. Das Herz schlägt im Rhythmus der Natur, der Atem wird ruhig. Der Betrachter auf dem Hügel steht, das Gesicht der Sonne zugewandt, ganz still da. Nimmt alles in sich auf. Ein Teppich aus gelben Dotterblumen zu seinen Füßen, unterbrochen von blauen Himmelsschlüsseln, deren Glocken den Frühling einzuläuten scheinen.

Sanft fällt das Ufer zum See ab. Ein schmaler Streifen gelben Sandes zieht sich rund um das Gewässer. Eine Frau im gelben Kleid setzt sich auf einen Stein in der Nähe des Wassers. Ihr gelber, breitrandiger Hut schützt ihr Gesicht vor der Sonne. Sie nimmt ein Buch aus der farblich passenden Tasche, beginnt zu lesen. Der große Vogel zieht immer kleinere Kreise, stößt plötzlich herab. Knapp über dem Wasser tauchen seine Fänge in das kühle Nass und ziehen einen Fisch heraus, der gekrümmt in den wehrhaften Krallen noch ein letztes Mal zappelt. Schnell verschwindet der Adler hinter dem Birkenwald.

Etwas weiter wiegen sich gelbe Tulpen im aufkommenden lauen Wind. Von der Kirche hinter dem rechts liegenden Hügel schlägt die Turmuhr neunmal. Den Schritt nach Süden wendend durchschreiten die Füße helles, frisches Gras, noch feucht vom Morgentau. Eine Maus huscht flink davon, Grillen springen nach rechts und links. Der Sandweg geht in grauen Asphalt über und führt in einer geschlängelten Linie hinunter in das kleine Dorf. Der Raps zur linken Seite steht in voller Blüte. In der Ferne ein Nadelwald aus Fichten und Tannen. Wie eine schwarze Linie durchbricht sie das Gelb des Rapses. Voraus tauchen die ersten kleinen Häuser des Dorfes auf. Mit ihren roten Dächern und weißen Wänden

strahlen sie Sauberkeit aus. In den Vorgärten blühen die Frühlingsblumen.
Tulpen, Sternhyazinthen, Strahlenanemonen, gelbe Narzissen, Leberblümchen und Krokusse in Gelb und Lila hinter braunen Jägerzäunen und niedrigen Mauern blühen um die Wette.
Die Menschen stehen beim Bäcker Schlange, um frische, gelbe Semmeln zum Frühstück nach Hause zu bringen. Einige kommen aus der Kirche, denn die Frühmesse ist gerade zu Ende. Zu Hause wartet ein Frühstückstisch auf mich und ich nehme mir vor, morgen wieder, bevor die Sonne aufgeht, an den See zu gehen. Näher an das Schloss und diesmal würde ich die Staffelei und die Farben des Frühlings mitnehmen.
Jetzt aber habe ich Hunger. Hunger auf goldgelben Honig.

Sommer

Angelika Groß

Sommer kommt
mit Sonne
jeder Mensch
erstrahlt
in Schönheit
der Natur

Raps erblüht
Weizen weht
Sommerwind
wiegt alles
in der Beuge

des Vogelsbrut
schwingt in
den Lüften
zu üben
für die Ferne

erbarmungslos
noch nicht
verbrennt
die Hitze
alle Träume

Sommerzeit

Angelika Groß

mit Gischt
angebrandet
hellgelbe Gefühle

öffnen
die Herzen
der Menschen

umspülte Natur
Gedanken
mit Leichtigkeit

Salz benetzt
Gesichter
im Sonnenschein

in tosenden
Gezeiten
zufrieden

wie die Liebe

Yellow Cabs

Maria Hertting

Der Himmel wütete, fauchte, züngelte und spuckte seinen Mageninhalt hinab auf Manhattan. Die Stadt hüllte sich beleidigt in einen feuchten, grauen Schleier. Dampf reckte drohend seine Finger vom heißen Asphalt in den Äther hinein. Schwer lag der Geruch der Lindenblüten in der Luft. Sommergewitter.

Es war genau zwölf Uhr mittags, als der Tag sich auf einen Wettstreit mit der Nacht einließ. Gerade als er im Begriff war, zu verlieren, kam ihm ein freundlich leuchtendes Gelb zu Hilfe und hellte die in Grau getauchte Umgebung ein wenig auf. An manchen Stellen verdichtete sich das Gelb zu einer Schlange, die träge durch die Straßen kroch. Es schien, als ob alle dreizehntausend Yellow Cabs sich verabredet hatten, um den Optimismus und die Lebensfreude in die Herzen der New Yorker zurückzubringen.

In einem dieser strahlend gelben Autos saß Paul und kämpfte sich vorwärts. Die Scheibenwischer seines Taxis liefen mit dem Regen um die Wette. In der Park Avenue hörte er eine Sirene. Verdammt, dachte er und nahm den Fuß vom Gas. Die Räder schnitten in die Straße hinein. Wasser spritzte hoch. ›Warum bin ich nicht zu Hause?‹, dachte er. Seit fast 27 Jahren fuhr er nun schon Taxi. Zeit, sich auszuruhen.

An einer Ampel musste er halten und verpasste die anschließende Grünphase. Ungeduldiges Hupen hinter ihm.

Eine Frau stand am Bordstein der Lexington Ave und winkte ihn heran. Sein flüchtiger Blick sagte ihm, dass sie nicht mehr ganz jung war. Krampfhaft hielt sie einen Koffer umklammert. Ihre Fingerknochen traten weiß hervor.

Galant stieg er, der Nässe trotzend, aus und öffnete ihr den Schlag.

Sie schleuderte den kleinen Koffer auf den Rücksitz und sprang mit einer Schnelligkeit, die er ihr nicht zugetraut hätte, hinterher. Im selben Moment war das Taxi von einem Duft erfüllt, der Erinnerungen wach werden ließ.

»Zum Flughafen!«, hörte er sie sagen. Ihre Stimme klang warm und sympathisch. Ein wohliger Schauer huschte über seinen Rücken. »JFK?«

»Ja, bitte!« Es klang endgültig, so, als wolle sie nicht mehr reden, weil nun alles gesagt war.

»Verdammtes Wetter!«, versuchte er, eine Konversation in Gang zu bringen, als er losfuhr.

Keine Antwort von hinten.

Im Rückspiegel sah er ihr Gesicht. Eine Frau, die schon viel mitgemacht hatte im Leben. Irgendetwas an ihrem Blick hielt ihn gefangen. Bleiche Haut, ein schmaler Mund und Augen, die den Sommerhimmel gestohlen hatten. Wohl deshalb dieses Wüten der aufgebrachten Elemente. Wollten sie sich zurückholen, was ihnen gehörte?

Die Frau lächelte nicht. Ahnte sie etwa, dass sie die Ursache von all dem hier war? Wenn sie es täte, würden sicher viele kleine Lachfältchen liebkosend die Arme um ihre Augen legen.

»Wo soll's denn hingehen?«, fragte er indiskret. Zugleich bedauerte er die vorschnelle Frage.

Eben fuhren sie über die Lexington Ave Richtung Süden und passierten das Chrysler Building. Als sich ihre Blicke im Rückspiegel trafen, keimte eine Ahnung in ihm auf. Wenn sie nur noch einmal reden würde.

»Sie fahren doch in Urlaub?«, ergänzte er.

Immer noch nichts von hinten.

Dann, als sie in die 42. Straße einbogen, endlich leise: »Urlaub? Sie denken, ich fahre in Urlaub? Nein, kein Urlaub. Ich besuche eine Freundin in Berlin. Dort habe ich lange gelebt.«

Ein Licht flackerte in seinem Innern auf.

Ich kenne diese Stimme, dachte er und ging in Gedanken 27 Jahre zurück.

*

Am Freitag, dem 22. Dezember 1989, war er dieser Stimme schon einmal begegnet. Berlin im Rausch der Wiedervereinigung. Er, Anfang zwanzig, feierte voller Tatendrang seinen Taxischein und hatte sein Gespartes in ein gebrauchtes Taxi gesteckt. Nun fuhr er in strömendem Regen gegen 23 Uhr die Ringstraße in Tempelhof Richtung Flughafen entlang, um dort seinen ersten Kunden aufzunehmen.

Eine junge Frau stand am Straßenrand und winkte. Er hielt und öffnete ihr den Schlag. Dieses Gesicht musst du dir merken, dachte er. So sieht dein erster Fahrgast aus.

»Zum Pariser Platz«, sagte sie mit einer Engelsstimme. »Ich will die Öffnung des Tores nicht verpassen.

Schon damals war die Frau nicht sehr gesprächig gewesen. Erst am Platz der Luftbrücke bekam er Kontakt zu ihr.

»Wissen Sie, dass Sie meine erste Kundin sind? Mein Taxischein kommt frisch aus der Presse«.

»Herzlichen Glückwunsch. War die Prüfung schwer?«

»Hab ich mit Links gemacht.«

Plötzlich ruckte der Wagen. Am U-Bahnhof Mehringdamm ging gar nichts mehr. Er stieg aus, öffnete die Haube und suchte unbeholfen nach der Ursache.

23:10 Uhr. Besorgte Nachfrage aus dem Wageninneren: »Kann ich helfen?«

Sie stieg aus, ohne die Antwort abzuwarten. Beide starrten in das Gewirr von Kabeln und Drähten um den Motor herum.

»Ich glaube, es liegt am Vergaser«, sagte der Mann.

»Haben Sie mal an den Tank gedacht?«

Hysterisches Lachen: »Wollen Sie damit sagen, ich hätte vergessen zu tanken?«

Er wies diesen Vorwurf weit von sich, schaute aber doch bei eingeschalteter Zündung wie zufällig auf den Tacho.

Es war nicht der Tank. Das wäre ja auch zu lächerlich gewesen. Da hätte er ja gleich seine Konzession zurückgeben können.
Wie sich später herausstellte, lag es an der Batterie. Kein Wunder, bei dem alten Wagen.
Rührend, wie sie versuchte, ihm zu helfen.
23:20 Uhr. Sie schoben den Wagen von der Kreuzung an den Straßenrand.
»Sie sind mir der richtige Taxifahrer!«, lachte sie. Er lachte mit, was blieb ihm anderes übrig.
»Was machen wir jetzt?«, fragte er mutig. »Die Werkstatt hat um diese Zeit geschlossen und so kurz vor dem Fest wird wohl nichts mehr passieren.«
»Kommen Sie mit zum Brandenburger Tor. Ich garantiere Ihnen, diese Nacht wird unvergesslich.«
Und sie wurde es.
Beide hielten ein Taxi an und kamen noch rechtzeitig. Das erste Mauersegment fiel um 0:35 Uhr. Durch den etwa einen Meter breiten Spalt unterhielten sich die Polizeibeamten von West und Ost. Die Stimmung hielt die Menschen gefangen. Sektkorken knallten, Gläser klirrten. Zeit, Raum, soziale Unterschiede, Ost, West waren aufgehoben. Es gab nur glückliche Menschen, wo man hinsah. Wildfremde schüttelten sich, unbekümmert wie Kinder, die Hände. All der Dreck, der sich in 40 Jahren angesammelt hatte, wurde vom Regen einfach weggespült.
Auch die beiden Menschen, die auf so merkwürdige Weise zusammengefunden hatten, umarmten und küssten sich.
»Ich bin Margret«, sagte sie.
»Und ich Paul«, erwiderte er. Nachnamen gab es nicht, bei keinem von beiden.
Er fühlte sich wohl in ihrer Nähe. Es ging etwas Vertrautes von ihr aus. Ihre Berührungen wurden heftiger, fordernder. Ach, hätte er sie nur festgehalten.

Im Gewirr der Massen war es dann geschehen. Er hatte Margret verloren. Gerade als sie beide im Begriff waren, sich näher kennenzulernen. Um fünf Uhr war er endlich zu Hause gewesen und hatte das Gefühl gehabt, dass er etwas sehr Kostbares unwiederbringlich verloren hatte.

Sein Taxi brachte er nach den Feiertagen zur Überholung. Es fuhr noch gute fünf Jahre. In diesen fünf Jahren war er fast jedes Wochenende am Brandenburger Tor und wartete auf Kundschaft, im Stillen hoffend, Margret wiederzusehen. Als er sich ein neues Taxi leisten konnte, gab er die Suche nach ihr auf.

Er lernte andere Frauen kennen, aber tief in seinem Innern flackerte die Erinnerung von Zeit zu Zeit auf wie ein Feuer, das nicht vollständig gelöscht worden war.

Dann folgte er einer anderen Frau nach New York, was sich später als Irrtum herausstellte. Da ihn die Stadt jedoch interessierte, blieb er hier und kaufte sich eine Konzession für ein Yellow Cab, woran er heute noch abzahlte.

*

»Margret?«, fragte er, »heißen Sie Margret?«

Sie fuhren durch den Queens Midtown Tunnel unter dem East River entlang.

Ihr Gesicht hellte sich auf. Auch in ihr schien eine Erinnerung aufzukeimen.

»Margret. Ja, so heiße ich. Ich wage kaum, daran zu denken. Sind Sie etwa ... der Paul vom Brandenburger Tor?«

»Treffer! Hundertprozentiger Treffer! Sie wissen ja sogar noch meinen Namen.«

»Das glaub´ ich jetzt nicht«, lachte sie glockenhell.

Das erste Lächeln! Und es war so, wie er es in Erinnerung hatte.

Smalltalk zum Warmwerden: Wie geht es dir? Was hast du gemacht? Hast du Familie? Wieso hat es dich nach New York verschlagen?

Die Straßen flogen an ihnen vorbei wie erschreckte Vögel. Beide lachten und plauderten. Es kam eine Vertrautheit zwischen ihnen auf, als hätten sie sich all die Jahre nicht aus den Augen verloren.

»Und was passiert jetzt?«, fragte Paul. Es war fast rührend, wie er mit seinen Hundeaugen ihr Gesicht im Rückspiegel suchte.

Margret schaute aus dem Fenster. Eben fuhren sie die Einfahrt zum Flughafen empor.

›Schon da!‹, dachte sie.

Der Wagen hielt und wieder die Frage: »Was passiert jetzt? Werden wir uns wie damals aus den Augen verlieren?«

Abrupt hörte der Regen auf, die Sonne brach durch die Wolken und ließ das Taxi golden aufleuchten.

»Was machst du am Wochenende?«, fragte sie, als sei ihr eben etwas eingefallen. »Ich bleibe nur fünf Tage in Berlin. Meine Freundin will sich bei mir ausheulen.«

*

Am Wochenende stand er mit einem Blumenstrauß vor ihrer Tür. Wenn er gewusst hätte, dass sie all die Jahre ganz in seiner Nähe gewesen war. Das Hämmern in seinem Innern war so laut, dass er fast seine eigene Stimme nicht hören konnte, als er sagte: »Hier bin ich. Kannst du mir verzeihen, dass ich mich um 27 Jahre verspätet habe?«

»Klar!« Ihr Lächeln war so schön, als hätte sie es bis zu diesem Augenblick für ihn aufgespart und nun, da er endlich vor ihr stand, brach es mit aller Macht aus ihr heraus. Und es war genauso, wie er es sich vorgestellt hatte: Winzig kleine Arme legten sich um ihre Augen und liebkosten sie.

Das wahre Gold

Asmodina Tear

Mit wild klopfendem Herzen betrat die fünfundzwanzigjährige Mara das äußerlich unscheinbare Gebäude, ihre schlanken Hände zitterten und innerlich dankte sie allen Göttern, dass sie eine einfache blaue Jeans und ein rotes Sweatshirt angezogen hatte. Ihre Eltern hatten wegen ihrer Kleidungswahl zwar getobt, schließlich ging es, in ihren Augen, auch darum, den Familiennamen zu repräsentieren, aber die junge Frau hatte sich durchgesetzt. Für Mara war ihr Tun in erster Linie handwerkliche Arbeit, bei der es auf Geschicklichkeit, Schnelligkeit und Kreativität ankam, auch wenn es diesmal einen öffentlichen Charakter besaß.
Mara atmete ein letztes Mal tief durch und blickte nachdenklich auf ihre Hände, sie waren zart und noch ohne die üblichen Spuren ihrer Tätigkeit, aber waren sie auch gut genug ausgebildet, die kommende Herausforderung zu meistern? Die junge Frau öffnete die Tür und wurde sogleich von einem der drei Juroren begrüßt.
»Hallo Frau Stemmel. Ich hoffe, es geht Ihnen gut.«
Sie nickte pflichtschuldig. »Ja danke. Ich freue mich sehr auf den heutigen Abend.«
Der sympathisch wirkende sechsundfünfzigjährige Mann schenkte ihr ein herzliches Lächeln, während sie in die Backstube gingen, aber in seinen dunklen Augen funkelte die Erwartung. Mara wusste, von ihr wurde eine überdurchschnittliche Leistung verlangt. Von einer Sekunde zur nächsten pulsierte ein wohlvertrauter Schmerz hinter ihrer Stirn und Mara stöhnte kaum hörbar. Nicht schon wieder Kopfschmerzen! Seit ihrem siebzehnten Lebensjahr begleitete sie diese unangenehme Sache und trat dabei mal mehr, mal weniger, in Erscheinung. Beim ersten Mal hatte es einen Ärzte-Marathon nach sich gezogen, der beinahe noch kräftezehrender gewe-

sen war als die eigentlichen Schmerzen, zumal niemand die Ursache finden konnte.
Die junge Frau hingegen wusste ganz genau, es war der familiäre Leistungsdruck im Elternhaus. Ihr Vater, der berühmte Konditor Hans-Jürgen Stemmel, hatte sie in dem Bewusstsein erzogen und aufwachsen lassen, dass sie als einzige Erbin den Konditoreibetrieb mit seinen landesweiten Filialen übernehmen und sogar noch verbessern sollte. Von Kindesbeinen an war Mara, anstatt wie ihre Altersgenossen draußen zu spielen, regelmäßig in der Backstube gewesen, hatte geholfen, selbst getestet, neue Ideen entwickelt und, sobald sie lesen konnte, die Zusammensetzungen studiert. Nach ihrem Schulabschluss hatte die junge Frau ihre Fähigkeiten in zwei unterschiedlichen Betrieben perfektioniert und die Prüfung mit Auszeichnung bestanden. Doch auch das war ihrem Vater nicht genug, denn seiner Ansicht nach musste die eigene Tochter ihn übertrumpfen, um den Betrieb angemessen weiterführen zu können. Aus diesem Grund meldete er sie regelmäßig bei verschiedenen Wettbewerben an, bei denen drei bis vier Teilnehmer ihre Kreationen ausgewählten Juroren zur Verfügung stellten. Welche Torte am besten schmeckte, gewann einen Titel. Oft war auch das Fernsehen dabei, was für Maras Vater zusätzliche Publizität bedeutete.
Die junge Frau hingegen kämpfte mit den Tränen, im Grunde backte sie leidenschaftlich gern, aber wie lange sie jenem Druck noch standhalten konnte, vermochte Mara nicht zu sagen. Die Kopfschmerzen waren auf jeden Fall kein gutes Zeichen. Um sich abzulenken betrachtete die junge Frau die Backstube mit ihren drei großen Öfen sowie verschiedenen Geräten zum Vermengen und Kneten.
»Die Arbeitsbedingungen sind optimal«, dachte Mara, während sie die anderen Teilnehmer mit einem verhaltenen Händedruck begrüßte.
Auch in ihren Blicken lagen Erwartungen und ein gewisses Maß Argwohn, was die junge Frau irritiert schlucken ließ. Als

Tochter eines landesweit bekannten Konditormeisters war man eben, wenn auch oft unterschwellig, mit Vorurteilen behaftet, so lächerlich es auch sein mochte. Der Juror richtete einige allgemeine Worte an die Teilnehmer, wünschte allen viel Erfolg. Mara atmete tief durch und innerhalb weniger Sekunden befand sie sich in ihrem Element, von Unsicherheit war nichts mehr zu spüren, jetzt zählte nur noch, ihre Kreation Gestalt annehmen zu lassen.
Voller Eifer knete sie den dünnen Mürbeteig und formte ihn zu einer Rolle. Danach wurden die Zutaten für die Zitronencreme gemischt und aufgekocht, bei der Buttermilchsahne machte die hochempfindliche Gelatine Probleme. Mara seufzte und betete innerlich, dass sie den richtigen Zeitpunkt erwischen würde. Andersfalls würde die farblose Masse verkochen und sie würde eine Neue ansetzen müssen, was bei dem gesetzten Zeitrahmen schwierig war. Die Stunden rannen dahin und am Schluss verzierte die junge Frau ihre Variante der Zitronen-Buttermilch-Torte noch mit Sahnetupfen, Pistazien und Zitronenschalen. Von außen wirkte das Kunstwerk sehr gelungen und Mara flehte innerlich, dass es ebenso schmecken würde. Sie wollte ihren Vater und seine Erwartungen nicht enttäuschen.
Einen Tag später fand im prächtigen Barockschloss der Stadt die Preisverleihung statt, vor Aufregung konnte Mara den ganzen Tag nichts essen. Ihr Herz klopfte wild, wenn ihr Vater sie nur anschaute. Was würde geschehen, wenn ihre Torte nicht siegte? Allein die Vorstellung ließ sie schaudern, offene Vorwürfe oder Streit würde es nicht geben, dazu waren ihre Eltern zu gefasst, zu beherrscht. Aber die stumme Enttäuschung würde täglich spürbar sein und sich wie ein Kältehauch auf ihre Gemüter legen. Es dauerte lange, bis ihre Eltern ein Scheitern verziehen und manchmal geschah es nie.
Die junge Frau stöhnte und versuchte, das protestierende Knurren ihres Magens zu unterdrücken. Für die Live-Übertragung im Fernsehen hatte Mara die traditionelle Bä-

ckerkleidung mit passender Mütze angezogen, auch wenn diese, ihrer Meinung nach, völlig veraltet war. Backen war schon längst nicht mehr das romantisch geprägte Handwerk, das es noch vor ein paar hundert Jahren gewesen war. Heutzutage stand Masse anstelle von Qualität im Vordergrund, von den zahlreichen chemischen Zusätzen ganz zu schweigen. Tapfer schluckte Mara ihre Bedenken herunter und lächelte gezwungen in die Kameras, zum Glück überdeckte das professionelle Make-up die Spuren ihrer Anspannung, sodass sie die Rolle der selbstbewussten, ehrgeizigen Konditorin überzeugend spielen konnte.

Freundlich lächelnd betraten die drei Juroren den Festsaal, darunter auch der Mann, welchen Mara bereits kennengelernt hatte, die anderen beiden waren Frauen, perfekt geschminkt, ähnlich gekleidet wie die Teilnehmer und stets bemüht, einen unbefangenen Eindruck zu machen. Während der herzlichen Begrüßung hatte Mara Gelegenheit, die anderen Kunstwerke zu betrachten und ihrem Hals bildete sich ein dicker Kloß. Die eine Torte hatte, genau wie ihre, einen Boden aus Röllchen, war sehr viel aufwendiger dekoriert und besaß außerdem einen Hauch von Schokolade. Die Zweite hatte den Fokus auf Ananas und dunkle Schokolade gelegt und war sehr dezent mit Sahnhäubchen verziert. Obwohl alle Kreationen vollkommen unterschiedlich waren, hatte Mara das Gefühl, dass ihrer eigenen Torte etwas fehlte, ohne es genau benennen zu können. Abwesend spielte sie mit einer Strähne ihres dunkelbraunen Haares und zwang sich, den drei Augenpaaren der Juroren standzuhalten.

»Liebe Teilnehmer«, leitete der Mann jenen entscheidenden Teil der Veranstaltung ein. »Die Torten waren allesamt ausgesprochen köstlich und haben uns sehr gemundet. Dennoch gab es winzige Unterschiede bei Geschmack und Konsistenz, nach denen wir letztlich bewertet haben.«

Beim letzten Satz streiften seine Augen Mara und diese fuhr zusammen. War es Zufall oder Absicht? Das Blut rauschte in

ihren Ohren und die Bewertungen über die anderen Torten zogen an ihr vorbei wie Nebelschwaden und erst, als die Plätze verkündet wurden, erwachte sie aus ihrer Lethargie.
»Die Entscheidung ist uns nicht leicht gefallen, liebe Teilnehmer, weil jede Torte für sich allein ein wahres Kunstwerk ist«, er machte eine theatralische Pause. »Trotzdem geht der dritte Platz an«, seine Augen streiften sie nacheinander und die Kameras surrten. »Mara Stemmel!«
Der jungen Frau schien es, als habe sie jemand mit Eiswasser übergossen, nur der dritte Platz? Das konnte nicht sein, war ihre Kunst so miserabel? Ihre Augen weiteten sich und sie schaute fragend zu den Juroren.
»Technisch gesehen war deine Torte perfekt, Mara«, gab eine der Frauen die Antwort. »Aber der Geschmack war schal, bloße Routine. Es befand sich keine Liebe, keine Leidenschaft in ihr, ein Roboter hätte sie genauso gut backen können!«
Diese Kritik traf Mara wie ein Schlag ins Gesicht, und am liebsten hätte sie auf dem Absatz kehrtgemacht, doch ein solches Verhalten war unter ihrer Würde und so nahm mit einem falschen Lächeln die Glückwünsche entgegen, während in ihrem Innern ein Wechselbad der Gefühle tobte.

Eine scheinbare Ewigkeit später ging Mara durch die verlassenen Straßen, wo die Dämmerung sich bereits zeigte. Ihre Verlierer-Torte trug sie bei sich, obwohl der Drang, sie einfach wegzuwerfen, sehr stark war. Endlich konnte Mara ihren Tränen freien Lauf lassen und sie schluchzte auf. Was hatte die Jurorin damit gemeint, dass die Torte ohne Liebe und Leidenschaft gewesen sei? Schließlich hatte Mara ihren Ehrgeiz und ihr gesamtes Können in dieses Projekt investiert.
Plötzlich blieb die junge Frau wie vom Donner gerührt stehen und eine schreckliche Erkenntnis wuchs in ihr, genau das war es gewesen. Der langjährige, familiäre Druck, welcher nicht selten in Zwang ausgeartet war, hatte ihre Leidenschaft

Stück für Stück abkühlen lassen, es war nur noch um Leistung und Ehre gegangen. Doch wenn man ein Handwerk nicht mit Inbrunst betrieb, verlor es seinen Zauber, ganz egal, wie perfekt das Ergebnis war. Mara seufzte und ihre Tränen verdoppelten sich. Wie sollte sie es ihrem Vater erklären? Er war nicht gerne diskussionsbereit und Fehler zugeben war nicht seine Stärke, aber irgendwas musste passieren, sonst würde ihr Versagen sich wie eine Spirale fortsetzen.
Aus einem Gebäude neben ihr drangen fröhliche Kinderstimmen, überrascht blieb die junge Frau stehen, was wurde dort im Waisenhaus gefeiert? Zögernd trat Mara näher, bisher kannte sie diese Einrichtung nur von Spendenaktionen, welche ihr Vater in seiner Großzügigkeit getätigt hatte. Erstmalig traute sie sich, darüber die Augen zu verdrehen, da es in Wahrheit nur sein Ansehen aufbessern sollte. Durch ein verstaubtes Fenster blickte die junge Frau in das liebevoll dekorierte Spielzimmer. Zahlreiche bunte Girlanden hingen an der Decke und auf dem Boden türmten sich farbenprächtige Luftballons, in der Mitte stand ein rosafarbener Tisch, um den rund zwanzig Kinder saßen. Die meisten von ihnen trugen Geburtstagshüte, sangen »Happy Birthday« und hatten gute Laune. Aber irgendetwas fehlte auf dem Geburtstagstisch.
»Liebe Alina, herzlichen Glückwunsch zu deinem neunten Geburtstag. Wir wünschen dir alles Liebe und Gute in deinem neuen Lebensjahr. Leider war es uns nicht möglich, eine Torte zu organisieren, doch wir hoffen, dass du trotzdem Freude hast.«
Das kleine Mädchen bedankte sich artig, doch dann legte sich ein Schatten auf ihr Gesicht. Auch Mara zuckte zusammen, eine Geburtstagsfeier ohne Torte war eine Unmöglichkeit, besonders für ein Kind. Ohne lange nachzudenken, klopfte die junge Frau an die Scheibe, woraufhin zweiundzwanzig Augenpaare sie irritiert, aber neugierig, musterten. Mit einem Schulterzucken öffnete eine der Betreuerinnen die Tür.

»Guten Abend«, grüßte Mara und lächelte unsicher. »Ich kam gerade an Ihrem Haus vorbei und hätte eine selbstgebackene Torte zu verschenken.«

Kaum hatten diese Worte ihre Lippen verlassen, wuselten alle Kinder um sie herum und drängten sie zum Tisch. Vorsichtig packte die junge Frau ihr Meisterwerk aus und alle Kinder machten lange Gesichter.

»Boah … wie groß …«

»Sieht die lecker …«

»Wie lange soll man den daran essen?«

Es waren nur einige Satzfetzen, welche sie hörte und Freudentränen stiegen in ihre Augen, selten hatte die junge Frau so viel unschuldige Begeisterung erlebt. Die beiden Betreuerinnen wechselten einen Blick und nickten dann synchron.

»Vielen Dank für Ihre Großzügigkeit«, meinte die Jüngere der beiden und legte ihre Hand auf Maras Schultern. »Vielleicht möchten Sie mit uns essen?«

Die junge Frau zögerte, sollte sie wirklich? Der Blick der älteren Betreuerin ließ zumindest erahnen, dass sie über Maras Identität Bescheid wusste, und wieder als »Tochter des Meisterkonditors« gesehen werden wollte sie nicht. In diesem Augenblick fühlte sie, wie Alina ihre Hand ergriff.

»Bitte bleib, es ist doch mein Geburtstag.«

Mit einem leicht verlegenden Lächeln gab die junge Frau nach und setzte sich an den Tisch, ihre Torte wurde sehr geliebt und unter Gelächter und manchmal auch Geschrei verzehrt, am Ende ähnelten einige Kinder kleinen Zwergen, weil sie sich Sahne um die Münder geschmiert hatten. Mara lachte aus vollem Herzen, zum ersten Mal seit einer halben Ewigkeit. In den Jahren harter Ausbildung und stetigem Erfolgsdruck hatte sie die Möglichkeit »Familie« aus ihren Gedanken verbannt, sich vermeintlich wichtigeren Dingen gewidmet und dabei vergessen, welche grenzenlose Freude Kinder schenken konnten. Verstohlen wischte sie sich eine Träne aus

dem Augenwinkel und warf anschließend einen Blick auf ihre Armbanduhr, es war Zeit zu gehen.
»Ich muss leider los«, sagte sie bedauernd. »Es ist schon spät und morgen wartet die Arbeit.«
Unter »Ohh« Rufen und traurigen Gesichtern ging Mara zur Tür und die Betreuerinnen schüttelten noch einmal ihre Hand.
»Ich danke dir für die Torte, sie war lecker«, sagte Alina und streckte die Arme nach ihr aus.
Die junge Frau beugte sich hinunter und erwiderte leicht verdutzt die kindliche Umarmung, eine lang vermisste Wärme durchströmte ihr Herz. Als die Tür hinter ihr ins Schloss gefallen war und die Kinder ihr nachwinkten, fühlte die junge Frau sich zufrieden und seltsam gelöst von allen Sorgen, vergessen waren der verlorene Wettbewerb, ihr stumm grollender Vater, der Erfolgsdruck und, zu Maras eigener Verwunderung, auch ihre Kopfschmerzen.
Einige Tage später musste sie sich ihrem Vater stellen und ihren Erwartungen gemäß kam es zu einem stillen Donnerwetter, ihre Mutter musterte sie wortlos in einer Mischung aus Enttäuschung und Vorwurf, während sich lang und breit über Familienehre ausließ und Maras Würde infrage stellte, ohne dabei laut zu werden. Die junge Frau grinste innerlich, es gab so viel mehr als Ehre oder einen florierenden Betrieb, viel lieber dachte sie an Alinas Umarmung, die ihr Herz erwärmte.
Einige Stunden später verließ Mara das elterliche Anwesen und ging nach Hause, um plötzlich wie angewurzelt stehen zu bleiben. Vor ihrem Haus standen jene zwanzig Kinder und hofften vergeblich auf Einlass. Alina sah sie als Erste.
»Das ist sie«, brüllte das kleine Mädchen und ehe Mara reagieren konnte, war sie ihr auf den Arm gehopst.
Die Betreuerinnen konnte ein Lächeln nicht unterdrücken.
»Entschuldigen Sie, Frau Stemmel«, sagte die Jüngere. »Aber die Kinder wollten sich unbedingt noch einmal bedanken und

Ihnen ein Geschenk geben. Deswegen haben wir Ihre Adresse gesucht und sind hierher gekommen.«
Maras fragender Blick wechselte zwischen Alina und der Betreuerin, Geschenk? Was für ein Geschenk? Lächelnd reichte Letztere dem kleinen Mädchen eine selbst gebastelte Krone aus Goldpapier mit der Aufschrift »Beste Konditorin der Welt«, die Alina ihr behutsam aufsetzte. Die junge Frau weinte vor Freude, mochten die Profis sie auch abweisen, die Kinder liebten ihre Kunst.

Der gelbe Wind

Andreas Petz

Es war heiß und schwül in Saigon, als John Carpenter das Schiff ›Papillon‹ betrat. Morgen würde das Schiff in See stechen und der frische Wind auf dem Meer würde bestimmt Abkühlung bringen. Darauf zumindest hoffte John. Er konnte sich noch nicht so recht an seinen neuen Namen gewöhnen, denn eigentlich hieß er Paul Baumann und war Deutscher. Aber ein deutscher Name in Saigon im Jahr 1948 würde nicht nur bei den Behörden Misstrauen erwecken. Außerdem war er vor erst drei Monaten aus der Fremdenlegion geflohen und man würde ihn sofort einsperren und sicherlich früher oder später wieder an die Franzosen ausliefern. Daran wollte er besser gar nicht erst denken.

Paul Baumann, nein, John Carpenter, war 24 Jahre jung. Eine Zeit, in der andere junge Menschen heirateten und Familien gründen und auch John hatte Sehnsüchte in diese Richtung, aber sein bisheriges Leben als Erwachsener bestand nur aus Krieg, Flucht und Angst.

Mit achtzehn Jahren war er an die Front gekommen. Er hatte schnell gelernt, wie man am besten überlebt und dass ein Zögern im falschen Moment nur den eigenen Tod zur Folge hatte. So hatte er also nicht gezögert, den Krieg überlebt und kam letzten Endes in französische Kriegsgefangenschaft. Auch dort hatte er nicht gezögert, als man ihn vor die Wahl stellte, entweder zehn Jahre Kriegsgefangenschaft in einem französischen Kohlebergwerk abzuarbeiten oder sich für fünf Jahre bei der Fremdenlegion zu verpflichten.

Ihm war klar, dass die Franzosen ihn nach den fünf Jahren kaum gehen lassen würden. Nein, er hatte von Anfang an vor, bei der nächstbesten Gelegenheit zu fliehen. Gut, das hätte er vermutlich auch in einem Kohlebergwerk geschafft, aber wohin hätte er dann fliehen sollen? In sein kaputtes, besetztes Heimatland? Nein, John wollte in ein fernes Land und sich dort, wenn auch unter falschem Namen, ein lohnenswertes Leben aufbauen. Die Fremdenlegion führte ihn schließlich nach Indochina in einen grausamen Dschungelkrieg, der ihn, als Deutschen, eigentlich nichts anging. Aber er hatte nichts anderes als das Kriegshandwerk gelernt und darin war er gut, auch im Dschungel von Indochina. Schon bald vertrauten ihm die französischen Vorgesetzten und genau dieses Vertrauen nutzte er zu seiner Flucht.

Drei Monate war das schon her. Da John sehr sprachgewandt und intelligent war, konnte er sich schnell weit entfernen. Braungebrannt und mit dunklem Haar wurde er, etwas verkleidet, leicht für einen Einheimischen gehalten.

In Saigon hatte er durch Zufall andere Deutsche kennengelernt und durch sie Kontakt zu jemandem bekommen, bei dem er einen gefälschten Ausweis erhielt. Nun war er also ein Australier mit dem Namen John Carpenter. Sein Englisch war einwandfrei und wenn niemand den falschen Pass erkannte, konnte ihm nichts passieren.

John stand an der Reling und schaute zu, wie die anderen Passagiere an Bord kamen. Es gab viele junge Männer wie ihn, die das Schiff bestiegen, aber auch große Familien mit plappernden Frauen. John musste schmunzeln, Frauen waren für ihn eine Seltenheit und das eifrige, gestenreiche Reden erheiterte ihn. Da plötzlich betrat eine wunderschöne junge Frau die Gangway. Johns Herz schlug höher. Solch eine Frau müsste man erobern können. Aber wie sollte ihm, dem fast mittellosen John Carpenter, das gelingen? Der Frau folgten mehrere Bedienstete, die ihr Gepäck trugen. Sie musste also reich sein.

»Der gelbe Wind wird kommen und deine Sehnsüchte stillen!« John fühlte sich plötzlich angesprochen. Er schaute nach rechts, wo die Stimme herkam und nun entdeckte er ihn, hinter dem Wellenbrecher saß ein Aborigine. Er hatte ihn bisher nicht bemerkt. »Wie meinen Sie das?«, fragte er nun den australischen Ureinwohner, der nur mit einem Lendenschurz bekleidet in der heißen Sonne saß. Dieser wiederholte: »Auf dieser Reise wird der gelbe Wind kommen. Er wird deine Sehnsüchte stillen.« Der Aborigine grinste, drehte sich um und ging.

John wandte sich wieder der Gangway zu und versank in Gedanken an seine Sehnsüchte und an den gelben Wind. Irgendwann erwachte er wie aus einem Traum und ging in seine Kabine.

Es war die erste Nacht seit langem, in der er ruhig durchschlief. Er fühlte sich hier auf dem Schiff sicher. Er hatte viel geträumt, konnte sich aber keinen rechten Reim auf die Träume machen. Nur der Name des Schiffes fiel ihm wieder ein, ›Papillon‹, Schmetterling, auch davon hatte er geträumt. Er schüttelte den Kopf, erfrischte sich an dem Waschbecken in seiner Kabine und ging in den Frühstücksraum. Er hatte gehofft, die wunderschöne Frau dort zu treffen, die er gestern auf der Gangway gesehen hatte und war etwas enttäuscht, als er sie nicht sah, vermutlich frühstückte sie in ihrer Kabine.

Das Schiff hatte bereits am frühen Morgen abgelegt und befand sich schon weit im Südchinesischen Meer. Manila sollte die nächste Station sein, bevor es, vorbei an den Philippinen, Richtung Süden gehen würde. Die Stadt Darwin sollte das Ende von John Carpenters Seereise sein, damit hätte er Australien erreicht. Sein australischer Pass war auf Perth ausgestellt, aber dort wollte John natürlich nicht hin.

Die Tage auf See zogen sich endlos in die Länge. Tag für Tag stampfte die alte, aber zuverlässige Maschine eintönig vor sich hin. Jeden Morgen und Abend bestaunte John das großartige Schauspiel, das die aufgehende oder die untergehende Sonne über dem weiten Meer bot.

Das Schiff war bereits südlich der Philippinen, als John eines Morgens den Aborigine wieder traf. Er ging zu ihm hin und fragte ihn: »Wie meinten Sie das mit dem gelben Wind?« Der Aborigine schwieg lange Zeit, er beobachtete Johns Gesichtszüge ganz genau, dann nahm er Johns Hände und drehte sie mit der Innenseite nach oben. Er schaute längere Zeit auf die Handflächen, dann lächelte er und sagte: »Als ich vor vielen Jahren auf meinem walk about war, sah ich ihn auf einem Traumpfad zum ersten Mal, den gelben Wind. Auf dieser Reise wird er wiederkommen und es wird das erste Mal sein, dass ich ihn auf dem großen Meer sehe. Sei bereit, wenn der gelbe Wind kommt, werden deine Sehnsüchte ihre Erfüllung finden.«

»Aber was ist der gelbe Wind? Woran werde ich ihn erkennen?«, fragte John. Der Aborigine lachte aus vollem Herzen, er bog sich förmlich vor Lachen. Als er sich ein wenig beruhigt hatte, hob er die Schulter und sagte wie selbstverständlich mit einem weiteren Lachen im Gesicht: »Er wird gelb sein!«, dann drehte er sich um, lachte erneut und ging.

Wenige Tage später, das Schiff hatte die Inselgruppe der Molukken passiert und befand sich in der Bandasee, war plötzlich ein Raunen unter den Passagieren zu hören. John, der sich an Deck befand, schaute in die Richtung und sah, wie mehrere Menschen aufgeregt Richtung Nord-Westen zeigten. Wie aus dem Boden gewachsen stand auf einmal der Aborigine neben John, auch er zeigte Richtung Nord-Westen und sagte mit ruhiger Stimme: »Der gelbe Wind kommt!« John strengte seine Augen an, zuerst sah er nichts, aber ein wenig später schien es ihm, als ob sich dort in weiter Ferne tatsächlich ein gelber Wind auf das Schiff zubewegte. Immer näher kam dieser gelbe Wind und John fragte sich, aus was er wohl bestehen würde. Gefährlich konnte dieser gelbe Wind wohl nicht sein, sonst hätte der Ureinwohner wohl davor gewarnt. Immer näher kam der gelbe Wind. Es schien tatsächlich so, als würde er direkt auf das Schiff zusteuern. John schaute auf die Fahnen des Schiffes. Eigentlich war es sogar ziemlich windstill, nur der Fahrtwind ließ die Fahnen flattern. Umso merkwürdiger war es, dass dieser gelbe Wind immer näherkam.

Noch ganz Soldat schaute sich John nach einer Deckung um, wo er sich vor diesem Phänomen schützen konnte. Ins Innere des Schiffes zu gehen hielt er zwar nicht für notwendig, aber er wollte vorbereitet sein.
Immer näher kam der gelbe Wind. Die ersten Passagiere eilten ins Schiffsinnere, um, durch die Glasscheiben geschützt, weiter Ausschau zu halten.
Der Wind bewegte sich wie eine große, gelbe Wolke und plötzlich erreichte er das Schiff. Riesengroße, gelbe Schmetterlinge flatterten aufgeregt umher und landeten überall auf dem Deck. Das ganze Schiff war von den Schmetterlingen umgeben wie von einem dichten Nebel. John hatte sich in letzter Sekunde in die geschützte Ecke gerettet, aber selbst hier war er umgeben von den prächtigsten, gelben Schmetterlingen, die er je gesehen hatte, und das in unglaublich großer Zahl.
Urplötzlich stolperte aus dem gelben Nebel heraus eine weibliche Person in Johns Arme. Es war die wundervolle Frau, die er in Saigon gesehen hatte. Er hielt sie fest in seinen Armen und schaute in ihr Gesicht. Sie schaute ebenso in seines und dann zog John das weibliche Wesen einfach zu sich heran und küsste sie. Und sie küsste ihn und rund um sie herum wirbelte der gelbe Wind. Sanft streichelten die gelben Schmetterlingsflügel über ihre Wangen.

Geld oder Liebe?

Bernadette Maria Kaufmann

Mireille machte sich daran zu überlegen, wie viele Beiträge sie bis Monatsende brauchen würde, um auf einen grünen Zweig zu kommen. Auf einen grünen Zweig kommen, das bedeutete für sie, dass sie wenigstens einen gewissen Betrag sicher einnehmen konnte. Man musste sich aus Geld ja nichts machen – man brauchte Geld nicht zu lieben, fand Mireille. Aber: Man musste ihm doch einen gewissen Gebrauchswert zugestehen. Das war so.
Und da war man noch gar nicht beim Stapeln von Goldbarren angekommen.

Goldbarren! Mireille schmunzelte. Nein, Gold hatte sie keines, das war wohl klar. Für sich selber brauchte sie auch keines. Sie war auch mit weniger Vermögen durchaus zufrieden. Gold, oder gleich eine Vielzahl an Goldbarren, das waren für manche der Menschen, die sie im Lauf des Lebens kennengelernt hatte, wohl die einzigen Werte, die sie kannten.

Mireille fand das ein wenig traurig. Hatten Werte mit Geld zu tun?
Ja, für unsere Kinder ist das beste gerade gut genug – so ein gängiger Ausspruch und auch der Leitgedanke solcher Menschen. Für unsere Kinder, wohlgemerkt … unsere …! Denn was interessieren uns die Kinder anderer Leute? Es ist doch ganz egal, ob die Eltern von denen einfach Pech hatten, vielleicht nicht so tüchtig waren und sind wie man selber … denn sonst wohnt ja eh kein erwachsener Mensch mehr zur Miete. So was machen doch bloß die kleinen Krabbler, die Ameisen, auf denen man herumtreten kann. Die besonders Unfähigen.

Mireilles Schmunzeln war verschwunden. War doch schön, dass es trotzdem mehr als genug Leute gab, denen man seine Immobilie vermieten konnte, was? Unfähige wie sie. Die, die keine reichen Eltern mit dem richtigen Budget für das Verschenken eines Hauses zum Studienabschluss hatten. Aber Werte … Werte kannten diese kleinen Krabbler sehr wohl, im Gegensatz zu so manchen der »das Beste ist gerade gut genug«-Fraktion. Sie hatten Werte, echte Werte, und diese gaben sie auch weiter … an ihre Kinder.

Am Nachmittag erlebte Mireille dann eine Überraschung. Zwei Wildentenbabys waren aus ihrem Nest gefallen, das deren Eltern irgendwo auf dem Dach gebaut hatten – und rannten jetzt wie wildgeworden auf der Terrasse herum.
Zu süß, diese kleinen Entchen! Aber wo blieben ihre Eltern? Die Kleinen konnten noch nicht fliegen … und erst nach gut zwei Stunden realisierten die zwei, dass das Wasser aus der Schale, das Mireilles Mutter ihnen hingestellt hatte, da war, um getrunken zu werden. Na ja. Dann war es doch spannend, wann sie checken würden, dass auch das hartgekochte Ei auf der Terrasse für sie war … in kleine Stückchen gehackt wartete es auf sie.
Mireille lächelte. Vielleicht holten die Wildenteneltern die Babys ja noch … hoffentlich. Ihre Mutter hatte währenddessen schon das Frühstück für die zwei Kleinen eingeplant.
Das Beste für unsere Kinder ist gerade gut genug?
Aber sofern man ein Herz hatte, interessierten einen auch die Kinder anderer. Und wenn es Wildenten waren. Auch Tiere, dachte Mireille, haben eine Seele, sie empfinden Liebe und Schmerzen … und manch Tier ist ›echter‹ als mancher Mensch, der sich hinter seiner Maske versteckt.
Was heißt, versteckt … einzementiert hat.

Am Abend war die zweite der kleinen Wildenten verschwunden. Drama … das verbliebene Geschwisterchen bekam die

Panik. Vielleicht war das andere kleine Tier irgendwo heruntergefallen? Mireille schaute nach dem Tier, doch es blieb spurlos verschwunden. Schade, fand sie. Hoffentlich würden die Wildenteneltern wenigstens morgen kommen, um das verbliebene ihrer Kinder abzuholen. Aber Mireille war sich da nicht so sicher. Hoffentlich …

Währenddessen baute ihr Vater flink eine Art Vogelbauer und fing das verzweifelte Entchen mit Hilfe eines alten Geschirrtuchs schließlich. In den Vogelbauer hatte ihre Mutter ein altes Handtuch untergebracht für das kleine Wesen, denn die Nacht würde kalt werden, es gab einen Teller mit gehackten Stückchen des hartgekochten Eis und eine flache Schale mit etwas Wasser. Die kleine Wildente hüpfte erst verzweifelt herum, eine ganze Zeitlang, aber als es zu regnen begann vor der Terrasse und das Klatschen der harten Wassertropfen und des Hagels zu hören waren, wurde das Tierchen allmählich ruhiger. Es futterte ein wenig vom Ei, trank Wasser, und kuschelte sich auf dem weichen Handtuch für die Nacht zusammen.

Mireille dachte kurz an das zweite Tierchen, schob den Gedanken aber schnell beiseite. Es war zu traurig. Vermutlich hatte sich der Kater vom Nachbarn unten längst auf das Entenkind gestürzt.

Wenigstens eine der kleinen Wildenten war Gott sei Dank in Sicherheit.

Sie erinnerte sich an das deutsche Sprichwort, das sie manchmal zum Spaß sagte. Man muss das Beste hoffen, das Schlimmste kommt von selbst. Vielleicht war ja alles gut gegangen, auch für das zweite Entchen. Aber sie konnte es nicht wissen, und sie konnte das kleine Wesen auch nirgends mehr aufspüren.

Sie dachte an die Szene mit diesem großkotzigen Typen vor kurzem, wie er seiner Frau seine Kreditkarte in die Hand drückte vor ihr, mit den Worten, sie solle für die Kinder das

Teuerste kaufen. Nur das Teuerste. Denn für die gemeinsamen Kinder wäre das Beste gerade gut genug.
Ja, vielleicht … andere Werte gab es für ihn und seinesgleichen ja wohl nicht. Aber: Was war wohl wichtiger? Geld oder Liebe?
Immer nur Geld?
Aber dann würde man keine kleine Wildente retten, wenn sie aus dem Nest gestürzt ist – nicht wahr? Denn sie zählte dann ja nicht. Sie hat zwar ganz sicher eine Seele. Aber hat sie Geld? Oder einen materiellen Wert? Traurig ist das Leben so eines Menschen, dachte Mireille, wenn er nichts hat außer sein Geld, und wenn er mal keins mehr hat, sich höchstens an der Erinnerung an seine Goldbarren von früher … ein wenig wärmen könnte.

Geld oder Liebe?
Gern beides. Aber ohne Liebe hilft auch alles Geld der Welt nicht viel, denn an Gold kann man sich nicht wärmen.

Bedeutung Mireille: die Schöne, die Bewundernswerte

Das falsche Gelb

Markus Kohler

»Das ist nicht das richtige Gelb!« Renato Silvero fuchtelte vor der Leinwand herum und sah Enrico Ramon mit böse funkelenden Augen an. »Das Gelb da«, er deutete auf die dargestellte Sonne, »ist kalt und emotionslos. Ich möchte es warm und voller Gefühl. So kaufe ich das Bild nicht.« Enrico ließ beschämt den Kopf sinken und faltete seine Hände. »Ich gebe Ihnen Zeit bis übermorgen, wenn Sie bis dahin das Bild nicht hinbekommen muss ich wohl einen anderen Auftragsmaler aufsuchen.« Renato Silvero drehte sich abrupt um und verließ das Atelier. Enrico sah ihm traurig hinterher, dann trat er vor die Leinwand.

Es wurde immer schwieriger, sein Geld als Auftragsmaler zu verdienen. Die Ansprüche der Kunden wurden immer ausgefallener und es schien oft schier unmöglich, die Wünsche zu erfüllen. Enrico umfasste mit beiden Händen das Bild und stierte auf den gelben Fleck, der als Sonne hinter einem alten, halb zerfallenen Haus zu erkennen war. »Kalt und emotionslos«, wiederholte er laut. Er nahm die Leinwand von der Staffelei und hieb sein Werk gegen die Tischkante. Ein breiter Riss zerstörte das Gemälde. Wütend warf Enrico das Bild zu Boden und stürmte aus dem Raum.

Rosina stand am Herd und rührte in den großen Topf mit Tomatensauce noch etwas Olivenöl für den Geschmack hinein, als Enrico die Wohnküche betrat. Sie drehte sich zu ihm und wollte ihn schon freudig begrüßen. Als sie jedoch sein zorniges Gesicht erblickte, sagte sie nur: »War wohl nicht gut gelaufen.« »Ach, lass mich zufrieden. Ich glaube, ich werde Anstreicher, dann muss ich mich mit Leuten wie diesem Silvero nicht mehr herumärgern.« Rosina ließ etwas von der Tomatensauce vom Kochlöffel auf einen kleinen Löffel fließen und schmeckte vorsichtig ab. Sie schien mit dem Ergebnis zufrieden, rieb ihre Hände an einem Küchentuch ab und ging auf Enrico zu. »Nun setz dich erst einmal. Möchtest du etwas Wein?« Er ließ sich auf einen Stuhl plumpsen, streckte die Beine aus und faltete die Hände auf der Tischplatte. »Am besten du stellst gleich die ganze Flasche auf den Tisch.«

Mit Kopfschmerzen wachte Enrico am nächsten Morgen auf. Er hatte am Abend fast zwei Flaschen Rotwein alleine getrunken und Rosina jammernd erzählt, wie schwer es doch inzwischen für ihn in seinem Beruf geworden war. Sonnenstrahlen fielen durch das Fenster in sein Zimmer und erinnerten ihn sogleich an seine ganze Misere. Wie nur konnte er ein warmes und gefühlvolles Gelb auf die Leinwand zaubern? Ja, zaubern war das richtige Wort. Dieses Gelb gab es nicht so, wie es sich dieser Signore Silvero vorstellte. Missmutig schlurfte Enrico ins Bad und betrachtete sein verkatertes Gesicht im Spiegel.

Er hörte Rosina in der Küche hantieren, sie sang dabei ein Volkslied. Rosina hat eine schöne Singstimme, dachte Enrico und folgte dem Duft nach frischem Brot und Kaffee in die Küche. »Guten Morgen, mein Lieber. Ich hoffe, es geht dir nach dem vielen Wein nicht allzu schlecht.« Rosina lächelte ihn an und Enricos Laune besserte sich schlagartig. Er verspürte sogar einen leichten Hunger und setzte sich an den Tisch, nachdem er Rosina einen leichten Kuss auf die Lippen gegeben hatte. Nach der zweiten Tasse Kaffee und einem Schinkenbrot fühlte er sich stark genug für den kommenden Tag und dachte schon darüber nach, mit welchen Zutaten er das »wahre« Gelb zusammenmischen konnte.

Als er aus dem Haus trat, fiel sein Blick auf einen der vielen Blumenkübel, die Rosina liebevoll bepflanzt rund um den Eingang verteilt hatte. Das leuchtende Gelb einer Primel zog ihn magisch an. Er knipste einen Blütenstängel mit seinen Fingern ab, steckte ihn in seine Jackentasche und ging zurück ins Haus, hinauf in sein Atelier. Dort angekommen setzte er eine leere, weiße Leinwand auf die Staffelei und begann mit

der Grundierung. Er malte alles wieder so wie auf dem ersten Bild, bis er am Schluss bei der Sonne angelangt war.
Inzwischen war es später Nachmittag geworden und die Sonne stand schon tief am Himmel. Enrico zog vorsichtig die Primelblüte aus seiner Tasche und war augenblicklich enttäuscht. Schlaff und welk lag die Blume in seiner Hand und hatte auch ihre Leuchtkraft verloren. Jetzt war es eher ein schmutziges und krankes Gelb und hatte mit einer Sonne nicht mehr das Geringste zu tun. Wütend warf er den Blütenstängel zu Boden und zertrat ihn. Er wollte für heute die Arbeit an dem Bild beenden, auch wenn ihm nur noch ein halber Tag blieb, bis Renato Silvero kam, um die Auftragsarbeit abzuholen.
Frohgelaunt wie immer stand Rosina in der Küche und schälte Kartoffeln. Zu der Tomatensauce von gestern sollte es heute Gnochis geben. Wieder sang sie dabei ein lustiges Lied und bemerkte nicht, wie Enrico die Küche betrat. »Dir geht es ja gut«, brummte dieser und griff zur Weinflasche. Rosina legte die Kartoffeln und das Messer in die Spüle, putze sich die Hände an einem Küchentuch ab und setzte sich Enrico gegenüber. »Lieber Mann, warum sollte auch ich Trübsal blasen? Deine schlechte Laune reicht eh schon für zwei.« Sie grinste ihn schelmisch an und fuhr fort: »Also ist aus dem Gelb wieder nichts geworden.« Es war mehr eine Feststellung als eine Frage. »Ich habe es gar nicht erst versucht«, entgegnete Enrico leise. »Ich habe das ganze Bild fertig, bis auf die Sonne.« »Lass es mich sehen«, sagte Rosina und streckte ihm beide Hände entgegen um ihn nach oben in das Atelier zu ziehen.
Da standen sie nun beide vor dem Gemälde und betrachteten es stumm. Rosina machte ein vielsagendes »Mhmm«, worauf sie einen ärgerlichen Blick von Enrico erhielt. »Was soll das heißen? Mhmm?« Sie zuckte die Schultern. »Hast du das erste Bild schon weggeworfen?«, fragte Rosina neugierig. Enrico ging in eine Ecke des Raumes und kramte das zerstörte Bild

hervor. Er hielt es nach oben, damit sie es betrachten konnte. »Nun«, sagte sie schließlich, »dein Kunde hat nicht ganz unrecht. Dieses Gelb ist kalt.« Verärgert knallte Enrico die Leinwand auf den Boden und eilte in die Küche zurück.

Sie saßen sich am Tisch schweigend gegenüber, als Rosina plötzlich mit der flachen Hand auf die Tischplatte klatschte. Erschrocken fuhr Enrico hoch. »Ich hab es«, sagte sie aufgeregt, »ich weiß, wie du das Gelb zusammenmischen kannst.« Ungläubig sah Enrico sie an. Rosina öffnete ihre Hemdbluse und nestelte das Goldmedaillon hervor, das sie von ihrer Großmutter geerbt hatte. Enrico sah ihr fest in die Augen und schüttelte fast unmerklich den Kopf. »Nein, Rosina, nein. Das kommt überhaupt nicht in Frage.« Sie griff sich um den Hals um die Kette zu öffnen und legte sie dann auf den Tisch zwischen ihnen beiden. »Lieber Enrico, Großmama hätte sich darüber gefreut. Du weißt, wie sehr sie die Künstler und vor allem die Maler mochte.« Sein Kopfschütteln wurde energischer und er machte mit beiden Händen eine abwehrende Geste. »Das kann und werde ich nicht annehmen.« Er stand auf und verließ das Haus.

Als er nach drei Stunden wiederkam, es war inzwischen 22 Uhr geworden, stand Rosina immer noch am Herd und rührte in einer kleinen Kasserolle. Freudig drehte sie sich zu ihm und hielt ihm das kleine Töpfchen entgegen. »Es war ganz einfach«, sagte sie euphorisch. Er lugte in den kleinen Behälter und schluckte schwer. Rosina hatte das Medaillon eingeschmolzen und hielt ihm nun das Ergebnis direkt vor die Nase. »Nun«, sprach sie mit Stolz in der Stimme, »musst du es nehmen. So ist es auch für mich nicht mehr von Wert.« Enrico riss sie in seine Arme. Rosina musste darauf achten die Kasserolle nicht fallen zu lassen. »Du weißt nicht, wie sehr ich dich liebe«, stammelte er. »Och, ich denke schon. Sonst hätte ich das nicht für dich getan.«

Enrico malte das Bild noch in derselben Nacht bei elektrischem Licht zu Ende. Als er schließlich zu Rosina ins Bett kroch, zeigte die Uhr an der Wand gegenüber auf vier.
Renato Silvero war außer sich, als er das Gemälde sah. »Sie sind ein Meister, mein Lieber. Das ist genau das, was ich wollte.« Als Enrico mit ihm vor dem Bild stand, fiel die Sonne genau im richtigen Winkel durch das Fenster, und die gemalte Sonne schien die Sonnenstrahlen förmlich zurückzuwerfen. »Ich verdoppele den genannten Preis und gebe gleich noch ein weiteres Bild bei Ihnen in Auftrag« Signore Silvero streckte Enrico seine Rechte entgegen, um per Handschlag das Geschäft zu besiegeln.
Freudig erregt wirbelte Enrico wenig später Rosina durch die Küche. »Er hat das Doppelte bezahlt und mir noch einen weiteren Auftrag gegeben. Das habe ich nur dir zu verdanken, mein geliebtes Weib.« Er drückte ihr einen feuchten Kuss auf die Lippen. Rosina wehrte ihn spielerisch ab. »Nun«, sagte sie, als sie sich befreit hatte, »dann bleibt vielleicht sogar noch etwas Geld für einen Ehering übrig, den du mir schon seit zwei Jahren versprochen hast, nachdem ich meinen ersten verloren hatte.« Schelmisch zwinkerte sie ihm zu, dann lachten beide lauthals los.

Ein letzter Sommer

Evelyn Kühne

Er hatte heute einfach herkommen müssen. Er musste sie noch einmal sehen. Vorige Woche hatte sie standesamtlich geheiratet, das hatte für ihn keine Bedeutung gehabt. Doch heute gab sie ihr Jawort vor Gott ab und der Pfarrer würde die geschlossene Verbindung segnen.
Fast als Letzter hatte er sich zum Seiteneingang in die Dorfkirche hineingeschlichen. Ganz hinten setzte er sich auf eine der harten, unbequemen Kirchenbänke und verbarg sich hinter einer Säule. Die kleine Kirche war gut gefüllt, niemand wollte sich die Trauung entgehen lassen. Nach einer kurzen Zeit des Wartens setzte das Orgelspiel ein und gleich darauf betrat sie am Arm ihres Vaters die Kirche. Langsam schritten beide Richtung Altar, an dem schon der Pfarrer mit ihrem zukünftigen Mann wartete.
Sie sah so wunderschön aus, dass es ihm fast den Atem nahm. Das lange, weiße Kleid umspielte ihre schlanke Figur. Ihre Haare hatte man zu einem Knoten geflochten und ein feiner, bestickter Schleier war daran befestigt. In ihren Händen trug sie den Brautstrauß, als er ihn sah, konnte er es kaum glauben. Er war aus vielen gelben Sonnenblumen gebunden und vermittelte ein Gefühl von Sommer und Frohsinn. Frank schaute die leuchtenden Blüten an und seine Gedanken gingen zurück.

Er wusste es noch wie heute, es war einer der heißesten Sommer, an die er sich erinnern konnte und das Jahr, in dem er seine letzten richtigen Ferien hatte. Eines Tages kam sein Vater in sein Zimmer und eröffnete ihm, dass sie im Sommer umziehen würden. Frank konnte es nicht fassen, fort von hier, von seinen Freunden, seinen Kumpels. Von dem Ort, an dem er aufgewachsen war, dutzende Kindheitserinnerungen lauerten an jeder Ecke. Doch der Entschluss seiner Eltern

stand unumstößlich fest. Vater hatte eine neue Arbeitsstelle in Aussicht und am Wochenende würden sich alle zusammen ein Haus anschauen, das man mieten könne.
Endlos fuhren sie durch Wiesen und gelbblühende Rapsfelder. Es schien ihm, als ob sie bis ans Ende der Welt fuhren. Dann tauchte in der Ferne ein Kirchturm auf und sie waren da, an dem Ort, wo er in wenigen Wochen daheim sein würde. Der Zeitpunkt war gut gewählt, Frank beendete seine Schulzeit und wollte ab September eine Lehre zum Automechaniker beginnen. Anscheinend hatte sich sein Vater auch darum gekümmert, denn auch hier wartete schon ein Ausbildungsplatz auf ihn. Das Haus war idyllisch und riesengroß. Sein neues Zimmer lag nach hinten raus, gemütlich unter dem Dach, mit vielen Schrägen. Ein Gaubenfenster eröffnete den Blick in den etwas verwilderten Garten.
Er war hin- und hergerissen, das neue Zimmer war wirklich toll, aber diese Ruhe und Abgeschiedenheit hier! Sie waren kaum einem Menschen begegnet. Dennoch zogen sie vier Wochen später um. Er verabschiedete sich von seinen Kumpels und man versprach, sich zu besuchen. Doch er wusste, dass das nur die Worte waren, die man eben bei einem Abschied so sagte.
Alle hatten gemeinsam das Haus gemalert und eingerichtet. Mutter nähte bunte Vorhänge und er und sein Vater richteten den Garten her. Sein eigenes Reich durfte er gestalten, ganz wie er wollte. Ganz ehrlich, das Zimmer war einfach toll geworden. Seine ganzen Poster hängte er auf und seine Fußball-Pokale bekamen auf einem Regal einen Ehrenplatz.
Nach einer Woche ging Vater auf seine neue Arbeitsstelle als Maler und kam schon nach zwei Tagen mit der Kunde heim, für ihn eine Ferienarbeitsstelle gefunden zu haben. Oben im Schloss suchten sie jemanden, der den Gärtner bei seiner Arbeit unterstützte.
Am nächsten Morgen schwang Frank sich auf sein Fahrrad und radelte in Richtung des nicht zu übersehenden großen

Gebäudes am Rande des Waldes. Er war noch nie hier oben gewesen und hatte das Schloss immer nur aus der Ferne gesehen. Für seine Begriffe war es riesig, es gab ein Haupthaus und mehrere Nebengebäude. In einem davon war die Gärtnerei untergebracht. Er klopfte an die Tür und eine mürrische Stimme bat ihn herein.

»Ah, du bist wohl der neue Bursche aus dem Dorf, der mir ein wenig helfen soll.« Ein älterer Mann saß an einem Tisch, aß Schnitten aus einer Plastikdose und trank dazu einen Kaffee. »Komm, setz dich her. Kommst wohl aus der Stadt, wie ich gehört habe?«

Frank nickte, »Ja, wir sind vor kurzem erst hergezogen.«

Der Alte nickte sinnend vor sich hin, »Wie alt biste denn und wie heißt du?«

»Ich bin sechzehn, werde im Januar siebzehn und heiße Frank.« Auch diese Antwort wurde mit einem Nicken zur Kenntnis genommen.

»Na, dann komm mal mit, Frank, ich bin übrigens der Anton. Hast du schon mal was im Garten gemacht?«, forschte der Alte nach.

»Na ja, ich habe mit meinem Vater unseren neuen Garten bisschen hergerichtet, Hecke geschnitten, Rasen gemäht und so.«

Schweigend gingen sie zu einem Schuppen und Anton drückte ihm einen Rechen in die Hand. Dann zeigte er zu einer riesigen Wiese, an deren Rand mehrere große, alte Bäume standen.

»Da unten drunter liegt ein Haufen Zweige und Blätter, vom letzten Sturm. Die fegst du alle schön ordentlich auf einen Haufen, verstanden?«. Fragend sah er ihn an und Frank nickte zur Bestätigung.

Die Arbeit war ungewohnt für ihn und nach kurzer Zeit schmerzten seine Arme und wurden immer schwerer. Anton war nirgends zu sehen und so machte Frank mit dem Rücken an einen Baum gelehnt im Schatten eine kleine Pause.

»Na, du hältst wohl ein kleines Schläfchen hier ab oder wie?«, holte ihn eine Stimme aus seinen Träumen. Das Rauschen der Blätter über ihm und die drückende Hitze hatten ihn anscheinend einschlafen lassen.

Vor ihm stand ein Mädchen, vielleicht so alt wie er. Es trug eine kurze Jeanshose, ein schlabbriges T-Shirt und ihre langen gebräunten Beine endeten in weißen Turnschuhen. Ihre blonden Haare hatte sie zu einem Pferdeschwanz gebunden. Sie musterte ihn von oben bis unten und schien sich köstlich zu amüsieren.

»Bist du die Hilfe für den Gärtner?« Frank nickte, ärgerlich über sich selbst, wie hatte ihm so etwas nur passieren können, hier einfach einzupennen.

»Oh je, na wenn du nur rumsitzt und schläfst, wirst du wohl bald wieder zu Hause bleiben können. Mit Anton ist da nicht zu spaßen, glaub mir«, sagte sie spöttisch.

Frank sprang auf und rieb sich einige Blätter von seinem Hintern. »Und wenn schon, dann geht´s dich ja wohl gar nichts an. Ist doch allein meine Sache.«

Sie zuckte mit ihren Schultern, drehte sich herum und ging nach oben Richtung Schloss. Kurz darauf war sie hinter einigen Büschen seinen Blicken entschwunden.

Schon am nächsten Tag sah er sie wieder, er half dem alten Gärtner gerade dabei, eine Hecke zu schneiden, als sie plötzlich auf einem Pferd geradewegs auf sie zu ritt. Freundlich nickte sie Anton zu und verschwand die lange Allee hinunter.

»Wer war das denn?«, fragte er neugierig nach.

Anton lächelte. »Das ist Lissy, na ja, eigentlich heißt sie Elisabeth, die Tochter des Grafen. Sie ist nur immer in den Sommer- und Winterferien hier. Ansonsten ist sie in der Schweiz, auf einem Internat.«

Frank schaute ihr hinterher und sah noch immer ihren blonden Pferdeschwanz auf- und ab wippen.

Gegen Abend radelte er mit seinem Fahrrad am Waldrand entlang nach Hause. Dieser Weg war zwar etwas weiter, doch er konnte im Schatten der Bäume fahren, was bei dieser Hitze eine wahre Wohltat war. Auf einmal schien es ihm, als hätte er gerade ein Geräusch gehört. Frank stieg ab und lauschte, da war es wieder, aus dem Wald klang ein leises Winseln zu ihm. Vorsichtig schaute er nach und fand schon nach wenigen Metern einen wuscheligen Hund, dessen Pfote in einem Fangeisen steckte. Das Tier war völlig entkräftet und japste nach Luft. Er nahm sich einen Stock, bog die Falle damit auf und befreite die Pfote. Anschließend suchte er in seinem Rucksack. Er hatte noch ein wenig Wasser in seiner Flasche und ein Brot war auch noch da. Gierig stürzte sich das Fellbündel darauf.

Auf einmal tauchten neben ihm zwei braune Beine auf. »Was machst du hier? Ich hab dein Fahrrad am Wegrand liegen sehen.« Da traf ihr Blick auf den schwachen Hund. Sofort fiel sie neben ihm auf ihre Knie. »Ach Gott, der Ärmste, hast du ihn hier gefunden? Er ist verletzt, sieh nur die Pfote.«

Frank wies mit dem Kopf auf die Falle. »Er hat da drinnen gesteckt.«

Plötzlich sprang sie auf, »Warte hier, ich bin gleich wieder da.«

Durch das Unterholz sah er, wie sie auf ihr Fahrrad stieg und schnell davon radelte. Kurze Zeit später kam sie mit einem grauen Kasten auf dem Gepäckträger wieder.

»Ich hab den Verbandskasten aus der Garage geklaut, wir müssen ihn verbinden.« Geschickt reinigte sie die Wunde und legte mit seiner Hilfe einen Verband an. Der Hund war mittlerweile schon wieder ziemlich munter und leckte ihnen ihre Hände ab. Humpelnd stand er auf und hüpfte um sie herum.

»Und was wird nun aus ihm?«, fragend sah sie ihn an. »Ins Schloss darf er nicht, das dulden meine Eltern auf keinen Fall.«

Frank zuckte die Schultern, »Ich nehme ihn einfach mit zu mir. Meine Familie hat bestimmt nichts dagegen.«

Strahlend sah sie ihn an. »Das ist super, darf ich …, darf ich ihn mal besuchen?«

Er nickte und hielt ihr seine Hand hin. »Ich bin übrigens Frank.«

Sie grinste. »Das weiß ich doch, ich bin Lissy, aber das weißt du sicher auch. Und wer ist er?«, sie schaute nach unten.

Kurz überlegte er, »Das ist Wuschel … was sagst du, der Name passt, glaube ich, zu ihm.«

Frank fuhr langsam am Rapsfeld entlang nach Hause und sein neuer Gefährte humpelte gemächlich, aber sichtlich begeistert, hinter ihm her. Mutter sah die Freude in seinem Gesicht und hatte nichts gegen das neue Familienmitglied.

Den Rest dieses Sommers waren Lissy und Frank unzertrennlich. Sie führten Wuschel durch gelb blühende Felder zusammen aus, gingen baden oder trafen sich zum Quatschen. Beide verstanden sich einfach ohne Worte.

Dann waren die Ferien vorbei, er begann seine Ausbildung und Lissys Eltern brachten sie wieder in ihr fernes Internat. Oft musste er an sie denken und als die Winterferien begannen, stand sie eines Tages mit roten Wangen vor seiner Tür. Wuschel stürzte sich sofort begeistert auf sie und ließ sich das Fell kraulen. Es war so, als wäre sie nie weggewesen.

Und wieder vergingen die zwei Wochen wie im Flug. Wenn er Feierabend hatte, holte sie ihn ab, beide fuhren Schlittschuh, rodelten oder machten mit Wuschel eine Schneeballschlacht.

Die Wochen und Monate vergingen und dann war Sommer. Eigentlich hatte er mit seinen Eltern in den Urlaub fahren sollen, doch er bot an, hierzubleiben und sich um Haus und Garten zu kümmern.

Gerade als er die Tomaten goss, hielt plötzlich jemand seine Augen zu. Ohne, dass sie etwas sagte, wusste er, dass sie es war. Er spürte es einfach. Frank drehte sich um und hob sie hoch in die Luft vor Freude. Sie war federleicht und fühlte sich gut an. Als er sie wieder vorsichtig herabließ, waren sich ihre Gesichter plötzlich ganz nah. Ihre Nasenspitzen berührten sich fast. Langsam neigte er seinen Kopf zu ihr und küsste sie sanft. Lissys Lippen bebten und sie legte ihre Arme um seinen Hals und zog ihn zu sich herab.

Am Wochenende fasste er sich ein Herz. »Lissy, ich wollte dich fragen, ob du vielleicht Lust hast, mitzukommen? Im Nachbardorf ist heute Abend Tanz, irgend so ein Sommerfest.« Unsicher sah er sie an.

»Ich dachte schon, du würdest mich nie so etwas fragen. Klar komme ich mit. Treffen wir uns um acht, an der alten Eiche.« Sie lachte, drückte ihm noch einen leichten Kuss auf seine Lippen und verschwand.

Aufgeregt wartete er am Treffpunkt und da kam sie, in einem gelben Kleid, sie sah aus wie die Sonnenblumen, die überall auf den Feldern blühten. Mit seinem Moped fuhren sie zum Tanz. Auf dem Hinweg hielt er an einem Feld an. Er sprang mitten hinein und pflückte so viele Sonnenblumen, wie er tragen konnte. Lissy wartete am Rand und sah ihm lächelnd zu.

»Wenn wir mal heiraten, Lissy, dann bekommst du genauso einen Brautstrauß von mir. Was sagst du?«

Lachend warf sie ihren Kopf in den Nacken. »Da brauche ich einen Karren, den sie vor mir herschieben, so schwer sind die. Aber ich hätte gerne so einen Strauß zur Hochzeit von dir, er wäre bestimmt wunderschön.«

Die Blumen fielen zu Boden, beide küssten sich und liebten sich zum ersten Mal. Nie würde er den Anblick von ihr vergessen, ihr gelbes Kleid und die leuchtenden Blumen, wie tausend strahlende Sonnen, über ihr. Er pflückte eine kleinere Blüte vom Wegesrand und steckte ihr sie ins Haar.

Dann fuhren sie zum Fest, sie lachten, tanzten und liebten sich auf dem Rückweg noch einmal. Den Rest der Ferien sahen sie sich, wann immer es möglich war. Doch eines Tages kam er doch, der Abschied. Ein letztes Schuljahr für sie begann.

»Im Winter komme ich wieder«, waren ihre letzten Worte. »Ich denke jeden Tag an dich und im Sommer bin ich für immer hier.«
Doch sie kam im Winter nicht. Anton sagte ihm, sie wäre in den Bergen Skifahren. Auch im Sommer tauchte sie nicht auf. Wenn er den alten Gärtner fragte, zuckte der nur mit seinen Schultern. Oben im Schloss nach ihr zu fragen, wagte er nicht. Zwar kannten seine Eltern Lissy, doch der Grafenfamilie war er nur einmal begegnet.
Ein Jahr verging und gelb blühten Raps und Sonnenblumen auf den Feldern. Da hörte er es. Anfangs war es nur ein Gerücht, doch als er an der kleinen Kirche vorbeifuhr, sah er den Aushang ihres Aufgebotes. Sie kam zurück, aber nur, um einen anderen Mann zu heiraten, einen, den ihre Familie für sie ausgewählt hatte.

Und nun saß er hier, sah sie an und lauschte dem Orgelspiel. Mitten im Lied, drehte sie sich plötzlich um, und schien in der Kirche jemanden zu suchen. Als sie denjenigen nicht entdecken konnte, wandte sie sich wieder dem Pfarrer zu.
Das Ja-Wort ihres Ehemannes, dröhnte laut durch die Kirche. Dann war sie an der Reihe, der Pfarrer stellte die entscheidende Frage. Dann herrschte Stille, Frank hielt den Atem an. Er spürte, wie sein Herz anfing zu rasen und spähte nach vorn. Ihre schmalen Schultern schienen zu zucken. Als die Pause zu lang wurde, schaute der Mann an ihrer Seite sie auffordernd an. Dann straffte sie sich und ihr Ja klang leise aber deutlich, bis zu ihm nach hinten.

Liebe zu goldgelber Stunde

Marena Jovic

Sechs Monate ist es nun schon her, dass wir von der Erde wieder zurück sind. Mein Vater leitete dort das Ministerium für Außerirdische und ihren Familien.

Seit wir von Manola auf die Erde gereist sind, ist viel geschehen. Wir suchten einen neuen Planeten, da uns auf lange Sicht die Ressourcen ausgehen würden. Zuerst sah es so aus, als ob wir nicht erwünscht wären, aber als wir den Menschen unsere Situation erklärten, waren sie bereit, mit uns zu kooperieren.

Es wurde ein Vertrag mit der Regierung geschlossen und wir integrierten uns. Im Gegenzug halfen wir den Bewohnern, ihre Ressourcen sinnvoll zu nutzen.

Ich bin froh, wieder hier zu sein. Ich vermisste die Wärme auf Manola. Die zwei Sonnen, die Gelbgold strahlen und nie ganz untergehen. Es gibt hier auch keinen Winter wie auf der Erde. Ich genieße die Wärme.

Meine Arbeit im Ältestenrat des Manolats kommt auch gut voran. Morgen werde ich mit meinen neunzehn Jahren an einer Gesetzesabstimmung teilnehmen. Das ist eine große Ehre für mich, da eigentlich nur Mitglieder teilnehmen dürfen, die schon einige Jahre im Rat mitarbeiten.

Heute treffe ich mich aber erst einmal wieder mit meinem besten Freund Yanik. Wir kennen uns, seit wir Kinder waren.

Die Tür summt leise. Wie bei uns üblich, öffnet sie sich automatisch und Yanik tritt ein. Unsere Häuser werden über die Stimmen gesteuert.

»Hey Darian, dein Haus erkennt meine Stimme immer noch«, begrüßt er mich mit einer freundschaftlichen Umarmung.

»Sicher, es vergisst nie!«

Ich schaue zur Tür und mir bleibt fast das Herz stehen.

»Das ist Nadik. Ich habe dir von ihm erzählt. Seine Eltern sind bei einem Raumflug ums Leben gekommen, als er vierzehn Jahre war. Du warst gerade mit deiner Familie auf der Erde.«
Ich kann meinen Blick kaum von ihm abwenden. Genau mein Typ: groß, breitschultrig, dunkle Haare und süße Locken. Er kommt jetzt auf mich zu und gibt mir zur Begrüßung die Hand. Wir sehen uns in die Augen.
»Hallo, ich bin Nadik. Yanik hat dich schon informiert?«
»Ja, er sagte, dass du heute mit mir reden willst.«
»Wenn du mich loslässt, dann wird das auch etwas«, antwortet er lachend.« Jetzt bemerke ich, dass ich ihn die ganze Zeit angestarrt habe und seine Hand sich immer noch in meiner befindet, die ich nun loslasse. Seine Augen faszinieren mich.
»Ich lasse euch Beide mal in Ruhe quatschen«, höre ich Yanik sagen. »Wenn ihr fertig seid, ruft mich. Ich bin in deinem Arbeitszimmer, Darian.«
Yanik ist fasziniert von den Büchern, die ich von der Erde mitgebracht habe. Sie zeigen die Schönheit des Planeten. Er ist beeindruckt von den Bergen, da unser Planet solche nicht kennt. Dank der von unseren Biotechnologen entwickelten Übersetzungsmikroben können wir die fremde Sprache sowohl sprechen als auch lesen.
Nun wende ich mich Nadik wieder zu. »Also, was ist los?«, frage ich ihn, während wir in den Wohnbereich gehen und uns auf die gemütliche Couch setzen.
»Morgen ist die Abstimmung. Ich meine das Gesetz, dass bei den Luftschiffen immer zwei Piloten anwesend sein müssen. Wie sicher ist es, dass ihr es durchbringt?«
»Ziemlich sicher, aber warum fragst du?«
»Weil meine Eltern so ums Leben kamen. Der Pilot hatte einen Herzinfarkt erlitten und konnte das Schiff nicht mehr steuern«, antwortet Nadik traurig.
»Das tut mir leid. Ich wusste nicht, wie es passiert ist. Ich werde schauen, was ich tun kann. Ich verspreche es dir.« Sei-

ne Traurigkeit berührt mich. Ich möchte ihn am liebsten in meine Arme ziehen und ihn trösten. Aber natürlich will ich nicht, dass er einen falschen Eindruck von mir gewinnt.
»Pass auf, wenn du darüber reden willst, dann komm einfach vorbei.« Nadik nickt.
»Yanik!«, rufe ich meinen besten Freund. Dieser kommt auch gleich zu uns.
»Wie ich sehe, habt ihr alles geklärt?«, fragt er und ein Lachen zeichnet sich auf seinem Gesicht ab. Wir nicken gleichzeitig. Einige Stunden sitzen und reden wir noch, bevor das Flugschiff die Beiden abholt. Es hält genau vor der Haustür und bringt die Bewohner zu allen Teilen des Planeten. Sie werden durch die Energiefelder betrieben und sind fast lautlos.

Die Abstimmung verläuft wie erhofft positiv. Das Gesetz ist beschlossen.
In den nächsten Wochen habe ich ständig Besuch von Nadik. Jeden Tag freue ich mich mehr auf ihn. Immer wieder sehe ich, wie er mich heimlich beobachtet. Ich kenne meine Wirkung auf Männer, ich konnte meine Homosexualität auf der Erde ausleben. Hier bin ich mir nicht sicher. Es hat sich zwar schon viel getan auf Manola, aber ich will nichts riskieren. Schwule Männer werden immer noch verpönt, die Einstellung ändert sich nur langsam.
Heute ist Nadik wieder bei mir. Einen Tag zuvor haben wir beschlossen, ans Meer zu gehen. Das Wasser ist hier sanfter als auf der Erde, deshalb macht das Schwimmen noch mehr Spaß. Die beiden goldgelben Sonnen wärmen das Wasser wohltuend und tauchen den Morgen in ein behagliches, goldenes Licht. Die Luft ist erfüllt von dem angenehmen Duft der hiesigen strahlend gelben Tulpenblüten.
Unser Strandsand klebt nicht, auch nicht an der nassen Haut. Da sich niemand am Strand befindet, können wir nackt baden.

»Wer als Erster im Wasser ist!«, rufe ich und renne los. Das lässt sich Nadik nicht zweimal sagen und spurtet hinterher. Doch ich bin schneller. Eine ganze Zeit schwimmen wir nebeneinander her. Dann bemerken wir, dass wir weit vom Ufer entfernt sind, und schwimmen zurück. Ich schaue nach links und rechts, sehe Nadik nirgendwo. Mir bleibt fast das Herz stehen. Ich rufe ihn, aber er antwortet nicht. Panik erfasst mich. Nein, das darf nicht sein!

»Nadik!«, rufe ich verzweifelt. Da spüre ich, wie meine Beine nach unten gezogen werden. Ich hole schnell tief Luft, bevor mich das Wasser umhüllt. Dann bemerke ich, wie etwas an meiner linken Seite vorbei schwimmt, es ist Nadik. Ich bin erleichtert, obwohl mein Herz wie eine Dampfmaschine schlägt. Ich tauche auf und sehe, dass Nadik das Ufer bereits erreicht hat. Schnell schwimme ich hinterher. Er grinst mich frech an und ich schließe ihn in meine Arme.

»Was sollte das? Weißt du, was für Sorgen ich mir gemacht habe?«, sage ich einen Ton zu laut.

»Das wollte ich nicht, verzeih mir«, antwortet Nadik schuldbewusst.

Eng umschlungen stehen wir am Ufer. Seine Hand ruht auf meiner Hüfte, meine Hände liegen um seinen Hals. Ich spüre, wie mir das Blut in die Wangen schießt, so nah bei ihm. Plötzlich spüre ich etwas Hartes gegen meinen Schwanz stoßen, der sich dabei langsam aufrichtet. Ich will jetzt alles auf eine Karte setzen. Meine Lippen streichen über die Seinen und finden sofort Einlass. Wir legen uns in den feinen Sand und können nicht genug voneinander bekommen. Wie lange habe ich auf diesen Moment gewartet. Mein Herz hämmert gegen meine Brust.

»Hast du schon mal mit einem Mann geschlafen?«

»Nein, noch nie. Ich weiß erst seit kurzem, dass ich mich zu Männern hingezogen fühle - zu dir besonders.« Ich schaue ihn an und lächle.

»Ok, lass dich einfach fallen!«

Anfänglich fällt ihm das schwer, aber dann erlebe ich mit ihm etwas Unglaubliches.
»Wow!«, höre ich Nadik sagen. Ich nehme meinen Kopf hoch und schaue ihn an.
»Das war nur ein kleiner Vorgeschmack auf das, was dich an meiner Seite erwarten kann.«
»Wenn das so ist«, Nadik hob den Kopf und blickt mich an, »freue ich mich auf die Zukunft.«
Wir waschen uns im Meer, ziehen uns an und gehen nach Hause.
So habe ich auf unserem Planeten mein Glück gefunden. Nadik ist kurz darauf bei mir eingezogen. Seine Eltern werden immer in seinem Herzen sein, aber die Traurigkeit ist so gut wie verflogen. Von den meisten Bewohnern wird unsere Beziehung akzeptiert. Diese Akzeptanz haben wir der Erde zu verdanken.

Honiggeruch, Bienen und Blütenduft

Sebastian Görlitzer

Die Lehrerin fragte die Klasse: »Wie wird Honig hergestellt, weiß das jemand?«

Und da meldete sich auch schon Michael. »Ja, bitte, komm vor und erklär den anderen, wie Honig hergestellt wird.« Er kam nach vorne und erklärte zunächst, dass sein Großvater Imker ist. »Sein Leben lang hat er mit Bienen zu tun«, begann er. Es folgte eine nahtlose Schilderung über den gelben Saft und wie angenehm süßlich er riecht. »Das hast du gut erklärt und auch ganz richtig beschrieben«, lobte die Lehrerin. Michael setzte sich. »Aber wer hat bisher Bienen beobachtet, wie sie von Blüte zu Blüte fliegen?« Wieder meldete sich nur Michael. Ansonsten schwieg alles im Klassenzimmer. Keiner schien bisher Bienen in freier Natur beobachtet zu haben. In der Zwischenzeit überlegte sich Frau Brecht, wie sie die Kinder in kleine Gruppen aufteilen konnte. Sie plante eine Aufgabe. »… und Lena und Bert, ihr zwei geht gemeinsam auf Entdeckertour in der Natur«, teilte sie die beiden Letzten auf und beide, Lena und Bert, die sich gar nicht leiden konnten, schauten sich mit giftigen Blicken an. »Habt ihr Einwände?«, fragte Frau Brecht, als sie die Blicke der beiden bemerkte. »Nein, Frau Brecht«, sagte Bert, der nämlich wusste, dass sie um diese Aufgabe nicht drumherum kamen und es ohnehin keinen Sinn hatte, mit der Lehrerin zu diskutieren. Sie würden zu zweit die Bienen beobachten und ein Bild von ihrem Erlebnis malen. Am Nachmittag trafen sich Lena und Bert also auf der großen Wiese, wo sie viele der Bienen fanden. In der Luft roch es nach Honig und nach Blütenduft. Um Lena zu zeigen, dass er sie doch ein wenig mochte, pflückte er einen Strauß der schönsten Wildblumen und plante, sie ihr zu schenken. Er lockte damit ein paar der Bienen an. Doch das wurde ihm erst später bewusst. Lena wartete bereits am ausgemachten Treffpunkt. »Da bist du endlich«, begrüßte sie Bert ungeduldig, der ihr nun die Blumen freundschaftlich überreichte. Verlegen sagte sie: »Danke« und gab ihm einen Kuss auf die Wange, weil sie ihn auch mochte, nur zugeben wollten es weder Lena noch Bert. Was sollten die anderen sagen, wenn sie wüssten, dass da mehr zwischen ihnen war als Freundschaft? So ganz egal waren sie sich aber auch nicht. Sie nahm die Blumen in die Hand und spürte plötzlich einen schmerzhaften Stich. Sie ließ die Blumen fallen. Die Biene, die Lena gestochen hatte, flog eilig davon. Lena bekam Probleme mit der Luft. Offensichtlich ein allergischer Schock gegen den Bienenstich. »Warte, hier ist etwas Wasser, trink.« Schnell reichte Bert ihr die Wasserflasche aus seinem Rucksack. Dann fiel ihm ein, dass man den Stachel einer Biene aus der Haut entfernen musste. Er nahm ihre Hand in die seine und presste den geöffneten Mund auf die Stelle. Als Bert den Stachel herausgezogen hatte, spuckte er ihn aus und half Lena auf. »Ich bringe dich nach Hause«, bot er ihr an. Die ließ es sich gefallen und so gingen sie heimwärts. Bert hatte ein schlechtes Gewissen und Zuhause zeichnete er auf einem weißen Blatt Papier den Strauß, wie er auf dem Boden lag und die Biene, wie sie davon flog. Auf die Rückseite des Papiers schrieb er: Lena und Bert, Klasse 2c. Die Hausaufgabe gab er pünktlich ab, ohne sie Lena vorher zu zeigen. Sie war für den Tag entschuldigt, weil die Eltern meinten, dass sie sich noch einen Tag ausruhen sollte. Was Lena nicht erfuhr, war, dass sie auf diese Hausaufgabe beide noch am selben Tag eine gute Zensur bekamen. Die Schulzeit verging wie im Flug. Gerade noch in der zweiten Klasse, standen sie auf einmal vor der Wahl, was sie mit ihrem Leben anfangen wollten. Lena lernte Floristik und Bert entschied sich für den Beruf als Landschaftsgärtner. Etwa zwanzig Jahre später trafen sie sich durch Zufall auf einem Bahnhof wieder. Nach all den Jahren war es Lena, die in Bert ihren ehemaligen Mitschüler erkannte. »Bert?«, sprach sie ihn verblüfft an. Der drehte sich

um und erkannte auch in Lena seine ehemalige Schulfreundin. »Lena?« Überrascht standen sie voreinander, schlossen sich in die Arme und anschließend lud Bert sie zu einem Kaffee ein, den sie dankend annahm. »So viele Jahre sind vergangen und du hast dich kaum verändert«, begann Lena das Gespräch. »Und du siehst immer noch so gut aus wie früher«, gestand er, ohne groß darüber nachzudenken, was er gesagt hatte. Peinlich berührt bedankte sie sich. Es stellte sich heraus, dass beide noch immer in der gleichen Stadt wohnten und so verabredeten sie sich regelmäßig. Irgendwann stand Bert mit einem Strauß bunter Blumen vor ihr. Sie hatten sich zum Essen verabredet. Wie er mit den Blumen so vor ihr stand, fiel Lena ein, wie er damals mit dem Strauß Wildblumen vor ihr stand und sie von einer Biene gestochen wurde.
»Was ist los, Lena?«, bemerkte Bert das Zögern von Lena.
»Ich muss nur an damals denken, du standest schon einmal mit Blumen vor mir und ich wurde von einer Biene gestochen.« Bert erinnerte sich.
»Das hatte ich ganz vergessen«, gab Bert zu. Er hatte diese Geschichte tatsächlich längst vergessen. Allein wie ein Schatten blieb sie in seinem Gedächtnis hängen.
»Wir hatten eine Hausaufgabe von unserer Lehrerin bekommen. Wie hieß sie nochmal?«
»Frau Brecht.«
»Genau, so hieß sie.«
»Was ist letztendlich aus der Hausaufgabe geworden?«
»Ich habe das Bild allein gemalt und anschließend habe ich es abgegeben.«
»Meine Eltern meinten, es wäre besser, zur Beobachtung mal einen Tag zuhause zu bleiben. Meine Mutter hat sich an diesem Tag frei genommen, damit sie sich um mich kümmern konnte.«
Sie betraten das Lokal und gingen zu dem von Bert bestellten Tisch. Sie setzen sich und sprachen weiter über die Hausaufgabe und die gute alte Zeit damals.«

»Und was ist nun aus der Hausaufgabe geworden?«, wollte Lena nun neugierig wissen.
»Frau Brecht meinte, sie wäre uns sehr gut gelungen und wir bekamen darauf, ohne zu zögern, eine gute Note von ihr.«
»Das wusste ich nicht, freut mich aber.«
»Ich hatte ein solches schlechtes Gewissen, dass ich auf die Rückseite unsere beider Namen geschrieben habe, deinen und meinen, so bekamen wir beide eine gute Zensur.
»Es war nicht deine Schuld, dass mich eine Biene gestochen hatte. Da brauchtest du kein schlechtes Gewissen zu haben.«
Nach der ganzen langen Zeit hatten Lenas Worte etwas befreiendes für Berts schlechtes Gewissen. Denn das hatte er immer noch. Für sie beide hatten Blütenduft, Bienen und Honiggeruch etwas Besonderes, weil es Erinnerungen ihrer Kindheit waren. Früher konnten sie sich nicht leiden, so glaubten sie, doch heute, als Erwachsene, fanden sie sich umso sympathischer. Und daraus wurde dann mehr als nur eine Freundschaft. Sie empfanden eine Menge für den anderen, gaben sich das gegenseitig zu verstehen und Blumen wurden zu einem einzigartigen Symbol ihrer Liebe.

Der Weg vor uns

Stella Delaney

Der Himmel hatte die tiefblaue Farbe eines Samtvorhangs, noch ohne jede Spur eines verheißungsvollen Glanzes im Osten. Vor dem Fenster kämpfte das Licht einer einzelnen Straßenlaterne beharrlich gegen die Dunkelheit an, gedämpft durch die vielen Schneeflocken, die von dem warmen Leuchten angezogen wurden wie Motten in einer klaren Sommernacht.

Sommer. Die Erinnerung war schwer und golden und glänzend. Endlose Getreidefelder, strahlendes Licht und Wärme. Sonnenblumen, soweit das Auge reichte, die Wahrzeichen der Gegend, in der er aufgewachsen war. Sommer … das schien eine Ewigkeit her zu sein, nicht nur ein paar Monate.

Aiden seufzte. Die Nacht, die zum größten Teil bereits hinter ihm lag, war gleichzeitig endlos und viel zu kurz gewesen. Jetzt kniete er auf dem Boden vor dem Spind und überprüfte ein letztes Mal sorgfältig den Inhalt seines Rucksacks. Alles war an seinem Platz, wie auch schon bei den vorherigen drei Kontrollen. Einen Moment zögerte er, dann griff er nochmals in das unterste Fach, um etwas leuchtend Gelbes herauszuziehen. Ein wollener Schal, den seine Mutter heimlich in nächtelanger Arbeit gestrickt und ihm dann mitgegeben hatte, als er das Dorf verließ. Ganz schwach konnte man noch den Duft des Apfelkuchens erahnen, den sie immer gebacken hatte, und den Geruch von Wäsche, die in der Sonne trocknet. Wärme. Sommer. Zuhause. Ohne noch einmal zu zögern, legte er den Schal oben auf seinen Rucksack.

Als er sich wieder erhob, sah er sein Spiegelbild im dunklen Glas des Fensters. Ein Junge an der Schwelle zum Mann. Ein Fremder. Seine Augen wirkten schwarz statt des wirklichen Dunkelbrauns und seine Haare waren seit einigen Tagen mili-

tärisch kurz, ein Anblick, an den er sich immer noch nicht gewöhnt hatte.
Obwohl er wusste, dass er sich langsam beeilen musste und dass es keinen Sinn hatte, das Unvermeidliche hinauszuzögern, trat er näher und legte seine Hand auf die kühle Glasfläche. Ein Teil des Fensters war mit Eisblumen bedeckt. So kalt. So zerbrechlich.

»Gabriel, das ist kindisch.«
Der Blick seines besten Freundes, der ihn unmittelbar darauf traf, schlug ihm wie Hagel ins Gesicht. »Habe ich dich etwa gebeten, mir dauernd nachzurennen und dich wie meine Mutter aufzuführen?«
»So war das nicht gemeint. Ich wollte …«
»Und du tust es schon wieder. Glaubst du, ich kann die Bedeutung von ein paar einfachen Worten nicht verstehen, wenn du mir nicht einen Vortrag darüber hältst?«

Sein Atem beschlug das Glas. Er fühlte sich fiebrig, gereizt, unsicher und besorgt – alles zur selben Zeit. Die Mischung verursachte einen Druck in seinem Magen, wie von zu vielen Süßigkeiten.

»Ganz ernsthaft, ich glaube wirklich nicht, dass es irgendwas mit dir zu tun hat. Du bist nicht weniger fähig als alle anderen, und sicher nicht weniger als ich. Es ist einfach nur noch nicht der richtige Zeitpunkt. Du warst einige Wochen lang krank, und man will wahrscheinlich sichergehen, dass du dich völlig erholt hast.«

In Gedanken versunken zog Aiden mit dem Finger die Muster der Eisblumen nach. Wie konnte eine Person voller Feuer plötzlich so kalt sein? Es machte einfach keinen Sinn.

Er hatte es noch einmal versucht. »Es sind nun mal Befehle. Und die muss man befolgen, ob es einem passt oder nicht.« Dann trat er näher, und wollte seinem Freund die Hand auf die Schulter legen.
Zu seiner Überraschung wich Gabriel jedoch so heftig zurück, als hätte er ihn schlagen wollen. Mit einem Blick, der brannte, aber gleichzeitig nichts als Kälte versprühte, herrschte ihn sein Freund an: »Verdammt nochmal, wie kann jemand, der so intelligent ist wie du, so unglaublich schwer von Begriff sein?«
Und ohne ein weiteres Wort ließ er Aiden stehen.

Sie waren seit Jahren beste Freunde, aber es war natürlich nicht so, dass sie nie gestritten hätten. Gabriel hatte ihm die Türe mehr als einmal vor der Nase zugeschlagen, aber immerhin hatte Aiden stets gewusst, warum. Sicher ging es Gabriel nahe, dass er nicht ausgewählt worden war – Aiden wäre es umgekehrt genauso gegangen – aber warum musste er das an seinem besten Freund auslassen?

»Gabriel, ich will das doch auch nicht. Wenn ich gesagt habe, dass es Befehle sind und dass man nichts machen kann, habe ich damit nicht gemeint, dass ich mich darüber freue. Der Gedanke, dich allein zu lassen …«
»Meinst du wirklich, ich bin so unfähig? Dass ich es nicht eine Sekunde ohne dich aushalte? Überraschung: Du kannst aufhören, dir Sorgen um mich zu machen und dich stattdessen um dich selbst kümmern. Schließlich habe ich mehr Erfahrung im Alleinsein als du.«

Danach hatte Gabriel nicht mehr mit ihm gesprochen, auch letzte Nacht nicht. Er hatte sich einfach umgedreht und so getan, als schliefe er.
Es war so sinnlos, so ungerecht. Es war einfach nicht Gabriels Art. Vielleicht wurde er wieder krank? Eine Erkältung

vielleicht, oder gar eine Grippe, oder … Hör auf, unterbrach Aiden sich selbst. Du klingst wirklich wie seine Mutter, nicht wie sein bester Freund.

Als er wenig später sein Zimmer betrat, saß Gabriel auf dem Bett. Angespannt, blass, aber bereits vollständig angezogen und sehr entschlossen. Sein Blick lastete schwer auf Aiden, während dieser seine warme Winterjacke vom Bett nahm und überzog. Einfache Handgriffe, notwendige Vorbereitungen, die kein weiteres Nachdenken erforderten. Schließlich war es draußen kalt. Als Letztes legte er den gelben Schal um. Nicht ganz standesgemäß, aber wenigstens würde er ihn warmhalten, bis er seine Uniform und die dazugehörige Ausrüstung erhielt. Während er nach seinem Rucksack griff, um ihn zu schultern, erhob sich sein Freund mit einer einzigen, fließenden Bewegung. Sie wechselten einen kurzen Blick, doch Gabriel wandte sich wieder ab, bevor Aiden irgendetwas in seinen Augen lesen konnte. Keine Geste, kein Flüstern, nicht einmal das kleinste Lächeln – dies alles war deutlicher, als Worte es jemals sein konnten.
Dann drehte sich Gabriel um und begann, in forschen Schritten den Flur entlangzulaufen, ohne sich darum zu kümmern, ob Aiden ihm folgte oder nicht. Auch wenn er nicht die geringste Lust hatte, das Ende des Flures zu erreichen, beschleunigte Aiden fast automatisch, um ihn einzuholen.
Verstohlen musterte er seinen Freund von der Seite. Unglaublich, wie sehr Gabriel in den letzten Monaten gewachsen war. Er war immer noch kleiner als Aiden, und würde es wahrscheinlich auch bleiben, aber wenigstens sah er nicht mehr so aus, als würde er in seinem Mantel geradezu ertrinken.
»Gab…« Im letzten Moment zwang er sich, den Rest zu verschlucken.

»Hör mir doch wenigstens kurz zu, Gabby.«

»Den Teufel werde ich, wenn du mich weiterhin so nennst. Ich hab's dir schon tausendmal gesagt, Aiden: Ich bin kein kleiner Junge mehr.«

Als sie das Gebäude verließen und auf den Vorhof hinaus traten, war es, als würde die Welt um sie herum den Atem anhalten. Der Schnee, der den harten Betonboden bedeckte, reflektierte das Licht der zahlreichen Lampen und verwandelte es dabei in ein sanftes, fast übernatürliches Leuchten, das auch auf den dunklen Himmel übergriff. Unendliche Stille, nur unterbrochen vom leisen Knirschen ihrer Schritte.
Es mochte wie ein Spaziergang durch eine Märchenwelt anmuten, aber die allgegenwärtige Kälte holte einen schnell in die Realität zurück. Sie biss erbarmungslos, mit stumpfen Zähnen wie ein alter, aber immer noch eifriger Jagdhund.
Wenigstens hatte der Schneesturm nachgelassen, und die Flocken schwebten nun langsam und vereinzelt zu Boden wie Federn. Für einen Moment erinnerten sie Aiden an die Apfelblüten im Frühling. War es nicht erst gestern gewesen, dass sie zusammen durch die Obstgärten des Dorfes gerannt waren? Er dachte an Gabriels harte Worte und die Wahrheit in ihnen. Vielleicht mochten sie in den Augen der Welt noch Kinder sein, aber sie beide wussten es besser. Dennoch liefen sie nach wie vor Seite an Seite und tief in seinem Herzen hoffte er, dass sich zumindest das niemals ändern würde.
Ein Schritt, und noch einer. Gleichmäßig, konzentriert. Ein Mantra aus leisen Geräuschen und wiederholten Bewegungen. Normalerweise liebte Gabriel den Schnee und der Anblick einer perfekten weißen Schneedecke oder schwerelosen Flocken erfüllte ihn immer mit einer unerklärlichen, kindlichen Freude. Aber an diesem Morgen waren seine Augen blind für das Wunder. Oder war es vielleicht sein Herz?
Dann tauchten nach und nach weitere Männer auf, manche in Aidens Alter, die meisten jedoch älter. Im fahlen Licht wirkten sie mehr wie Schatten denn als menschliche Wesen;

Schatten, die sich nahe am Gebäude hielten, um dem Schnee und der Kälte keine Angriffsfläche zu bieten. Es wäre vernünftig gewesen sich ihnen anzuschließen, aber an diesem Morgen stand Aiden der Sinn nicht nach Vernunft.
Er blickte zurück. Ihre Spuren in der ansonsten unberührten Schneefläche. Zwei Linien, parallel, genau nebeneinander.
Dann blickte er nach vorne. Ein weites, weißes Nichts. Jeder Weg, sogar die Hauptstraße, die vom Gebäude wegführte, war von den weichen, aber erbarmungslos fallenden Massen verschluckt worden, und am Horizont verschmolz das fahle Weiß mit dem dunklen Himmel zu einem unergründlichen Grau.
Seine Kehle war plötzlich wie zugeschnürt. Und die Tatsache, dass Gabriel immer noch so untypisch still war, machte es kein bisschen besser.
»Warum beginnen solche Einsätze immer so unmenschlich früh? Das ist Psychoterror, wenn du mich fragst …« Ein schwacher Versuch, die Stimmung etwas zu heben.
Sein Freund antwortete nicht. Aiden bemerkte einen seltsamen, fast fiebrigen Glanz in seinen Blick, und fragte sich erneut, ob Gabriels schierer Wille das Einzige war, was ihn an diesem Morgen aufrecht hielt. Er hatte die Arme vor seiner Brust verschränkt, eine Geste, die Distanz und Gleichgültigkeit bedeuten konnte, oder der einfache Versuch, warm zu bleiben. Seine Augen wirkten feucht, aber das lag wohl an der beißenden Kälte.
»Es ist toll, dass du mir Gesellschaft leistest. Wirklich. Aber du musst nicht hier in der Kälte rumstehen, nur wegen mir.«
Immer noch kein einziges Wort. Und war es wirklich die Kälte, die ihm die Tränen in die Augen trieb?
Inzwischen wäre Aiden sogar ein weiterer Streit lieber gewesen als diese verdammte Stille. Eine beißende Bemerkung, ein unfairer Vorwurf, irgendetwas. Es war schlimm genug, dass sie zum ersten Mal getrennt sein würden, aber einen Streit zurückzulassen war noch wesentlich schlimmer. Das Gewicht

der Verantwortung lastete schwer auf Aiden, so schwer, dass er fast erwartete, im Schnee zu versinken wie in Treibsand.
»Okay, wenn du es nicht anders willst, dann bitte. Aber bei diesem Wetter hättest du dich wenigstens etwas wärmer anziehen können. Keine Mütze und kein Schal?«
Sie standen nun direkt nebeneinander, obwohl sich keiner von beiden erinnern konnte, bewusst einen Schritt in Richtung des anderen gemacht zu haben. Wie Kaninchen in einem Käfig am Markttag. Teile die Wärme, genieße die Gesellschaft, denk nicht an das Unbekannte, das bevorsteht.
»Ich hasse das«, meinte Gabriel plötzlich.
»Was genau?« Erleichterung, versteckt hinter ehrlichem Interesse.
»Diese verdammte Kälte natürlich.« In seinen Augen las Aiden allerdings etwas ganz anderes.
»Wenn das so ist, dann solltest du wirklich wieder reingehen.«
»Wahrscheinlich.« Aber er zeigte keine Anstalten, sich zu bewegen.
Für eine Weile war die Stille zurück, dann näherte sich plötzlich ein Lastwagen durch den Schnee. Die Anderen bewegten sich sofort darauf zu, während Aiden noch zögerte.
»Sieht so aus, als müsste ich los.« Sein erster Impuls war, Gabriel an sich zu ziehen, ihn zu drücken und ihm zu sagen, dass alles gut werden würde. So, wie er es früher immer getan hatte. Aber sein Verstand beharrte darauf, dass es nicht möglich war. Nicht mehr.
»Mach's gut, Gabriel.« Was schmerzte mehr, nichts tun zu können oder sehen zu müssen, dass sein bester Freund immer noch nicht reagierte, ihn nicht einmal ansah?
Bist du wirklich so stur? So nachtragend? Selbst jetzt noch?
Gabriel starrte in tiefer Konzentration an Aiden vorbei und sein Blick war klar und hart wie die Eisschicht auf einem See im frühen Winter. Eine Schicht, die noch transparent und dünn war, die das Wasser gerade so abdeckte. Darunter konnte man noch die dunklen Wellen erkennen, die gegen

das Eis drückten. Nur ein bisschen zu viel Druck, und die zerbrechliche Schicht würde bersten.

In diesem Moment entschied sich Aiden, dass ein kurzer Abschied vielleicht das Beste wäre. Er drehte sich um und begann, zu laufen. Einen Schritt. Und noch einen. Jede Bewegung vergrößerte den Abstand zwischen ihnen, genauso wie den dumpfen, ziehenden Schmerz in seiner Brust. Er versuchte verzweifelt, sich auf das zu konzentrieren, was vor ihm lag, nicht auf das, was er zurückließ.

Schon wollte er einem der Soldaten seinen Rucksack reichen, damit dieser auf den Lastwagen geladen werden konnte, als plötzlich …

»Aiden! Warte!«

Ohne auch nur eine Sekunde zu zögern drehte er sich um, breitete er die Arme aus und fühlte die verzweifelte Wucht der Umarmung mit jeder Faser seines Körpers. Ein zweiter rasender Herzschlag, direkt neben seinem eigenen.

Und dann verstand Aiden plötzlich. Als wäre ein Schleier gelüftet worden, war alles plötzlich so klar und deutlich, dass er sich fragte, wie er es nur hatte übersehen können.

Das war es also die ganze Zeit … Du warst nie wirklich wütend oder eifersüchtig. Es war nur eine Maske, ein Ablenkungsmanöver. In Wirklichkeit hattest du schreckliche Angst, aber niemand sollte das wissen, nicht einmal ich. »Schließlich habe ich mehr Erfahrung im Alleinsein als du.« Wenn es darum geht, die richtigen Worte zu wählen, bist du ein Genie. Ich hätte es merken sollen. Du hast Angst um mich, weil du genau weißt, dass ich dich ebenso sehr brauche wie du mich. Und du hast Angst davor, zurückgelassen zu werden. Wieder alleine sein zu müssen. Schon wieder.

Sie hielten sich einfach nur fest. Dieser Moment brauchte keine Erklärung, keine Rechtfertigung. Es war alles gesagt, in einer Sprache, die keine Worte benötigte. Und auch als Gabriels Arme Aiden losließen, sein Blick tat es nicht.

»Es sind zunächst nur zwei Wochen«, sagte Aiden schließlich. Irgendwie fühlte er sich schuldig, dass er nicht mehr Trost bieten konnte.
»Ich weiß.« Da war wieder dieses Glänzen in seinen Augen. Das Wasser hatte einen Riss in der Eisdecke gefunden, und drang erbarmungslos durch. »Aber zwei Wochen sind auch 14 Tage, 336 Stunden und 20 160 Minuten.«
»Und glaub mir, ich werde auch jede Einzelne davon zählen.« Die Genauigkeit der Zahlen verriet Aiden, dass Gabriel es mehrmals durchgerechnet haben musste. Der Gedanke war irgendwie rührend. »Aber ich weiß, dass wir das schaffen werden. Wir beide.«
Ein winziges Lächeln geisterte über Gabriels Lippen, und er wischte die verräterischen Anzeichen von Tränen mit einer entschlossenen Geste beiseite. Sein Ausdruck besagte, dass jetzt alles ok war, dass Aiden sich keine Sorgen machen musste. Jeder andere wäre darauf hereingefallen, aber Aiden konnte jetzt hinter die Fassade aus angeblicher Stärke blicken.
Fast zärtlich griff er nach Gabriels Hand und fühlte die Kälte der schmalen Finger durch den Stoff seiner eigenen Handschuhe. »Ich werde zurückkommen.«
Ein weiteres tapferes Lächeln, aber immer noch überschattet von Zweifel. Ein solches Versprechen musste besiegelt werden, und ein lauter Befehl im Hintergrund teilte Aiden mit, dass er nicht mehr viel Zeit hatte. Ohne viel nachzudenken, nahm er seinen Schal ab und hielt ihn Gabriel entgegen.
Es war beinahe, als würde ein goldenes Leuchten von der Wolle ausgehen. Wie geblendet von diesem Glanz wich Gabriel zurück und schüttelte den Kopf, als hätte ihm Aiden etwas angeboten, das so wertvoll war, dass er es unmöglich akzeptieren konnte.
»Mach dir keine Sorgen. In der Armee kriegt man einen Neuen, ich hätte diesen hier sowieso nicht offiziell tragen können.« Die Zeit rann durch seine Finger wie Sand und für einen Moment fürchtete er, Gabriel könnte sich weiterhin wei-

gern. Doch dann trat sein Freund plötzlich näher und ließ zu, dass Aiden den wärmenden gelbgoldenen Schal sorgfältig um seinen Hals wickelte.

Noch einmal trafen sich ihre Blicke und Aiden stellte fest, dass die schiere Verzweiflung nun von einer ruhigen Zuversicht ersetzt worden war. Das Gesicht eines Kindes, aber der wissende Ausdruck eines Erwachsenen.

»Du weißt, was das heißt, oder?«

»Das ich nicht möchte, dass du dich zu Tode frierst?«

»Nein, du Idiot.« Gabriel sah ihn an, der Ausdruck todernst. »Es ist eine Abmachung mit dem Schicksal. Ein Handel. Jetzt musst du zurückkommen, damit ich dir deinen Schal wiedergeben kann.«

»Das soll ein Grund sein?« Aiden schüttelte den Kopf, bevor er hinzufügte: »Glaubst du wirklich, dass ich dich einfach alleine lasse? Die Chance, dass das je passiert, ist die einer Schneeflocke in der Hölle – verzeih das offensichtliche Wortspiel.« Ein weiteres Lächeln fand seinen Weg auf Gabriels Gesicht, und ermutigt fuhr Aiden fort: »Ich kann nicht immer an deiner Seite sein, aber ich bin immer für dich da. Das hab ich dir versprochen. Und deshalb werde ich auch zurückkommen. Deinetwegen. Du bist schließlich viel wichtiger als irgendein Schal.«

»Vielleicht … ein ganz kleines Bisschen zumindest.«

Da war das Lachen wieder, das Aiden so sehr vermisst hatte. Und obwohl er gerade seinen Schal weggegeben hatte, fühlte er die Kälte nicht mehr.

Als der Lastwagen abfuhr, sah Gabriel ihm nach, eine Hand auf den goldgelben Schal gelegt wie ein stilles Versprechen. So stand er, bis die Lichter des Wagens vom Schnee verschluckt worden waren.

wie im Märchen

Sunyva

~ Die verschwundene Farbe ~

Artur Belja

»Prinzessin kommt, Euer Vater verlangt nach Euch!«

»Komme!«, sagte Sunyva. Sie war schon groß. Jedenfalls dachte sie es. Das Regenbogenreich war zwar idyllisch und schön, doch je älter sie wurde, desto mehr fragte sie sich, wie das Leben unten sein würde. Sie beobachtete von oben, wie Kinder spielten oder ganze Landschaften ihr Blütenkleid änderten. Im Wolkenreich hingegen war alles gleich. Die Wolken strahlten weiß und das Kristallschloss war durchsichtig wie eh und je.

»Was gibt's?«, fragte Sunyva munter.

»Ich dachte, du könntest mir bei den Farben helfen«, meinte ihr Vater. Es war nun acht Mondzyklen her, seitdem er Salina, seine Gattin, verloren hatte. Er glaubte, seinen Verlust gut vor den anderen verstecken zu können, doch er belog sich selbst.

»Die Farben?«

»Ja, du kannst dir heute eine Farbe aussuchen!«, sagte König Syvon mit einem Lächeln im Gesicht.

»Eine Farbe? Wirklich?«, rief Sunyva und sprang ihrem Vater freudig um den Hals. Ihr Licht strahlte, doch das ihres Vaters schien nur zu flattern.

Zusammen gingen die zwei in den Farbturm, wo die Farben Evolunas sicher aufbewahrt wurden. Sunyva war fasziniert. Das erste Mal durfte sie in die Kammer der Farben. Hier war es nicht langweilig. Jede Farbe hatte ihren Platz. Die Wände waren mit durchsichtigen Schubladen bedeckt, in denen sich die Farben befanden.

»Hast du dir schon überlegt, welche Farbe du dir aussuchst?«, fragte König Syvon.

Sunyva zögerte. Die Farben waren so prächtig, dass ihr die Auswahl schwerfiel. Ihr Blick sprang von links nach rechts und rauf und runter. Welche Farbe sollte sie wählen?
Syvon lächelte. Er erinnerte sich, wie sein Vater ihn das erste Mal in die Kammer der Farben geführt hatte. Ob Sunyva seine allererste Farbe aussuchen würde? Der Regenbogenkönig war gespannt, doch ließ er seiner Tochter den Freiraum, den sie brauchte.
Sunyva schwankte zwischen drei Farben. Doch am Ende war es klar. Sie nahm aquamarinblau.
»Und, weißt du schon?«
»Ja, ich will dieses Blau!«, meinte Sunyva und deutete auf eine Lade, die sich hoch oben außer Reichweite befand.
»Gute Wahl«, sagte der Regenbogenkönig und zog sein Schwert. Er streckte es empor und die Lade öffnete sich behutsam. Eine kleine, handgroße Kugel schwebte empor und landete sanft in Sunyvas offener Handfläche.
»Weißt du schon, was du mit ihr machst?«, fragte ihr Vater.
Sunyva hatte schon oft die Geschichten ihres Vaters über die Farben gehört und wie er sie einsetzte. Doch jetzt, wo sie ihre erste Farbe in Händen hielt, wusste sie nicht so recht, was sie am besten mit ihr machen sollte. Syvon mischt sich nicht ein. Er wusste um die Wichtigkeit dieser Entscheidung. Schließlich war Sunyva als Thronfolgerin die kommende Hüterin der Farben.

*

»Wann findet ihr sie endlich?«
Moriana stand mit dem Rücken zur Wand. Seit unzähligen Mondzyklen schaffte sie es nicht, das aufgegangene Licht zu finden.
Temulins Ungeduld stieg. Lorn war verschwunden und auch von Taaz fehlte jede Spur. Temulin versuchte sein Bestes, sich vor den anderen Zauberern zu verstellen, was ihm immer

schlechter gelang. Der Pakt, den er eingegangen war, verdunkelte seine Seele immer weiter. Die anderen mitoberen Zauberer schöpften schon leichten Verdacht. Doch Temulin wendete jeden Zweifel gekonnt ab. Er musste dieses Licht finden. Dann hätten die anderen Zauberer keine Gewalt mehr über ihn.

»Ich tue mein Bestes …!«

»Dein Bestes ist nicht gut genug. Findet sie endlich!«, schrie Temulin aus vollem Halse.

Moreana schwieg. Mittlerweile konnte sie die Wutausbrüche ihres einstigen Geliebten nicht mehr einschätzen. Sie musste das Licht finden. Das wusste sie. Doch wie? Selbst das Bruchstück vom Regenbogenkristall aus dem Regenbogenpalast hatte nicht gewirkt.

»Sie kann sich nicht mehr verstecken, wenn ich die Vogelfrau Walme aussende.«

»Sende aus, wen du willst, doch finde sie endlich!«, meinte Temulin und kehrte seiner einstigen Geliebten den Rücken.

Moreana blickte Richtung Wolkenreich, ohne zu wissen, dass sich dort das Objekt ihrer Suche befand.

*

»Eine gute Wahl!«, sagte Sunyvas Vater stolz. »Und jetzt bin ich dran.« Syvons Blick wanderte über die Laden. Er wusste, welche Farbe er wollte, doch zu seinem Entsetzen stellte er fest, dass sie fehlte.

»Was ist?«, fragte Sunyva.

»Eine Farbe ist verschwunden!«, berichtete der Regenbogenkönig.

»Welche?«

»Gelb«, erklärte Syvon und hastete mit seiner Tochter aus der Kammer der Farben.

»Geh in dein Gemach. Ich komme gleich nach«, meinte er und schickte Sunyva mit ihrer Farbkugel fort.

Die Aufregung im Palast wuchs. Keiner wusste, wo die verschwundene Farbe abgeblieben war.
Sunyva öffnete vorsichtig die Tür ihres Gemachs und achtete darauf, dass ihr keiner folgte.
»Wo bist du?«
»Hier!«, sagte der schmächtige Junge, den sie vor einigen Tagen vollkommen erschöpft beim verkehrt herum fließenden Wasserfall gefunden hatte.
»Du hast auf mich gewartet!«, meinte Sunyva freudig.
»Ich habe sogar ein Geschenk für dich«, sagte der namenlose Junge und holte die goldgelbe Kugel aus seiner Tasche heraus.
»Woher hast du sie?«, fragte Sunyva erschrocken. Sie wusste ganz genau, dass dies die Kugel war, die ihr Vater gerade suchte. Es war Fremden verboten, das Wolkenreich zu betreten, erst recht, wenn sie Diebe waren.
»Freust du dich nicht? Sie erinnert mich an dein Haar.«
»Mein Haar? Hin oder Her, wir müssen sie umgehend zurückbringen«, protestierte Sunyva.
»Keine Angst, ich bringe sie heute Nacht wieder an ihren Platz zurück«, beruhigte sie der Junge.
»Ich hoffe, man sieht dich nicht, sonst werden wir getrennt.«
»Keiner sieht mich, wenn ich nicht will!«
»Angeber! Willst du mir nicht endlich deinen Namen verraten?«
»Ich heiße Taaz!«

Der Sonnengott

Christine Erdic

Der Sonnengott schreitet schweigend über weiße Schäfchenwolken und hinterlässt dabei einen gelben, strahlenden Schein. Sorgenvoll blickt er nach unten auf die Erde. So manches, was er dort sieht, gefällt ihm nicht. Die Menschen machen ihm Sorgen. Sie halten keinen Frieden und einige unter ihnen verteilen die Reichtümer der Welt, als ob sie ihnen gehören würden. Manche bekommen fast gar nichts und hungern, andere wissen nicht, wohin mit den bedruckten Papierfetzen und Münzen, die sie Geld nennen. Sie verbreiten Ungerechtigkeit, Selbstherrlichkeit, Krieg und Elend, wo immer sie auftauchen.

Der Sonnengott runzelt die Stirn, als sein Blick auf eine stinkende Fabrikanlage fällt, deren giftige Abwässer in einen Fluss geleitet werden.

›Die selbsternannte Krone der Schöpfung wird sich selbst ausrotten, der Tag ist nicht mehr fern‹, denkt er. Wohlwollend betrachtet er das Wildkaninchen, das gerade über die grüne Wiese hoppelt. Die geringfügigen Schäden, die es Mutter Natur zufügen kann, bleiben im Rahmen und lassen sich nicht mit der Zerstörungswut des Menschen vergleichen.

Dann bleibt der Blick des Sonnengottes an einer recht großen Sonnenblume hängen, die ihm ihr Gesicht mit dem sonnenähnlichen gelben Blütenkranz durstig entgegenstreckt. Er muss lächeln. Die Welt ist schön. Vielleicht ist doch noch nicht alles verloren.

Noch einmal lässt er sein gelbes Licht, das jetzt langsam in ein goldenes Orange übergeht, über die Wiese wandern. Zeit, schlafen zu gehen und der Mondgöttin die Aufsicht zu überlassen.

Das gelbe Fräulein Spargut

Marianne Schäfer

Alina war ein sparsames, junges Mädchen. Jede Münze, die sie entbehren konnte, steckte sie in ihre gelbe Spardose. Heute war es wieder so weit. Sie ging an ihren Schreibtisch, auf dem die Spardose stand, und steckte einige Münzen in den Schlitz.

»Hoppla«, sagte das Fräulein Spargut, die Spardose, denn sie war nicht mehr die Jüngste und verlor manchmal das Gleichgewicht, wenn Alina das Geld einwarf.

»Hoppla«, sagte sie noch einmal und versuchte, ihre Standfestigkeit wieder zu erlangen.

Herr Schreibschön, der lange Bleistift, der neben ihr in einem offenen Döschen stand, sprang jedes Mal hinzu und half ihr wieder auf die Beine. Die gelbe Spardose wechselte bei dieser Gelegenheit ihre Farbe von Gelb auf Rot, denn sie war sehr schüchtern.

»Lehn dich ruhig an mich«, sagte Herr Schreibschön, denn er liebte dieses runde, gelbe Spardöschen von ganzem Herzen. Sie hielt das Geld schön zusammen. Das gefiel ihm.

Wenn er für Alina schrieb oder rechnete, stand sie schon mit strahlendem Gesicht daneben und passte auf, dass alles, was übrig war, auch in ihrem Bauch landete.

»Ach«, sagte das schlanke, blanke Fräulein Schnippschnapp, die Schere, die auch auf dem Schreibtisch lag und das verliebte Getue mit Herrn Schreibschön neidvoll mit ansah.

»Deine Freundin ist aber nicht sehr hübsch. Ich finde, sie ist zu dick und zu plump und dazu diese gelbe Farbe …! Schau mich an. Schmal und schlank bin ich gebaut. Pass mal auf, wenn die Sonne scheint, dann glänze ich wie Silber!«

Sie drehte sich im Kreis und machte Herrn Schreibschön verliebte Augen, klappte auseinander und klappte wieder zu. Aber das machte auf ihn überhaupt keinen Eindruck.

»Du bist mir viel zu spitz und zu scharf«, meinte er, »man schneidet und sticht sich an dir. Außerdem ist dein Glanz nur äußerlich. Nein, ich mag dich nicht!« Dabei drückte er das gelbe Fräulein Spargut wieder an sich.

Alina kam noch einmal zurück zum Schreibtisch. Sie hob das Fräulein Spargut hoch und klapperte heftig mit ihr. Herr Schreibschön lachte über das ganze Gesicht, als er das hörte. Er lachte so sehr, dass er sich verrenkte und beinahe in der Mitte durchbrach. Er spürte einen stechenden Schmerz im Rücken. Schnell schielte er zur Seite, ob das Fräulein Spargut auch nichts bemerkt hatte. Aber die tanzte in Alinas Hand in der Luft herum, sodass die Schnippschnapp vor lauter Ärger immer länger und spitzer wurde.

»Hör nur«, sagte sie zu dem gelben Kanarienvogel, der in seinem Käfig saß und sich mit der Spardose freute.

»Findest du nicht, dass die Töne, die sie von sich gibt, sehr blechern klingen?« Darauf gab der Vogel keine Antwort, er hielt sich lieber raus. Er meinte nur, mit Herrn Schreibschön könne man nicht viel anfangen. Der tauge nicht mal zum Anknabbern und Fliegen könne er auch nicht.

»Hör endlich auf mit dem Geklappere. Du machst mich ganz nervös damit«, rief Fräulein Schnippschnapp giftig der Spardose zu. Als Alina die Dose endlich wieder auf den Schreibtisch stellte, war sie ganz außer Puste und verlor sofort wieder das Gleichgewicht.

»Puh«, sagte sie atemlos zu Herrn Schreibschön und ließ sich gegen seine Schulter fallen. Diesmal nahm er sie in seine Arme und drückte sie fest und lange an sein Herz.

»Ich finde das einfach lächerlich«, wandte sich Fräulein Schnippschnapp an den Kanarienvogel. Aber der drehte ihr nur den Rücken zu und wippte gleichgültig mit den Schwanzfedern.

Das Jahr ging zu Ende. Das gelbe Fräulein Spargut wurde immer voller und schwerer. Eines Abends vergaß Alina, die

Gardine vor das Fenster zu ziehen und den Griff zu schließen.
Seit Tagen schon schlich Max, der Dieb, durch die Gegend. Der Mond schien ins Zimmer. Er beleuchtete den Schreibtisch samt seinen Bewohnern. Das war die Gelegenheit für Max. Er drückte den Fensterflügel auf, schlich an den Schreibtisch und wollte nach der gelben Dame greifen. Ein kalter Luftzug vom Fenster her weckte den Kanarienvogel. Er begann ein lautes Gezeter. Vor Schreck wurden alle wach. Fräulein Spargut ließ sich zur Seite fallen. Herr Schreibschön schlug dem Dieb kräftig auf die Hand, sodass er zurückzuckte. Fräulein Schnippschnapp drehte sich gähnend auf die andere Seite. Sie wollte weiter schlafen. »Was geht mich das an«, dachte sie. Als der Kanarienvogel das bemerkte, schrie er sie an: »Nun tu doch was! Du hast die schärfsten Waffen. Oder willst du, dass Alina ihr mühsam Erspartes geklaut wird? Oder noch besser, öffne den Käfig. Ich will auch mithelfen!«
»Das täte dir so passen«, rief die Schere, »ich mach den Käfig auf, du schwingst deine Flügel und ab durchs Fenster. Oh, nein, nicht mit mir!«
Obwohl sie die dicke Spardose nicht besonders leiden mochte, stach und pikste den Dieb so heftig in die Hand und in den Hintern, dass er blutete. Schnell sprang er aus dem Fenster und suchte das Weite. Nachdem sie gemeinsam den Dieb vertrieben hatten, sahen sie sich voller Hochachtung an. Da ging die Spardose auf die Schere zu und sagte: »Danke! Ohne dich hätten wir das nicht geschafft!«
Sie nahm das Fräulein Schnippschnapp in die Arme und drückte sie ganz fest. Die Schere wurde ganz blank und glänzend vor Stolz und fand das Fräulein Spargut eigentlich ganz nett. Alina hatte von allem nichts bemerkt. Sie lag im Nebenzimmer und schlummerte friedlich.
Zwei Tage später stellte sie das gelbe Fräulein Spargut auf den Kopf. Einen Schlüssel gab es schon lange nicht mehr, um die Spardose zu öffnen. Alina schüttelte sie so lange, bis

ihr das Blut in den Kopf schoss und alles Geld herausfiel. Fräulein Spargut bebte und ächzte. Das Schlimmste in ihrem Spardosenleben war das Schütteln. Es erschreckte sie jedes Jahr aufs Neue. Aber danach fühlte sie sich doch sehr erleichtert.

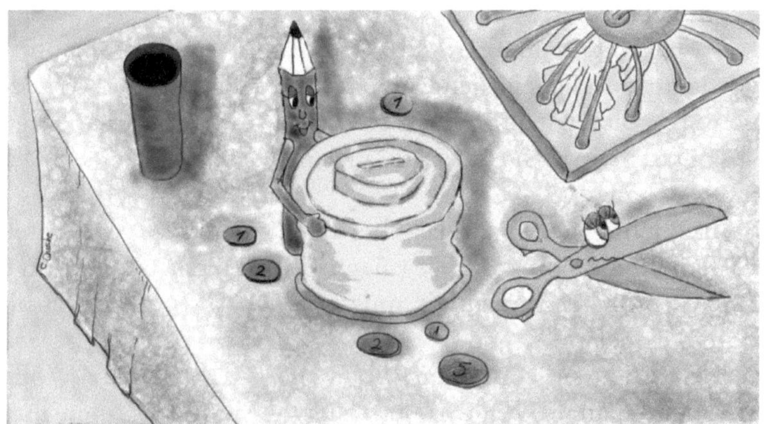

Überall gelb – aber wohin nur?

Erich Röthlisberger

Ganz verwirrt flog die kleine gelbschwarze Hummel, namens Sumsel über das große Blumenfeld. Sie war ganz aus dem Häuschen. Denn überall standen gelbe Sonnenblumen, die ihre Blüten der Sonne entgegenstreckten. Eine Blume glich der anderen.

Das Fliegen bereitete Sumsel große Mühe. Ihre Flügel wollten vor lauter Müdigkeit nicht mehr so recht flattern und die Beine voller Blütenstaub hingen schwer an ihrem Körper. Angestrengt schwirrte sie über die vielen gleichaussehenden Blumen.

Sumsel hatte sich ganz klar über dem mächtigen Blumenfeld verflogen. Sie fand den Weg nach Hause nicht mehr. Aufgeben lag aber nicht drin. Es musste einen Weg zurück zu ihrem Volk geben.

Unbeirrt flog sie von einer gelben Blüte zur anderen. Wohin sie auch gelangte, nirgends traf sie auch nur auf einen ihrer Artgenossen oder erkannte die Umgebung, wo ihr Nest hätte sein können.

Nur leise war das Summen ihrer schwirrenden Flügel zu hören.

Müde vom langen fliegen landete sie mitten in der Blüte einer dieser großen, schönen Sonnenblumen, um kurz zu rasten. Erschöpft ließ sich die Hummel mit hängendem Kopf mitten in den Sonnenblumenkernen nieder.

»Haaallo! Wer bist du und was machst du da?«, hörte die Hummel eine tiefe, brummige Stimme fragen.

Sumsel schaute sich um, konnte aber niemanden entdecken, zu dem die Stimme gehören könnte.

»Ehm, ähm. Wer bist du und wo bist du? Ich sehe dich nicht!«, antwortete Hummel etwas verwirrt.

Ah da! Es teilten sich zwei gelbe Blütenblätter einer Sonnenblume und hinter ihnen schauten zwei schwarze, riesige kaffeesiebähnliche Augen hervor.
Diese Augen gehörten zu Surrel, der großen Schmeißfliege. Sumsel hatte unter den vielen gelben Sonnenblumenblüten ausgerechnet den Wohnplatz von Surrel ausgewählt. Was der Fliege natürlich nicht in den Kram passte.
»Ich bin's, Surrel. Was machst du hier? Das ist mein zuhause. Hier wohne ich!«, monierte der Riesenbrummer von einer Fliege und kämpfte sich zwischen den Blütenblättern hervor.
»Freut mich, dich kennenzulernen, Surrel. Sei mir nicht böse, aber ich habe mich in dem gelben Blumenfeld hier verflogen. Ich möchte nur in mein Nest zurück. Die Beine schmerzen mich vom vielen gelben Nektar, der mir an den Füssen klebt«, entschuldigte sich Sumsel.
Die Hummel kriegte es ein wenig mit der Angst zu tun, da doch die Sonne langsam unterzugehen begann und ein leichter Wind in den mächtigen gelben Sonnenblumen sein Unwesen zu treiben anfing.
»Ich weiss nicht, wo du wohnst, und so kann ich dir nicht helfen. Aber mir wäre es lieber, wenn du nun endlich mein Zuhause verlassen würdest«, murrte Surrel energisch.
Plötzlich bewegten sich zwei gelbe Flügel auf die beiden Insekten zu. Zuerst sah man sie gar nicht, da sie aussahen wie Blütenblätter einer Sonnenblume.
»Oh, Surrel du mürrische alte Schmeißfliege. Sei doch nicht immer so unfreundlich», bändigte der Zitronenfalter die Fliege. »Sumsel, wenn du im alten Mauseloch am Ende des Sonnenblumenfeldes wohnst, weiss ich, wo du zu Hause bist. Komm, ich zeige dir den Weg», bot der gelbe Falter sich der Hummel an.
Dieses Angebot nahm sie sehr gerne an. Denn Sumsel wollte nur noch den gesammelten Blütenstaub zu Hause abliefern und die stänkernde Fliege verlassen.

Nach einer kurzen, knappen Verabschiedung flog der gelbe Falter voraus und die schwerbeladene Hummel träge hinterher. So ging es Richtung Hummelnest am Rande des Sonnenblumenfeldes.
Dadurch, dass es gegen Abend ging, die Sonne langsam am Horizont verschwand und sich die großen, gelben Sonnenblumenblüten den letzten wärmenden Strahlen zuwandten, sah es aus, als würden hunderte von Blumenköpfen den beiden Insekten nachschauen. Als wollten sie sicher sein, dass Sumsel wohlbehalten bei ihrer Familie ankommt und sehen, wie der Falter seinen Weiterflug in den Abendhimmel antritt.

Der goldene Schrein

Werner Thieke

Muhammad Karim Yusuf Ben Nasreddin Ibn Nasreddin al-Mawardi at-Tawîl war nicht mehr der Jüngste, aber noch recht frisch im Kopf. Vor vielen Jahren lebte er in Bagdad und hatte nahe der Stadtgrenze ein kleines Haus, ja, wenn man seinen Worten Glauben schenken darf, so ist es eher eine bescheidene Hütte. Muhammad Karim Yusuf war ein gottesgläubiger Mann, ganz im Sinne Mohammeds.

»Gott segne ihn und schenke ihm Heil, dem Gottesgesandten«, waren stets seine Worte.

Vor nicht allzu langer Zeit war er noch ein hoch angesehener Mann, der im Palast des Kalifen ein und aus ging und jedermann respektierte, ach was, verehrte ihn. Er war der Prophet schlechthin, denn seine astronomischen Weissagungen waren Gebot und das nicht nur beim Landesherrscher.

Von überall her kamen die Menschen, manche pilgerten viele Kilometer weit, nur um seinen Rat einzuholen. Er las die Zukunft aus Palmenblättern, beherrschte das Pendel, sagte das Wetter oder Krankheiten voraus, war belesen in Politik und Wirtschaft, löste mit viel diplomatischem Geschick selbst die finanziellen Probleme seiner Kunden und warnte vor Habgier und Spekulationen. Ja, er predigte Bescheidenheit. Es gab kaum jemand im Lande, der seinen Namen nicht kannte, ohne sich vor Ehrfurcht zu verneigen.

Doch das Leben des allseits beliebten Propheten geriet aus den Bahnen, als Allah beschloss sein geliebtes Weib zu sich zu rufen. Eine kurze, aber tödlich endende Krankheit riss sie ihm geradezu aus den Armen, von denen aus sie den direkten Weg zu Allah fand.

Das warf den gottesgläubigen Mann völlig aus der Bahn. Nichts, aber auch gar nichts, war mehr für ihn von Interesse. Da ihnen Kinder nicht beschieden waren, zog er sich zurück und war künftig für niemanden mehr zu sprechen. Nur Karim, ein Junge aus der Nachbarschaft, den er sehr liebte, hatte noch Kontakt zu dem alten, im Herzen gebrochenen Mann. Er war es der ihm die alltäglichen Dinge des Lebens besorgte, sodass er nicht selber zum Markt gehen musste, wo die Menschen ihn mit für ihn lästige Fragen nervten.

Am Anfang war Muhammad Karim Yusuf erzürnt, hatte ihm Allah doch das Liebste genommen, was er auf Erden besaß. In seinen fünf täglichen Gebeten, das Erste am Morgen, bevor die Sonne aufgeht, das Zweite, wenn die Sonne am höchsten steht, das Dritte am Nachmittag, wenn dein Schatten größer ist als du selbst, das Vierte am Abend, wenn die Sonne untergegangen ist und das Fünfte in der Nacht, wenn es dunkel ist, drückte er immer und immer wieder sein Unverständnis aus. In all seinen Gebeten fragte er: »Oh, Allah, was habe ich falsch gemacht, dass du mich so hart bestrafst? Ich war dir immer ein treuer Diener. Woran liegt es, dass du dich gerade meiner derart erzürnst.«

Woche um Woche das Gleiche, bis er müde des Fragens wurde, denn eine Antwort hatte er eh nicht erhofft. Irgendwann begann er, um Verzeihung für seinen Unmut zu bitten. Im Gegenteil, er bedankte sich bei Allah, dass er seine geliebte Fatima nicht wochen- und monatelang hatte leiden lassen. Er bedankte sich für all die schönen Jahre die er mit seinem Weib ohne Krankheit und Gebrechen erleben durfte und er bedankte sich dafür, dass es ihm gegeben sei, noch weiter auf Allahs wunderschöner Erde zu leben, mit der kleinen Einschränkung doch kinderlos und einsam zu sein. Eine Einschränkung, die nach sehr vielen Gebeten sogar Gehör fand.

Eines Abends, Muhammad Karim Yusuf glaubte schon, er sei nicht ganz richtig im Kopf, bildete er sich ein, nach seinem Gebet zur guten Nacht eine Stimme zu hören. Das kann nicht sein. Ich fantasiere, werde langsam senil, dachte er. Doch dann hielt er inne, denn er hörte die Stimme ein zweites Mal … oder war es vielleicht nur eine Eingebung? Was

auch immer, denn er bildete sich ein, dass die Stimme jetzt direkt zu ihm sprach: »Muhammad Karim Yusuf Ben Nasreddin Ibn Nasreddin al-Mawardi at-Tawîl, begib dich zur Ruh und folge am Morgen deinem nächtlichen Traum«, mehr konnte er nicht vernehmen.
Muhammad Karim Yusufs Glaube war schon recht groß, aber dass Allah, der größte Gott unter der Sonne, nun direkt zu ihm sprach, daran zweifelte er dann doch. Oh Allah, was bin ich doch für ein Narr, jetzt bin ich schon so wirr und höre deine Stimme, schalt er sich in Gedanken und begab sich zu Bett.
Die Nacht war ruhig, er schlief tief und fest, doch er hatte einen seltsamen Traum, nämlich den, dass er eine Truhe – eine Art goldenen Schrein – in seinem Schuppen fand.
Am nächsten Morgen erwachte er frisch und ausgeruht und er ging, wie jeden Morgen, zuerst in den Schuppen, um Holz für seinen Tannur, einem speziellen Ofen, in dem er sein tägliches Chubz, ähnlich einem Fladenbrot, zu backen gedachte. Nachdem er einen Arm voll Holz genommen hatte, wanderte sein Blick unweigerlich in die Ecke, in der seine alte Bücherkiste stand. Durch einen kleinen Spalt der Tür fiel ein winziger Sonnenstrahl auf die mit einer wollenen Decke verhüllte Kiste und nur, um seinen eigenen Unglauben zu befriedigen, ging er hin und zog das Tuch herunter. Muhammad Karim Yusuf war fast zu Tode erschrocken. Der winzige Strahl der Sonne erzeugte ein gleißendes Licht und so stand der alte Mann geblendet vom edlen Metall da und starrte auf einen goldenen Schrein. Demütig sank er zu Boden und bat Allah um Vergebung: »Oh Allah, verzeih deinem unwürdigen Diener, dass er an dir gezweifelt hat«, rief er.
Doch nun war guter Rat teuer, was um alles in der Welt sollte er, ein alter, in armen Verhältnissen lebender Mann, mit so einem kostbaren Gegenstand anfangen. Verkaufen? Niemals! Jeder würde mich für einen Dieb halten und am Ende käme ich noch ins Gefängnis, war sein Gedanke. Die Unruhe ver-

ließ ihn den ganzen Tag nicht und als er sein Nachtgebet sprach, empfand er sich selbst als zu minderwertig, um mit seinem Gott ein Gespräch zu beginnen. Doch Allah sandte ihm seinen Willen auf seine Weise, indem er seinem Diener die richtigen Gedanken initiierte. Nacht für Nacht erträumte Muhammad Karim Yusuf nun eine Geschichte. Tags darauf setzte er sich, wie unter einem höheren Zwang, hin, schrieb die erträumte Geschichte auf ein Blatt Papier und legte sie in den goldenen Schrein.

Dieser Vorgang wiederholte sich Tag für Tag, Woche für Woche und Monat für Monat, so vergingen Jahre. Das Haar des Alten wurde langsam weiß und sein Bart länger und länger. Seltsamerweise blieb jedes beschriebene Blatt Papier fest in seinem Gedächtnis verankert, sobald er es in die Truhe gelegt hatte und diese verschloss.

Ganze sieben Jahre blieb der alte Mann verschwunden, dann tauchte er plötzlich in einem öffentlichen Park auf, setzte sich auf eine Wiese, wo um ihn herum noch andere saßen und ohne jegliche Scheu fing er an, eine Geschichte zu erzählen. Erst sahen ihn die Menschen verwundert an, doch ganz langsam wandten sie sich ihm zu und lauschten. Abends ging er nach Hause, doch am darauffolgenden Tag saß er wieder an der gleichen Stellen und erzählte neue Geschichten. Mit der Zeit kamen immer mehr Leute, Kinder sowie Erwachsene, und lauschten seinen Erzählungen.

Niemand wusste woher, doch er kannte sie alle, die Geschichten des Morgen- und Abendlandes. Die des Königs Shahriar, dem Besitzer einer ungenannten Insel, der schockiert von der Untreue seiner Frau alle Jungfrauen nach nur einer Nacht umbringen ließ, bis Scheherazade, die Tochter des Wesirs kam, um das grässliche Morden zu beenden.

Sie begann ihm Geschichten zu erzählen; am Ende der Nacht ist sie an einer so spannenden Stelle angelangt, dass der König unbedingt die Fortsetzung hören will und die Hinrichtung aufschiebt. In der folgenden Nacht erzählt Scheherazade die

Geschichte weiter, unterbricht am Morgen wieder an einer spannenden Stelle usw. Nach tausendundeiner Nacht hat sie ihm drei Kinder geboren und der König gewährte der schönen Erzählerin Gnade.
Aber auch die »alf laila wa-laila«, eine Sammlung morgenländischer Erzählungen um den historischen Kalifen Hârûn ar-Raschîd aus dem 11. und 12. Jahrhundert, kannte Muhammad Karim Yusuf alle.
Irgendwann, niemand wusste es genau, rief man ihn nur noch »Alrrawi«, das heißt »der Erzähler«, denn niemand konnte so schön Geschichten erzählen wie er. Von Stund an war der alte Mann nie mehr allein und das verdankte er einem goldenen Schrein.

Die AutorInnen

In alphabetischer Reihenfolge

Renate Anna Becker, Jahrgang 1949, geb. in Kevelaer, kam zum Schreiben, wie die Jungfrau zum Kind. Schon immer, von frühester Jugend an mit einer blühenden Fantasie gesegnet, vertrieb sie sich und ihren Geschwistern die Zeit damit, Geschichten zu erfinden und diese auch nach zu spielen. Kein Wunder, denn bis zum 6. Lebensjahr war sie auf die Enge eines Binnenschiffes beschränkt. Ihre Geschichten setzten sich in der Schule fort, in diversen Aufsätzen, die meist zu lang und am Thema vorbei waren. Es gab trotzdem gute Noten. Mit kleinen Zeichnungen wurden die Geschichten untermalt, was sich später als gut heraus stellte, denn Malen, Zeichnen und Schreiben sind feste Bestandteile des jetzigen Rentnerdaseins. „Butterstulle und Pflaumenmus“ und „Adrian Troy - Kämpfer des Lichts“ veröffentlicht.

Artur Belja ist ein lebensfroher Autor und Künstler, der seit jungen Jahren im Rollstuhl sitzt. Durch sein Handicap entwickelte er ein besonderes Gespür für die Feinheiten des Lebens, die er in seinen Geschichten und Bildern auf unvergleichliche Weise widerspiegelt.

Sally Bertram lebt und arbeitet in Wien. Im Alter von 12 Jahren veröffentlicht sie ihre ersten eigenen Gedichte und kleinen Geschichten in verschiedenen Zeitschriften. Heute schreibt sie unter anderem regelmäßig Kurzgeschichten für das Projekt »Jedes Wort ein Atemzug« vom Verein »Respekt für Dich«. Nebenbei ist sie als Übersetzerin (Englisch) tätig.
Veröffentlichungen:
2010 »Der Versuch eines normalen Lebens« (Roman)
2013 »Mord nach Manuskript« (Krimi)
2014 »Ideenreich« (Gedichtband)
2015 »Nur ein Gedanke« (Textsammlung mit Co-Autorin Karin Pfolz)

Nicole Bleck, 1967 in Essen geboren. Sie lebt seit 2009 mit ihrem Mann in der Dominikanischen Republik.
Im selben Jahr begann sie als Autodidakt mit der Fotografie. Sie ist ständig bestrebt, sich in der Fotografie und der Bearbeitung weiter zu entwickeln.
Nicole arbeitet als freie Fotografin und ist seit 2015 für die Covergestaltung im Karina Verlag tätig.
Unter www.hispaniola-fineart.com findet man eine Auswahl Ihrer Arbeiten.

Stella Delaney. Geboren im fränkischen Weinland, lebt Stella nach einem längeren Zwischenstopp in England inzwischen in der Schweiz - Winterthur.
Hauptberuflich arbeitet sie als Lehrerin für Englisch und Allgemeinbildung.
Ihre Werke lassen sich am besten als eine Mischung aus Spannungsliteratur und Beziehungsgeschichte beschreiben, gelegentlich düster und melancholisch, aber nie ganz ohne Hoffnungsschimmer. Mehr unter:
www.stelladelaney.net.

Werner Diefenthal. Geboren 1963 im Rheinland, wohnhaft seit 2000 in Oberfranken. Ursprünglich ein ehrlicher Handwerker habe ich lange Jahre im Qualitätsmanagement gearbeitet. Nebenbei habe ich angefangen zu schreiben, mein erster Roman »Das Schwert der Druiden« ist seit Herbst 2010 auf dem Markt. Vorher habe ich an einer Anthologie »Kleine Reisen« mitgearbeitet, dessen Erlös voll an ViaNiños e.V. ging.
Nach meiner Verrentung aus gesundheitlichen Gründen habe ich mich neu orientiert und konzentriere mich hauptsächlich auf das Schreiben. Mit meiner Partnerin Martina Noble habe ich mittlerweile 5 Bücher fertiggestellt. Die »Henker - Trilogie; Der Henker von Rothenburg« sowie die »O´Leary Saga«, bestehend aus »Engelsklinge« und »Todesatem«, ein dritter bzw. vierter Teil sind in Arbeit.

Veronika M. Dutz , geboren in Hanau. Nach Ihrer kaufmännischen Ausbildung arbeitete sie in verschiedenen Bereichen. Literatur begeistert und begleitet sie schon ihr ganzes Leben. Sie reist leidenschaftlich gern, doch nie ohne ein gutes Buch im Gepäck. Sie ist eine der Gewinner des Astioks-Schreibwettbewerbs – »Anders sein«.
Veronika M. Dutz – Google+
https://plus.google.com/115498548949862271987

Die Autorin **T.B. Ems** wurde 1960 in Esslingen am Neckar geboren. Sie wohnt seit 1983 in Baden Württemberg. Außer dem Schreiben widmet sie sich gerne ihren vier Enkelkindern. Sie hat sich mit einigen netten Autoren angefreundet und tauscht sich mit ihnen aus.
Ihr Hobby: Malen mit Acrylfarben auf Leinwand.
Bereits als Ebook erschienen:
»Trilogie Gilde der Hüter«
»INZEST! Carl und seine Töchter«
»Vampirprinz«
»Gefangen«
Der Psychothriller »Daphne die Psychopathin« wird demnächst auf den Markt kommen.

Christine Erdiç, wurde 1961 in Deutschland geboren. Seit 1986 ist sie verheiratet, hat zwei Töchter und lebt seit dem Millenium in der Türkei. Unter anderem gab sie Sprachtraining an der Universität von Izmir, machte Übersetzungen und verfasste Berichte für die Türkische Allgemeine, eine ehemalige Zeitschrift in deutscher Sprache und gibt heute noch private Deutschstunden.
Mehr über die Autorin und ihre Werke unter http://christineerdic.jimdo.com/
Bisher veröffentlichte Bücher:
Nepomucks Abenteuer; Zauberhafte Gerichte aus der Koboldküche; Geschichten aus dem Reich der Hexen, Elfen und

Kobolde; Glücksschmiede, Tipps für mehr Glück und Erfolg; Willkommen im Luhg Holiday;
Mystica Venezia

Dagmar Finger. »Ich schreibe mit Herz und Seele für Herz und Seele«, sagt Dagmar Finger, von Beruf Erzieherin, über sich selber.
Sie ist mit Prosa und Lyrik in zahlreichen Anthologien vertreten und hat Erfolg als Kinderbuchautorin. Auch in zahlreichen Theaterstücken zeigt sie sich für Text Regie und Kulissen verantwortlich.
Veröffentlichungen u.a.: Kinderbücher »die Tränen der Muschel« und »Manchmal ist alles ganz anders«.
Kurzgeschichtenbuch »Seiltanz durch ein Jahr«
Beim Meerbuschliteraturpreis stand sie mit dem Gedicht. »So still« im Finale.
»Mit meinen Texten die Menschen erreichen, indem Emotionen und Fantasien den Weg in ihr Herz finden, das bedeutet für mich Schreiben«.
Ihr größtes Kompliment bekam sie mit den Worten:
»Sie schreibt nicht für Kinder oder Erwachsene, Dagmar Finger schreibt für Menschen«.

Sandra Karin Foltin wurde 1969 in Köln geboren. Wuchs im Rheinland auf, wohnt jetzt mit ihrem Mann und drei Kindern im Münsterland. Sie arbeitet als Krankenschwester, Freiberuflich hat sie eine eigene Praxis für Hypnose und Therapeutic Touch. Ihr Spezialgebiet ist die Arbeit mit Eltern autistischer Kinder.
Aktuell arbeitet sie an ihrem ersten Roman, dem Psychothriller ›Goldgräberin‹ und der Kurzkrimigeschichtensammlung ›Dorfgeschichten‹.
Zudem schreibt sie einige Kurzgeschichten für diverse Anthologien, deren Erlös für gute Zwecke gespendet wird.
Info: www.sandra-karin-foltin.de

Leopold Fröhlich. 1963 wurde er in Österreich, Nähe Wien, geboren.
Er arbeitet bei einer renommierten Maschinenbaufirma.
Seit 2012 schreibt er als LeopoldF Romane und Gedichte, die er auf der Autorenplattform »Mystorys.de« veröffentlicht.

Sebastian Görlitzer, am 02.07.1982 in Karl-Marx-Stadt geboren, lebt heute in seiner Geburtsstadt Chemnitz. Im Jahr 2002 schloss er seine Ausbildung zur Bürokraft erfolgreich ab und arbeitete danach für ein Jahr im Amtsgericht, als Justizangestellter im Schreibdienst. Er schreibt unterschiedliche Geschichten, darunter auch Kurzgeschichten. 2014 ist sein Kinderbuch ›Benji der Braunbär‹ beim Karina-Verlag erschienen. Außerdem arbeitet er ehrenamtlich beim Stadtteilmagazin (Marmorhut) und arbeitet ebenfalls ehrenamtlich in einem Alten- und Pflegeheim in Chemnitz sowie bei der Mobilen Behindertenhilfe.

Mein Name ist **Angelika Groß** - geboren 1953 in NRW - ich habe Kinder, einen Mann und mich. Auf meinem Grabkreuz wird eines Tages stehen:
Angst war ihr ständiger Begleiter.
Ich lebe, wiederum auch nicht, kämpfte jeden Tag aufs Neue, fühlen, denken, wunderbar für mich ein seltenes Glück.
Durch meine Angsterkrankung ist
mein Leben sehr eingeschränkt.
So habe ich eines Tages wieder meine Kreativität entdeckt.
Das Schreiben, Malen, Fotografieren erfüllt nun mein Leben.
Es hat ein neuer Abschnitt begonnen.

Verena Grüneweg lebt in Norden. Sie ist Mutter von zwei erwachsenen Töchtern. Seit vielen Jahren arbeitet sie hauptberuflich als Floristin. Das Schreiben ist ihre Leidenschaft.
Ihre Geschichten und Gedichte umfassen Bereiche wie Fantasie, Erfahrungen und Frauenliteratur. Für sie sind ihre ge-

schriebenen Worte »Seelenpflaster«. Viele ihrer Geschichten sind in etlichen Anthologien erschienen. Unter anderem in der Serie »Jedes Wort ein Atemzug«.
Veröffentlichungen:
»Hexenschatten«, 2014, mit Karin Pfolz
»Verloren im Leben«, 2015, mit Karin Pfolz
»Malvadins Zauber ›WUSCH‹«, 2015
»Tödlicher Bestseller«, erscheint 2016, mit Karin Pfolz

Marlies Hanelt. Geboren 4.12.1953 Berlin Charlottenburg. 2009/10 in fünf Anthologien für diverse soziale Projekte mitgeschrieben. 2015 erste Publikation im Genre Horror/SF beim Mondschein Corona Verlag. Ebenfalls 2015 erschien ein erotisches Horror e-book über Redlight Publishing. Weitere in den Genres Horror, Erotik, Crime - (als Serie), folgen. Schreiben ist für mich Leidenschaft pur, die ich auch exzessiv auf meinem Blog und Homepages mithin auslebe. Ich sage immer, wenn die Fantasien fliegen, besitzen sie Flügel. Man findet mich ebenfalls auf Facebook und Amazon.

Maria Hertting, in Berlin geboren und auch hier lebend, arbeitete als Lehrerin für Biologie und Chemie an einer Sekundarschule mit gymnasialer Oberstufe. Sie hat zwei erwachsene Kinder. Nach dem Tode ihres Mannes adoptierte sie im Jahre 2004 ihren Sohn Christopher, der damals 4 Tage alt war. Heute widmet sie sich nur noch ihrem Jüngsten und ihrer zweiten Liebe, der Schriftstellerei.
Veröffentlichungen: Zwei Romane und zwei Jugendbücher sowie diverse Kurzgeschichten in Anthologien.

Das Münchner Kindl **Alexa Innocenti**, Jahrgang 1971, lebt mit ihrer Familie und zahlreichen Vierbeinern in Norditalien. Die Autorin bewegt sich gerne im Bereich Krimi und Thriller und schreibt neben ihren größeren Projekten auch gerne Kurzgeschichten für Anthologien. So ist sie beispielsweise mit „Der Leichenschmaus“ und „Tödliche Ferien“ in zwei Kurzgeschichtensammlungen des Karina-Verlags vertreten. Im Herbst 2015 wurde ihr Debütroman „Angst steht dir gut“ bei Bookshouse veröffentlicht. Aktuell arbeitet sie an ihrem zweiten Roman, in dem sie wieder die Tiefen der menschlichen Psyche auslotet.

Marena Jovic, wurde am 30. April 1970 in Wismar an der Ostsee geboren. in ihrem Elternhaus nahe ihrer Geburtsstadt. Das Lesen war eher ihre Leidenschaft, mit Schreiben hatte sie nicht viel am Hut. Das änderte sich jedoch, seit sie eine Kurzgeschichte für die Anthologie »Sommer und mehr« des Autoren - Netzwerkes verfasst hat. Jetzt lässt sie eigene Ideen im Kopf entstehen und bringt diese auf Papier.

Mehr über die Autorin:
https://www.facebook.com/marena.jovic

Michaela Kaiser ist 1955 in Berlin geboren und lebte bisher überwiegend im Ausland. Ihr abwechslungseiches und abenteuerreiches Leben hat sie nun hinter sich gelassen und ist im schönenMünsterland seßhaft geworden. Verschiedene Puplikationen, Kurzgeschichten und biografische Romane, von ihr sind bereits erschienen, u.a. im Karina Verlag, bei ETS und im Verlag Roter Drache.
www.michaelakaiser.jimdo.com

Mag.a Bernadette Maria Kaufmann, geboren 1978 in Graz: Studium der Kommunikationswissenschaft an der Universität Salzburg. Freie Autorin und Publizistin. Verschiedene literarische und publizistische Veröffentlichungen. Derzeit Arbeit am nächsten Buch.

Beate Kidd wurde 1971 in Regensburg geboren und lebt mit ihrer Familie noch heute dort. Bücher haben in ihrem Leben schon immer eine sehr wichtige Rolle gespielt. Erste Schreibversuche unternahm sie mit nicht einmal 10 Jahren.
www.beatekidd.de
Veröffentlichungen Print:
Geschichten aus dem Funkelwald - Nillo und der Leuchtsirup (Dezember 2015)
Geschichten aus dem Funkelwald - Nillo und die Rankelpflanze (Mai 2016)
Veröffentlichungen eBook:
Geschichten aus dem Funkelwald - Nillo und der Leuchtsirup (Januar 2016)
Stories from the Sparkling Forest - Nillo and the Luminous Potion (Februar 2016)

Florian Knisatschek, lebt auf einem alten Bauernhof in der Einsamkeit des südlichen Burgenlandes. Seine Texte sind witzig und ausgesprochen unterhaltsam. Einige wurden durch von ihm geschriebene Drehbücher als Film umgesetzt, wie »Out of Wulkaprodersdorf«, »Waffenrad« und »Starring«.
Mit seinen Kurzgeschichten tourte Knisatschek von 2000 bis 2010 durch Österreich und erfreute die Hörer von Radio Orange.
Seine einzigartigen Texte sind nun gesammelt in dem Buch »Seltene Zwiebeln im Kongo« im Karina Verlag, Vienna erschienen.
Knisatschek ist einfach Knisatschek, mit seiner eigenen interessanten Welt und einer erfrischenden tiefgründigen Sicht auf die Dinge.
Mehr Infos:
http://florian-knisatschek.webnode.com/

Markus Kohler. Geboren 1964 in Backnang/Baden-Württemberg und schon seit frühester Kindheit den Büchern und dem Schreiben zugetan. Ich besitze ein Antiquariat »Markus Bücherkiste«, in dem Events, wie Lesungen, Konzerte und Theater stattfinden. Bei so viel Umgang mit dem geschriebenen Wort blieb es nun mal nicht aus, auch selbst einmal die Griffel zu spitzen. 2016 folgen noch sehr viele Projekte, u.a. mein Märchen »Die Froschprinzen« (Karina-Verlag) und mein Thriller »Tod? Ich bin da!« Des Weiteren werde ich in mehreren Anthologien zu finden sein.
Bisherige Veröffentlichungen:
Mitautor bei:
»Flügel-Trilogie«, »Winterliche Erzählungen«
9-teilige Serie »Farbspiel«
Autorenstammtisch- Das Buch – Band 1 (als Herausgeber)
(alle Karina-Verlag, Wien)
Böse Clowns, (Sarturia-Verlag)
Amper Kochbuch, (Edition Trailor-Spot-Verlag)
Fleisch 3, (ELDUR Verlag)

Ursula Kötz-Tintelnot. Ich stell mich mal vor: Ich schreibe, ja was denn sonst, wer heute nicht schreibt, hat seine Selbstachtung verloren, oder malt. Also, ich male auch, stehe ergo praktisch beidfüßig im Pfuhl der Gemütserforschung. Wenn ich nicht schreibe, oder male, höre ich Opern. Vorzugsweise Bel Canto; Bellini, Puccini Rossini, aber auch Verdi. Dabei lässt sich so herrlich weinen. Wenn Euch das als Vorstellung nicht genügt und jemand wissen will, was ich schreibe, das ist auf meiner Seite nachzulesen. Also auf! Weg von der Langeweile, ab in:
http://ursulatintelnot.jimdo.com/meine-b%C3%BCcher/

Evelyn Kühne wurde 1970 in Radebeul bei Dresden geboren. Nach einer Krebserkrankung begann sie als Krankheitsverarbeitung mit dem Schreiben, für sie eine Art von Therapie. Sie verfasst Kurzgeschichten und Fantasy, momentan schreibt sie gerade an ihrem ersten Krimi. Heute lebt sie in einem kleinen Dorf in der Nähe von Meißen.

Waltraut Lang wurde 1960 in Nesse, Kreis Cuxhaven geboren. Ihr ganzes Leben wurde sie vom geschriebenen Wort begleitet, doch durch ihre beruflichen Anforderungen als Übersetzerin (Englisch-Französisch-Deutsch) musste sie diese in den Hintergrund stellen. Seit 2014 hat sie nun die Möglichkeit, ihre Worte auch zu veröffentlichen.
Webseite: www.langwaltraut.jimdo.com
Social Media:
www.facebook.com/Autorin.Waltraut.Lang
Google+: https://plus.google.com/collection/0ry_o
Blog: http://waltrauts-bunte-lyrik-wiese.blogspot.com/

CF Lucas wurde 1974 als Sohn eines amerikanischen Diplomaten und einer deutschen Mutter in Bonn geboren und verbrachte einen großen Teil seines Lebens im angelsächsischen Ausland. Derzeit arbeitet er für einen großen Logistiker in seiner Heimatstadt

Peter Marquardt, Jahrgang 1949, wurde in Berlin geboren. Er hat bei der Deutschen Reichsbahn gelernt und danach fünfzehn Jahre lang S-Bahnen gefahren. Während der Wendezeit absolvierte er die Meisterschule für Logistik und leitete in der Folgezeit verschiedene Materiallager.
Er sagt von sich selber: »Mir stecken so viel Geschichten im Hals, die müssen alle raus, bevor ich daran ersticke.« Derzeit steht sein erstes Kinderbuch, beim Karina-Verlag Wien, vor der Veröffentlichung.

Roland Moser, wurde 1961 in Thun/BE (Schweiz) geboren und ist im schönen Gürbetal/BE aufgewachsen. Seit 1980 lebt er wieder in seiner Geburtsstadt und arbeitet dort als Sachbearbeiter bei der Stadtverwaltung. In seinem Erstlingswerk mit dem Titel: »Bi z Gragges hinge« beschreibt der Autor Alltagsituationen von zwei älteren Leuten, Graggens, irgendwo im Emmental. In den berndeutschen Texten findet sich herrlicher Humor gepaart mit tiefsinnigen Gedanken wieder.

Sabrina Nikolai wurde 1987 geboren und wuch in schwierigen Familienverhältnissen auf. In dieser Zeit, in der sie nicht wusste wo genau sie mit ihren Gedanken und Gefühlen hin sollte, schrieb sie ein Tagebuch. Nach Jahren des Schreibens veränderten sich ihre Worte zu ersten Gedichten, in denen sich Melancholie und Hoffnung widerspiegeln. Aufgrund eines damaligen schlechten Umfeldes vernichtete sie ihre Exemplare und gab das Schreiben auf. Mittlerweile ist sie verheiratet und fing 2011 wieder mit dem Schreiben ihrer Gedichte an. Ihr Betrag in der Anthologie »Ein weißes Blatt Papier » ist ihr Beginn ihre Gedanken zu veröffentlichen.

Ich, **Luzie Irene Pein**, wurde 1950 in Lippstadt, Nordrhein-Westfalen, auch » Klein-Venedig« genannt, geboren. Ein Sohn wurde mir geschenkt. Scheidung (2009) nach 36Jahren von einem alkoholkranken Mann, dadurch angefangen zu schreiben. Ich schreibe was mich das Leben gelehrt hat. Veröffentlichungen 2009: Einfache- Verständliche- Ehrliche Emotionen
2014: Lebendigkeit- Bedarf der Liebe,
2016: Mein Buch der Geschichten und Gedichte 1
2016: Frösche – Hühner und andere Sati(e)re.

Ilona Penna, geboren am 19.09.1964 in Heidenheim an der Brenz. Später, als Mutter von sechs Kindern, hielt sie ihr facettenreiches Leben in lyrischen Versen fest. Im Dezember 2014 eröffnete die alleinerziehende Mutter eine kleine Textagentur, in der sie verschiedene Artikel und kleine Fortsetzungsgeschichten wie z.B. »Fräulein Suppengrün ermittelt« schreibt, die in der 50+Life, Seniorenblick und Freizeit-Life, Südniedersachsen und Nordhessen veröffentlicht werden.
Fink Ferdinand, eine kleine amüsante Kindergeschichte, die sie im sozialen Netzwerk veröffentlichte, brachte ihr begeisterte Leser. Heute schreibt sie zwischen Kindererziehung, Kochtopf und Job, Thriller mit sehr scharfem Pfeffer gewürzt.

Andreas Petz wurde 1962 in Stuttgart geboren. Zwei Jahre verbrachte er bei der Marine, die ihn um die halbe Welt führte. Anschließend bildete er sich nach der Tagesarbeit weiter und ist seit über 25 Jahren im Finanzbereich tätig.
Das Schreiben war schon immer ein Hobby von ihm, Gedichte, Liedtexte, Kurzgeschichten und Erzählungen. Mittlerweile sind schon einige Bücher von ihm erschienen, die gerne gelesen werden.
Andreas Petz ist geschieden, hat zwei erwachsene Kinder und lebt heute in Gammesfeld, dem Ort mit der kleinsten Bank Deutschlands.

Karin Pfolz, Teamleader: Die Autorin und Malerin lebt und arbeitet in Wien. Für ihre Kindergeschichten wurde sie 2011 und 2012 mit dem »Sparefroh-Preis-Österreich« ausgezeichnet. Sie unterstützt mit ihren Büchern die »Autonomen österreichischen Frauenhäuser«, hält Gewaltpräventionsworkshops an Schulen und spricht in den Medien offen über das Tabu-Thema familiärer Gewalt. Zahlreiche Fernseh- und Radiointerviews begleiten sie auf ihrem Weg gegen Gewalt.
Seit 2014 ist sie Vorstandsvorsitzende des Vereins »Respekt für Dich – AutorInnen gegen Gewalt« und Geschäftsführerin von Karina-Verlag und Modern-Publishing, Vienna. Sie hat ebenfalls 2014 die Aktionen »Jedes Wort ein Atemzug« und 2015 »Nicht umsonst« ins Leben gerufen und leitet diese Projekte.
Veröffentlichungen:
»Manchmal erdrückt es mich, das Leben«, Roman
»Du lügst dich durch mein Leben«, Thriller
»Hexenschatten«, Thriller
»Verloren im Leben«, Thriller, gemeinsam mit Verena Grüneweg
»Nur ein Gedanke«, Literatur, gemeinsam mit Sally Bertram
»Die Reise der Bücher«, Kinderbuch, mit Ruth M. Fuchs und Bettina Lippenberger
»Gemalte Geschichten«, Kinderbuch
»Kleine Mutmachgeschichten«, Kinderbuch, mit Britta Kummer, Christine Erdic und Heidi Dahlsen
»Olivenöl Kochbuch«, Kochbuch, mit Rudi Treiber
»Vergessene Flügel«, Thriller-Trilogie, gemeinsam mit 60 Autoren
»Jedes Wort ein Atemzug«, Anthologie-Serie
»Tödlicher Bestseller«, Thriller, mit Verena Grüneweg
»Kathy, das freche Schlossgespenst«, Kinderbuch
http://karinpfolz.webnode.com
www.karinaverlag.at

Sara Puland (Pseudonym) geboren und aufgewachsen in Bendorf am Rhein. Die Verwaltungsangestellte wohnt in der Nähe von Bonn.
In den Anthologien des Karina-Verlages erschienen: »Manou und die sieben Helden«, »Dreamtravell« sowie »Sybilles Erwachen« und ein Kapitel in der Trilogie »Vergessene Flügel – Verborgene Flügel – Vollendete Flügel«.
Im Elvea - Verlag existiert eine Protagonistin in dem Projekt »Die geheime Invasion«, im Weihnachtsmagazin 2015 »Das verpasste Weihnachten«
Im Leseratten-Verlag fand die Geschichte »Die Katze war schuld« in der Anthologie »Der Tag der toten Katze« ihren Platz
Eine weitere Kurzgeschichte gibt es in der Anthologie »Kurze Geschichten für Zwischendurch«

Sandra Pulletz. Die Autorin wurde 1981 in Graz geboren, wo sie noch immer lebt. Seit einigen Jahren schreibt sie Kurzgeschichten, in denen sich meist alles um die Liebe dreht. Auch Kinder- und Jugendliteratur hat es ihr angetan.
Derzeit arbeitet sie an ihrem ersten Jugendroman.
Facebookseite: www.facebook.com/sandra.pulletz
Homepage: https://sasapull.wordpress.com/

Erich Röthlisberger, 1961, wohnhaft in Münchenbuchsee/Schweiz, begann vor Jahren als freier Mitarbeiter bei einer Regionalzeitung zu arbeiten. Das brachte ihn auf die Idee, aus seinen unterschiedlichen Reportagen ein Taschenbuch zu machen.
Er schrieb je ein Buch über die letzte Lebensspanne seiner Eltern. In letzter Zeit wurden einige Kurzgeschichten von ihm in Anthologien veröffentlicht. Schreiben ist, nebst dem Fotografieren eine seiner größten Leidenschaften.
www.fotoerich.ch

Ansgar Sadeghi wurde 1966 in Bonn (Deutschland) geboren. Sein Vater stammt aus dem Iran. Seine Mutter ist Deutsche. Nach diversen Nebenjobs und dem Studium der Erziehungswissenschaften begann er, als Texter und Onlinejournalist zu arbeiten.
Heute lebt er in Stolberg bei Aachen.

Marianne Schaefer wurde am 12.01.1938 in Landsberg/Warthe geboren. Nach der Vertreibung aus der Heimat verbrachte sie ihre Kindheit in Mittelfranken.
Sie arbeitete als Glasbläserin, Keramikmalerin, Verwaltungsangestellte und bis zum Ruhestand in einem Heim für geistig und körperlich behinderte Menschen. Sie ist verheiratet, hat drei Kinder, neun Enkelkinder und sieben Urenkel. Seit Jahren schreibt sie Geschichten für Erwachsene und Märchen für Kinder, die in verschiedenen Anthologien veröffentlicht wurden.
»Sami, der kleine Elefant«
»Annegret und der Zaubersee«
»Schneeflocken außer Rand und Band«
»Der zerbrochene Spiegel«
»Sieben goldene Tränen« erscheint in Kürze

Michael Schönberg, wurde 1955 in Düsseldorf geboren. Als sich das Ende der beruflichen Karriere abzeichnete, setzte er diese Gabe in Wort und Schrift um. So entstand der Roman »Blond ja. Dumm nein.«.
Für öffentliche Vorlesungen schrieb er Kurzgeschichten, die er dann in einem Buch veröffentlichte. Es erschien unter dem Titel »Michaels Kurzgeschichten«. Mit seinem Buch »Für die Liebe ist man nie zu alt« hat er sich einen Herzenswunsch erfüllt, um ältere Menschen zu ermutigen, vor der Liebe im Alter nicht zurückzuschrecken, da er selbst noch mal das Glück hatte, die Liebe neu zu erleben. Besondere Freude hatte er an

der Mitwirkung bei der Buchreihe »Jedes Wort ein Atemzug« von Karin Pfolz im Jahre 2015. Insgesamt haben dort 143 Autoren/innen mitgearbeitet und kostenlos Kurzgeschichten zu Verfügung gestellt. Der Erlös aus diesen Werken unterstützt das Projekt »Respekt für Dich - Autoren gegen Gewalt«.
In drei Büchern, »Geschichten aus aller Welt, Teil 1 und 2« sowie »Thriller und Kriminelles » hat er seine Geschichten einbringen dürfen.
In Kürze wird sein zweites Kurzgeschichten-Buch »Kurzstrecke« erscheinen.

Elfride Stehle (Pseudonym) schreibt und veröffentlicht seit 2012 Gedichte und Geschichten in verschiedenen Anthologien.
Die 1949 in Cottbus geborene Autorin lebt seit 1974 mit ihrem Mann und ihren drei Kindern in Bautzen.
Inzwischen haben ihre Gedichte und Geschichten sogar schon den Weg in zwei Bücher gefunden.
Für Herbst 2016 plant Elfride Stehle ihr drittes Buch unter dem Arbeitstitel »Wenn Worte anklopfen…«. Wieder mit Gedichten und verschiedenen Geschichten. Auch ein Kurzgeschichtenband ist in Arbeit. Dem Schreiben von Lyrik bleibt die Autorin aber treu.

Asmodina Tear ist das Pseudonym einer jungen Autorin. Geboren 1985 in Helmstedt (Niedersachsen), wandte sie sich schon im Alter von 9 Jahren dem Lesen von Erwachsenen-Literatur zu, was mit 15 Jahren zu ihrer ersten Begegnung mit Anne Rice führte. Seit dieser Zeit waren Vampire ihre favorisierten Charaktere. Nach einer Ausbildung im Verwaltungsdienst und dem Erlernen von drei asiatischen Sprachen entschied sie sich endgültig für das Schreiben und verfasst sowohl Gedichte als auch Kurzgeschichten und Romane.

Werner Thieke wurde 1950 in Berlin geboren, fuhr in jungen Jahren zur See und hatte von 1988 an eine eigene Fleischerei. Nach einer Krebserkrankung gab er Ende 90 sein Geschäft auf. Angeregt durch ein Gespräch mit einem Krankenhauspsychologen begann er, zu schreiben: Veröffentlichungen: (siehe die Anthologien der Reihe »Jedes Wort ein Atemzug 2«, »Sonnen- und Reisegeschichten« und »Wintergeschichten« vom Karina Verlag), für wohltätige Zwecke. 2015 »Pia und die Feriendetektive«.

Rudi Treiber war Lehrer, ist Musiker, Maler, Olivenbauer und Schreiber - als Schriftsteller will er sich nicht bezeichnen – und dies alles mit einer Leidenschaft und Konsequenz, die viele verblüfft. Mit seinen Worten zeigt er die Fehler, Irrtümer und Irrglauben seiner Mitmenschen auf. Nimmt sich kein Blatt vor den Mund, um seine Meinung zu vertreten.
http://treiber.magix.net
www.ruditreiber.at
Derzeit sind im Karina-Verlag erschienen:
Das Diktat des Durchschnitts 2014
Das Olivenölkochbuch 2015
Das Liederbuch 2015

Petra Weise. Ich wurde 1954 in Freiberg/Sachsen geboren und lebe seit 1997 in Chemnitz.
Als Hausfrau und Mutter nutzte ich meine viele freie Zeit, um die »Schule des Schreibens« in Hamburg zu absolvieren und Kurzgeschichten zu schreiben. 15 dieser Kurzgeschichten veröffentlichte ich im Jahr 2014 unter dem Titel »Eine verhängnisvolle Diagnose« über den BoD-Verlag. Danach erschienen auf gleichem Weg »Mein Hund Benno«, »Liebeslügen« und »Ein halbes Leben«.
www.petraweise.jimdo.com

Tamara Wiegand. Sie schreibt Lyrik, Krimis, Biografisches, Gay, Horror und Fantasy.
Kommt aus dem Ruhrgebiet und wohnt jetzt im Rheinland. Tamara Wiegand veröffentlichte bereits mehrere Kurzgeschichten in den Anthologien des Karina-Verlages.

Renate Zawrel, 1959 in Wien geboren, seit 1993 in Oberösterreich daheim. Seit 2016 Mitarbeiterin im Karina-Verlag. Publikationen bisher: Il Vesuvio (Novum Verlag), Krimi-Trilogie DAMENDOPPEL (Sarturia), Bijela kuća-Schattenglück (Sarturia), Märchenhafte Schatzkiste (Sarturia), Kurzgeschichten RESPEKT FÜR DICH-Bücher (Karina-Verlag), vertreten in allen Bänden der FLÜGEL-Trilogie (Karina-Verlag)

Weiß
Rot
Gelb
Blau

Die Farbspiel – Serie besteht aus folgenden Farben:

Weiß, Gelb, Rot, Violett, Blau, Grün, Braun, Grau, Schwarz und der Regenbogen.

Bereits erschienen:

978-3-903056-97-8	Weiß
978-3-903056-90-9	Gelb
978-3-903056-91-6	Rot

Demnächst:

978-3-903161-10-8	Violett
978-3-903161-11-5	Blau
978-3-903161-12-2	Grün
978-3-903161-13-9	Braun
978-3-903161-14-6	Grau
978-3-903161-15-3	Schwarz
978-3-903161-16-0	Farbspiel

Ab Herbst 2016:

http://www.karinaverlag.at/